数据包络分析 第七卷

数据包络分析方法基本模型及其 MATLAB 算法

木 仁 马占新 曹 莉 著

科学出版社

北 京

内 容 简 介

数据包络分析(data envelopment analysis, DEA)方法作为现代综合评价中较为常用的评价理论引起了学者、企业乃至政府的广泛关注；历经四十多年的发展目前已经形成了理论体系较为完善且应用范围非常广泛的具有多投入多产出问题相对有效性的评价方法.

本专著的各章具体安排如下：第 1 章对数据的搜集与标准化处理问题进行了介绍；第 2 章和第 3 章对数据包络分析方法中的 CCR 模型、BCC 模型及其 MATLAB 求解算法展开了介绍；第 4 章对综合数据包络分析模型及其相关算法展开了介绍；第 5 章对广义数据包络分析方法及其相关算法展开了介绍；第 6 章对超效率、交叉效率及非径向数据包络分析模型及其 MATLAB 算法进行了介绍；第 7 章对网络数据包络分析模型及 Malmquist 指数展开了介绍；第 8 章对基于偏序集理论的数据包络分析方法及其 MATLAB 算法进行了介绍；第 9 章对基于博弈理论的数据包络分析方法进行了介绍；第 10 章对决策单元投入产出指标的合并评价方法进行了分析讨论；最后在第 11 章对大规模数据包络分析模型的求解算法进行了详细的介绍.

本专著适合作为经济管理学领域本科生、硕士研究生及博士研究生的专业基础课教材，也适合应用数学类专业的硕士研究生或博士研究生使用，同时适合具有管理科学与工程背景的计算机类硕士或博士研究生使用.

图书在版编目(CIP)数据

数据包络分析方法基本模型及其 MATLAB 算法/木仁，马占新，曹莉著.
—北京：科学出版社，2022.2
ISBN 978-7-03-071578-4

Ⅰ. ①数… Ⅱ. ①木… ②马… ③曹… Ⅲ. ①经济分析-Matlab 软件 Ⅳ. ①F224.12

中国版本图书馆 CIP 数据核字(2022) 第 030451 号

责任编辑：王丽平　范培培／责任校对：杨聪敏
责任印制：吴兆东／封面设计：陈 敬

科学出版社 出版
北京东黄城根北街 16 号
邮政编码：100717
http://www.sciencep.com

北京九州迅驰传媒文化有限公司印刷
科学出版社发行　各地新华书店经销
*
2022 年 2 月第 一 版　开本：720×1000　1/16
2024 年 4 月第三次印刷　印张：12 1/4
字数：240 000
定价：98.00 元
(如有印装质量问题，我社负责调换)

前　　言

　　评价与决策问题是管理学中最为重要的研究方向. 通过对现实问题的合理评价, 能够有效区分不同的决策方案的优劣. 在此基础之上, 通过对合理的预测及不同决策方案的仿真模拟分析能够高效地检验出新方案的优劣. 最终通过对管理实践检验具体决策方案的优缺点, 并通过对决策参数的合理调整实现综合效率的最优.

　　数据包络分析方法是评价具有多投入多产出决策问题相对有效性的方法. 因其权重选择的智能性及丰富的经济学含义, 被广泛应用于实际管理决策问题. 该方法有效克服了在管理实践中因含有非期望产出等难以控制或量化的决策变量而导致的无法评价的困境.

　　在理论上传统数据包络分析方法通过适当的变换将分式规划模型转化为线性规划模型. 该模型通过投入产出权重的合理选择, 在保障所有决策单元的效率均小于等于 1 的情况下实现被评价决策单元效率的最大化目标. 在数学理论上, 决策单元的效率值往往会被少数的几个有效决策单元所确定, 由那些有效决策单元构成了最终的"包络面". "包络面" 在几何上对应的是多维空间中的凸多面体, 在代数理论中被称为多个线性等式或不等式的组合.

　　在传统数据包络分析方法基础之上, 学者及管理者们针对不同的实际问题引进了拓展数据包络分析模型. 第一, 在这些模型中因其包络面选择方式的多样性, 广义数据包络分析模型被学者们逐渐认可, 并将其应用到众多管理实践中. 第二, 基于对决策单元进行科学的排序, 学者们又分别引进了超效率模型、交叉效率模型及决策单元投入产出指标的合并评价方法, 进一步区分了有效的决策单元或对决策单元进行了新的排序. 第三, 针对具有时间序列关系或分阶段的投资问题, 学者们引进了网络数据包络分析模型及 Malmquist 指数数据包络分析模型的概念, 从而有效解决了此类评价问题. 第四, 为了从数学理论上对决策单元的有效和无效问题展开深入挖掘, 学者们提供了基于偏序集理论的数据包络分析方法, 并对决策单元之间存在的复杂关系展开了有针对性的挖掘. 同时学者们也开始关注决策单元的投入产出数据类型的随机性与模糊性, 并提出了相关的评价方法. 第五, 在了解了决策单元之间存在的各种复杂关系的基础之上, 学者们考虑到实际管理问题中所存在的企业之间的合作与竞争关系, 再次引进了基于博弈理论的数据包络分析方法, 从而进一步提高了数据包络分析方法的评价结果的可信度. 第六, 基于数据包络分析模型的全面推广应用, 学者及管理者们引进了规模效率、技术效率、综合效率及决策单元投入产出指标的合成方案, 从而全面推广了数据包络分析方法的应用领域及其评价结果的多样性与合理性. 最后, 考虑到对诸如平台供应链等问题中高频数据分析与评价过程中所存在的大规模顾客和企业的评价类问题, 学者们提供基于不同计算方式下的大规模数据包络分析模型快速求解方法. 这些问题的深入研究不仅能全面地归纳总结数据包络分析领域的关键性进展, 同时也为未来的研究热点指明了方向.

伴随着数据包络分析模型与方法的全面推广, 众多专著与软件平台也相继出现. 然而, 对于众多初学者或模型与方法的应用者而言, 因缺乏对相关理论的深入了解, 较难快速入门并学会使用相关模型进行实际问题的评价; 更为严峻的是众多应用者或学术爱好者因缺乏科研经费难以负担相关软件的购买费用. 针对以上问题, 本专著提供了较为常见的 DEA 模型及其相关 MATLAB 算法. 考虑到众多 DEA 模型是以线性规划模型为重要基础的, 故在学会利用 MATLAB 软件对这些模型进行求解的基础之上, 我们就能够很快学会使用其他的 DEA 模型求解软件.

本专著首先从数据的搜集与标准化处理出发, 对线性规划模型及其求解原理进行初步的介绍. 其次, 对经典的 DEA 模型、广义 DEA 模型、超效率 DEA 模型、交叉效率 DEA 模型、非径向 DEA 模型、网络 DEA 模型、Malmquist 指数及其相关的模型求解算法展开了深入介绍. 最后, 结合作者团队近期的研究热点及广大学者和科研爱好者们的切身需求提供了大规模 DEA 模型的求解算法以及以偏序集和博弈理论为基础的决策单元复杂关系的挖掘、评价及投影方法. 这些理论、模型与算法的引进预期将会为数据包络分析方法的全面推广应用打下坚实的基础. 因作者团队时间与能力水平有限, 如有忽略哪些重要的研究成果或理解上的分歧, 敬请各位专家学者批评指正. 如果算法在应用过程中有哪些提高空间或应用的不便利性, 欢迎与我们取得联系.

全书的设计与编排由马占新老师完成; 算法由木仁老师统一编写完成, 李昊博士对算法和数据进行了核对; 在各章具体内容的设计方面除第 9 章内容由曹莉老师完成外, 其他各章内容均由木仁老师完成. 全书文字内容核实与校对工作由马占新老师和李昊博士完成.

本专著的出版得到了吉林财经大学科研启动资金 (08207001)、内蒙古自然科学基金 (2019MS07008) 及内蒙古医科大学博士启动金 (YKD2020BSJJ20) 资助.

木 仁

2021 年 6 月

吉林财经大学

目 录

前言
第 1 章 数据的搜集与标准化处理 ··· 1
1.1 数据的搜集与补全 ·· 1
1.1.1 数据的搜集 ··· 1
1.1.2 数据的补全 ··· 1
1.1.3 数据指标的正向化处理 ·· 9
1.2 数据指标处理及其现实意义 ·· 10
1.2.1 无量纲化处理 ·· 10
1.2.2 距离理论 ·· 11
1.3 数据包络分析方法中常见数据处理方式归纳总结 ···································· 12
1.3.1 具有零值或负值的投入产出数据的处理方法 ································ 12
1.3.2 只有投入或产出数据情况下的 DEA 模型的数据处理方法 ··············· 13
1.3.3 DEA 模型中特殊情形下的数据处理必要性归纳总结 ······················ 13
参考文献 ·· 13

第 2 章 数据包络分析方法中的 CCR 模型及其 MATLAB 算法 ··············· 14
2.1 CCR 模型 ·· 14
2.1.1 面向投入的 CCR 原模型 ·· 14
2.1.2 面向投入的 CCR 对偶模型 ··· 15
2.2 具有非阿基米德无穷小量的 CCR 模型 ·· 16
2.3 面向产出的 CCR 模型 ··· 16
2.4 CCR 模型的生产可能集和生产前沿面 ··· 17
2.4.1 CCR 模型中的生产可能集 ·· 17
2.4.2 CCR 模型中的生产前沿面 ·· 18
2.4.3 CCR 模型中决策单元在生产前沿面上面向投入的投影 ··················· 18
2.4.4 CCR 模型中决策单元在生产前沿面上面向产出的投影 ··················· 18
2.5 MATLAB 求解线性规划模型 ·· 18
2.5.1 线性规划基本模型介绍 ·· 19
2.5.2 线性规划模型单纯形求解方法 ·· 20
2.5.3 线性规划模型的对偶模型 ··· 34
2.5.4 线性规划模型的 MATLAB 求解 ··· 37

2.6 面向投入 CCR 模型的 MATLAB 求解 ·· 40
  2.6.1 面向投入 CCR 原模型的 MATLAB 求解算法 ······················· 40
  2.6.2 面向投入 CCR 对偶模型的 MATLAB 求解 ·························· 42
2.7 面向投入的 CCR 对偶模型 MATLAB 并行求解算法 ······················ 45
参考文献 ··· 46

第 3 章 数据包络分析方法中的 BCC 模型及其 MATLAB 算法 ·········· 47
3.1 面向投入的 BCC 模型 ··· 47
  3.1.1 面向投入的 BCC 原模型简介 ·· 47
  3.1.2 面向投入的 BCC 对偶模型简介 ··· 47
  3.1.3 面向投入的 BCC 原模型 MATLAB 求解算法 ························ 48
3.2 面向投入的具有非阿基米德无穷小量的 BCC 模型 ···························· 49
  3.2.1 面向投入的具有非阿基米德无穷小量的 BCC 模型简介 ········· 49
  3.2.2 面向投入的具有非阿基米德无穷小量的 BCC 模型 MATLAB 求解算法 ··· 50
3.3 面向产出的 BCC 模型 ·· 52
3.4 BCC 模型的生产可能集和生产前沿面 ··· 54
  3.4.1 BCC 模型中的生产可能集 ·· 54
  3.4.2 BCC 模型中的生产前沿面 ·· 54
  3.4.3 BCC 模型中决策单元在生产前沿面上面向投入的投影 ············ 55
  3.4.4 BCC 模型中决策单元在生产前沿面上面向产出的投影 ············ 55
  3.4.5 BCC 模型中决策单元生产可能集、生产前沿面及投影实例介绍 ··· 55
3.5 规模效率、技术效率与纯技术效率 ··· 57
  3.5.1 规模效率、技术效率与纯技术效率定义 ································· 57
  3.5.2 规模效率、技术效率与纯技术效率算法介绍 ························· 57
  3.5.3 规模效率、技术效率与纯技术效率可视化展示算法介绍 ········· 57
3.6 面向投入的 BCC 对偶模型 MATLAB 并行求解算法 ······················· 60
参考文献 ··· 60

第 4 章 综合数据包络分析模型及其 MATLAB 算法 ································ 62
4.1 四种常见 DEA 模型 ·· 62
4.2 面向投入综合 DEA 原模型 MATLAB 求解算法 ································ 65
4.3 具有非阿基米德无穷小量的面向投入综合 DEA 对偶模型
  MATLAB 求解算法 ··· 66
4.4 具有非阿基米德无穷小量的面向产出综合 DEA 对偶模型
  MATLAB 求解算法 ··· 68
4.5 面向投入的综合 DEA 对偶模型 MATLAB 并行求解算法 ················ 70
参考文献 ··· 71

第 5 章　广义数据包络分析方法及其 MATLAB 算法 …………………… 72
5.1　广义数据包络分析方法简介 …………………………………………… 72
5.2　面向投入的综合广义 DEA 模型 MATLAB 算法 ……………………… 74
5.3　面向产出的综合广义 DEA 模型 MATLAB 算法 ……………………… 76
参考文献 ……………………………………………………………………… 78

第 6 章　超效率、交叉效率及非径向数据包络分析模型及其 MATLAB 算法 ……………………………………………………………… 79
6.1　超效率 DEA 模型及其 MATLAB 算法 ………………………………… 79
6.2　交叉效率 DEA 模型及其 MATLAB 算法 ……………………………… 83
6.3　非径向 DEA 模型及其 MATLAB 算法 ………………………………… 86
参考文献 ……………………………………………………………………… 88

第 7 章　网络数据包络分析模型及 Malmquist 指数 ……………………… 89
7.1　两阶段网络 DEA 模型及其算法 ………………………………………… 89
7.1.1　面向投入两阶段网络 CCR 原模型 …………………………………… 89
7.1.2　面向投入两阶段网络 BCC 原模型 …………………………………… 90
7.2　两阶段网络 DEA 原模型 MATLAB 算法 ……………………………… 90
7.2.1　面向投入两阶段网络 CCR 原模型 MATLAB 求解算法 …………… 90
7.2.2　面向投入两阶段网络 BCC 原模型 MATLAB 求解算法 …………… 91
7.2.3　面向投入两阶段网络 DEA 模型实例 ………………………………… 92
7.3　Malmquist 指数 …………………………………………………………… 93
7.3.1　模型含义 ………………………………………………………………… 93
7.3.2　Malmquist 指数定义 …………………………………………………… 93
7.3.3　Malmquist 指数 MATLAB 求解算法与实例 ………………………… 95
参考文献 ……………………………………………………………………… 97

第 8 章　基于偏序集理论的数据包络分析方法及其 MATLAB 算法 …… 98
8.1　基本数据与定义 …………………………………………………………… 98
8.2　决策单元偏序关系相关定理及其性质 ………………………………… 100
8.3　决策单元偏序关系确定算法及决策单元偏序关系图的绘制 ………… 105
8.4　基于偏序集理论的数据包络分析方法 MATLAB 算法 ……………… 106
8.5　决策单元无效性成因分析 ……………………………………………… 111
8.6　基于格理论的数据包络分析方法 ……………………………………… 120
8.6.1　基本数据与定义 ……………………………………………………… 120
8.6.2　决策单元最新偏序关系的定义 ……………………………………… 120
8.6.3　决策单元交并运算的引进 …………………………………………… 121
8.6.4　决策单元投影改进方式汇总 ………………………………………… 121
8.6.5　基于格理论的决策单元合并方式探讨 ……………………………… 124

  8.6.6 基于格理论的数据包络分析方法典型性质·····················125
  8.6.7 基于格理论的数据包络分析方法及其 MATLAB 算法···········126
  8.6.8 实例演示···127
参考文献···128

第 9 章　基于博弈理论的数据包络分析方法·······································130
9.1 博弈理论背景下的数据包络分析方法及其 MATLAB 算法·············130
  9.1.1 单方决策条件下的合作伙伴选择模型···································130
  9.1.2 联盟决策条件下的最优伙伴选择模型···································135
  9.1.3 基于博弈理论的 DEA 模型相关算法····································138
9.2 基于博弈理论的广义模糊数据包络分析方法及其 MATLAB 算法···144
  9.2.1 传统模糊 DEA 模型··144
  9.2.2 广义模糊 DEA 模型··145
  9.2.3 合作导向下的广义模糊 DEA 模型·······································145
  9.2.4 竞争导向下的广义模型 DEA 模型·······································147
参考文献···158

第 10 章　决策单元投入产出指标的合并评价方法·······························160
10.1 层次分析方法···160
  10.1.1 层次分析方法基本原理介绍···160
  10.1.2 层次分析方法应用实例介绍···163
10.2 熵权法···165
  10.2.1 熵权法的基本原理··166
  10.2.2 利用熵权法确定指标权重··166
  10.2.3 利用熵权法确定指标权重 MATLAB 算法···························167
  10.2.4 利用熵权法确定指标权重应用实例···································169
10.3 决策单元投入产出指标合并评价方法··170
参考文献···171

第 11 章　大规模数据包络分析模型求解算法······································172
11.1 大规模 DEA 模型求解算法介绍··172
  11.1.1 HD 算法···172
  11.1.2 BH 算法···172
  11.1.3 Framework 方法···173
11.2 单台计算机计算大规模 DEA 模型算法···173
  11.2.1 基于逐步引入法的大规模 DEA 模型 MATLAB 求解算法······173
  11.2.2 Framework 方法 MATLAB 求解算法·································175
11.3 单台计算机计算大规模 DEA 模型并行算法··179
参考文献···184

第 1 章 数据的搜集与标准化处理

在利用数据包络分析 (data envelopment analysis, DEA) 方法对众多问题进行评价时不能够盲目地使用搜集到的数据对相关投入产出问题展开评价. 在确定好相关投入产出指标后, 需要搜集相关数据材料并对其进行标准化处理. 在本章中我们将对数据包络分析方法中数据的搜集与标准化问题展开分析讨论.

1.1 数据的搜集与补全

1.1.1 数据的搜集

在众多管理实践中我们经常需要对实际问题展开客观的评价. 虽然众多问题通过定性分析展开评价, 但在结果说服力方面定性分析结果显然没有定量分析更强. 然而, 对于定量分析而言, 基础数据的搜集与处理是至关重要的.

DEA 是用来评价具有多投入多产出数据的决策单元相对有效性的一种方法. 它在评价众多管理决策问题方面具有较强的应用价值. 在搜集企业单位投入产出数据过程中, 我们经常会遇见投入产出数据前后不一致, 缺失或随机、模糊化的数据指标. 对于这些常见的问题我们需要结合统计学理论进行相关的处理后才能将数据投入应用.

1.1.2 数据的补全

1. 缺失数据回归补全方法

统计学中对于缺失数据的常用处理方式包括回归补全方法、均值补全方法等. 对于模糊、随机数据通常也会将其投影为具体的精确数据加以研究. 对于前后统计口径不一致的数据需要相关人员进行精确性核对后才能展开相关的标准化处理.

回归补全方法 是指利用回归分析的方法对数据进行补全的方法. 其中较为常见的回归分析方法包括线性回归分析方法、多项式回归分析方法及非线性回归分析方法等. 在 MATLAB 中专门提供了具体的回归分析算法[1,2].

1) 线性回归分析方法

回归分析方法众多, 其中最为简单的回归模型是一元线性回归分析方法. 其基本形式是

$$\begin{cases} Y = \beta_0 + \beta_1 x + \varepsilon, \\ E\varepsilon = 0, \quad D\varepsilon = \sigma^2 \end{cases}$$

固定的未知参数 β_0, β_1 称为**回归系数**, 自变量 x 称为**回归变量**.

回归方程两边同时取期望得 $Y = \beta_0 + \beta_1 x$, 称为 Y 对 x 的**回归直线方程**. 在该模型下, 第 i 个观测值可以看作样本 $Y_i = \beta_0 + \beta_1 x_i + \varepsilon_i$ (这些样本相互独立但不同分布, $i = 1, 2, \cdots, n$) 的实际抽样值, 即样本值.

一元线性回归分析的主要任务是: 用试验值 (样本值) 对 β_0, β_1 和 σ 作点估计; 对回归系数 β_0, β_1 作假设检验; 在 $x = x_0$ 处对 Y 作预测, 并对 Y 作区间估计.

例 1.1 为了研究某地区初中女生的身高和腿长之间的特殊关系, 随机抽取了 16 名女生, 并对她们的身高和腿长进行了测量. 相关数据如表 1.1 所示.

表 1.1 女生的身高和腿长之间的特殊关系

身高/cm	腿长/cm	身高/cm	腿长/cm	身高/cm	腿长/cm
143	88	153	93	159	98
145	85	154	95	160	99
146	88	155	96	162	100
147	91	156	98	164	102
149	92	157	97		
150	93	158	96		

解 为了发现上述抽样数据中女生身高和腿长之间的特殊关系, 首先以身高和腿长分别为横轴和纵轴在平面直角坐标系中绘制散点图, 具体如图 1.1 所示.

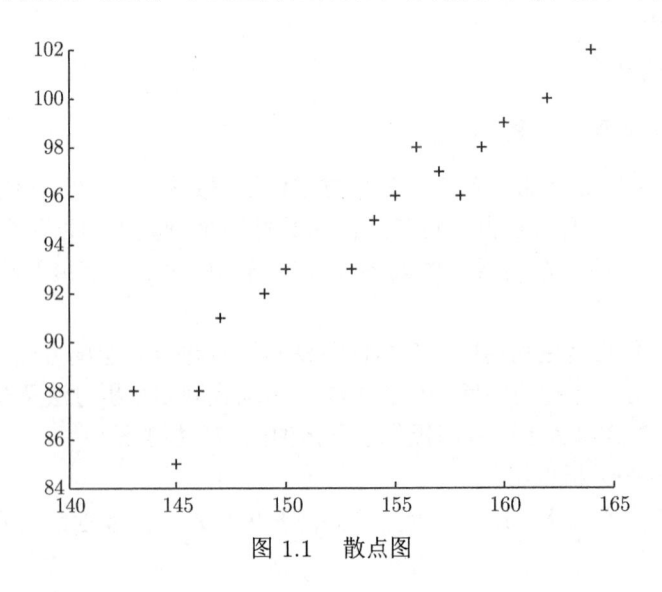

图 1.1 散点图

1.1 数据的搜集与补全

通过散点图不难发现,这 16 名女生的抽样数据中其身高和腿长之间存在较强的相关关系,为此进一步展开一元线性回归,其具体 MATLAB 函数如下:

```
clear all
x=[143 145 146 147 149 150 153 154 155 156 157 158 159 160 162 ...
    164]';
X=[ones(length(x),1) x];
%利用regress函数时第一列需要放置与自变量行数相同的全1列矩阵
Y=[88 85 88 91 92 93 93 95 96 98 97 96 98 99 100 102]';
[b,bint,r,rint,stats]=regress(Y,X);
b,bint,stats
rcoplot(r,rint);%绘制残差图
z=b(1)+b(2)*x;
figure();
plot(x,Y,'k+',x,z,'r');
```

通过上述回归分析命令及绘图算法可获得如下回归分析结果:

```
b =
   -16.0730
     0.7194
bint =
   -33.7071    1.5612
     0.6047    0.8340
stats =
0.9282   180.9531    0.0000    1.7437
```

其参数的解释见下一节. 通过残差图 (图 1.2)、线性回归分析图 (图 1.3) 及相关参数不难发现这 16 名女生的身高和腿长具有较强的线性关系,其中除第二名女生的身高和腿长未落入置信区间内外,其他女生的回归分析结果均落入了置信区间内.

在学会了线性回归分析方法后,如果出现某一项数据缺失的情况,就可以根据相关度较高的两组数据指标对缺失的数据进行补全.

2) 多项式回归分析方法

多项式回归分析方法是指利用多项式对自变量和因变量进行回归的方法. 通常我们将多项式写为如下形式:

$$y = a_1 x^m + a_2 x^{m-1} + \cdots + a_m x + a_{m+1}$$

其中称 m 为多项式的阶数,$a_1, a_2, \cdots, a_m, a_{m+1}$ 为多项式的系数.

随着多项式阶数的增加,多项式的回归效果会逐渐变好,然而当自变量 x 的绝对值取值较大时,因 x^m 的变化较大可能会导致数据快速趋向无穷大,故在实际

回归过程中通常会选定回归效果相对较好且回归阶数并不高的方案.

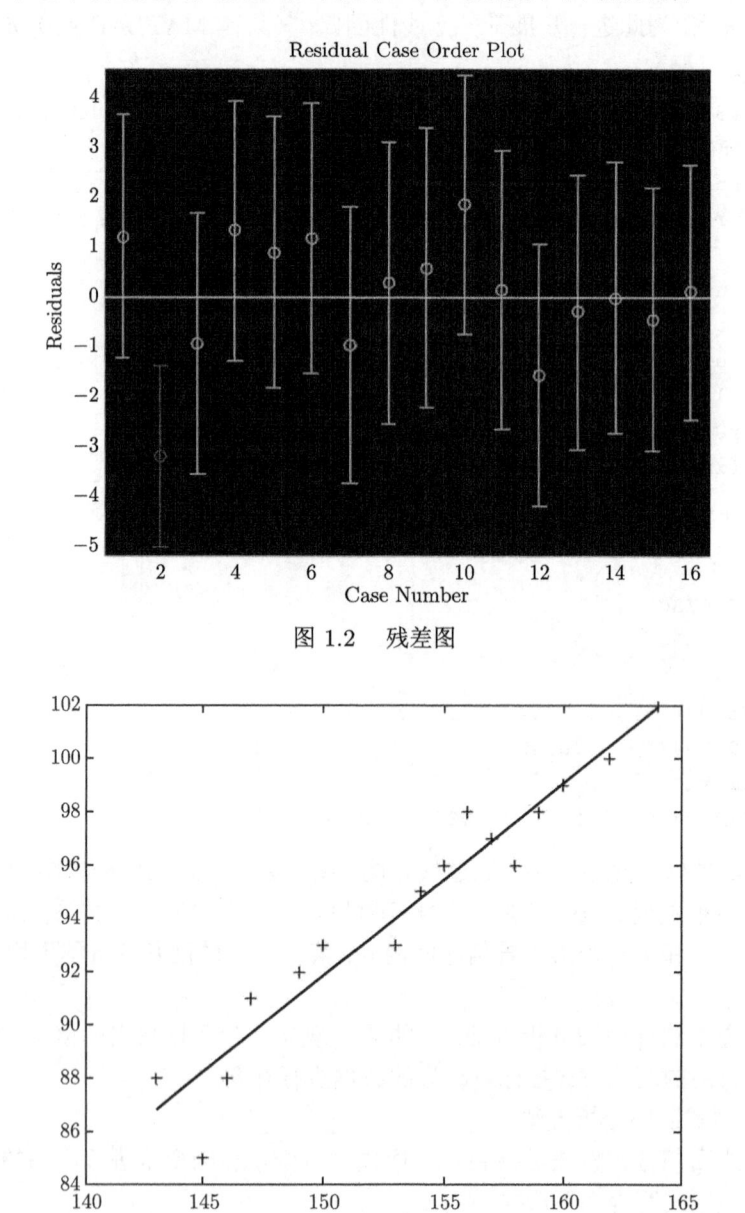

图 1.2　残差图

图 1.3　线性回归分析图

在 MATLAB 中，一元多项式回归可用命令 polyfit, polyval, polyconf 来实现. 其具体介绍如下.

(1) 确定多项式系数的命令: [p, s] = polyfit(x, y, m). 其中 x = $(x_1, x_2, \cdots, x_n)$,

1.1 数据的搜集与补全

$y = (y_1, y_2, \cdots, y_n)$, $p = (a_1, a_2, \cdots, a_{m+1})$ 是多项式的系数, s 是一个矩阵, 用来估计预测误差.

(2) 一元多项式回归命令: polytool(x, y, m). 此命令产生一个交互式的画面, 画面中有拟合曲线和 Y 的置信区间, 通过左下方的 Export 下拉式菜单, 可以输出回归系数等.

(3) Y = polyval(p, x), 求 polyfit 所得的回归多项式在 x 处的预测值 Y.

(4) [Y, DELTA] = polyconf(p, x, s, alpha), 求 polyfit 所得的回归多项式在 x 处的预测值 Y 及预测值的显著性为 1−alpha 的置信区间 Y ± DELTA, alpha 缺省时为 0.05.

例 1.2 试利用多项式回归分析方法分析表 1.2 中给出的某省地区生产总值变化规律.

表 1.2 2001 年至 2020 年某省地区生产总值变化表 (单位: 亿元)

年份	GDP 总量	年份	GDP 总量	年份	GDP 总量
2001	1714	2008	6242	2015	12949
2002	1941	2009	7104	2016	13789
2003	2388	2010	8200	2017	14898
2004	2924	2011	9458	2018	16141
2005	3524	2012	10470	2019	17213
2006	4162	2013	11392	2020	17360
2007	5167	2014	12158		

(数据来源: 国家统计局)

解 首先, 绘制各年该省地区生产总值变化折线图. 相关图形如图 1.4 所示. 通过图 1.4 不难看出该省地区生产总值自 2001 年开始呈现出了良好的波动式发展趋势. 可利用多项式回归对其进行回归分析.

其次, 取定自变量为 1 至 20 的等差数列 (取定 2001 至 2020 后回归系数较大, 回归效果可能并不理想) 后并利用如下命令可获得具体的回归结果.

```
clear all
X=1:20;
%如果自变量取2001至2020会因自变量变化过小而导致回归效果不佳
Y=[1714 1941 2388 2942 3524 4162 5167 6242 7104 8200 ...
    9458 10470 11392 12158 12949 13789 14898 16141 17213 17360];
hold on
for i=1:20
    plot(X(i),Y(i),'r*');
    if i<20
```

```
        plot([X(i),X(i+1)],[Y(i),Y(i+1)],'b:');
    end
end
xlabel('年份');
ylabel('GDP总量');
[p,s]=polyfit(X,Y,3);
polytool(X,Y,3);
y=polyval(p,21)
```

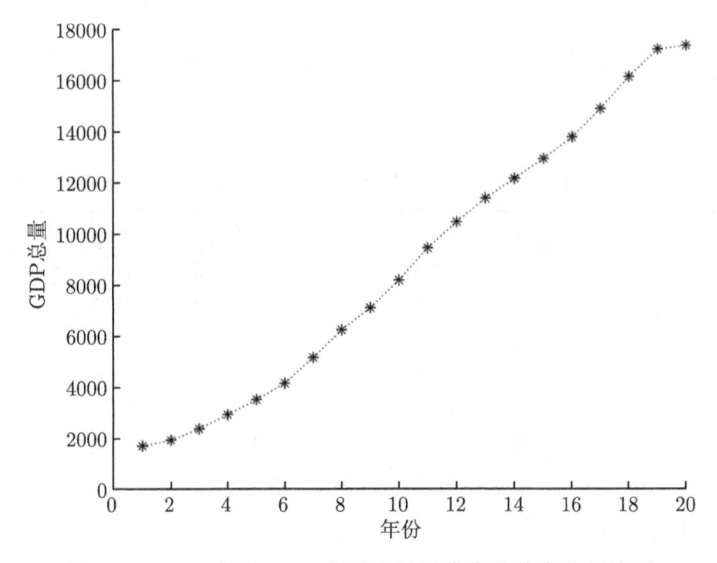

图 1.4 2001 年至 2020 年某省地区生产总值变化折线图

其具体回归方程如下:

$$y = -2.065x^3 + 75.25x^2 + 125.64x + 1396$$

回归效果图如图 1.5 所示.

2021 年的预测结果为 18096.35 亿元.

3) 非线性回归分析方法

非线性回归分析方法是指利用非线性函数对两组数据进行回归的方法. 在 MATLAB 中非线性回归可用命令 nlinfit, nlintool, nlpredci 来实现.

(1) 确定回归系数的命令: [beat, r, J] = nlinfit(x, y', model, beta0).

其中, 输入数据 x, y 分别为 $n \times m$ 矩阵和 n 维列向量, 对一元线性回归, x 为 n 维列向量; model 是事先用 m 文件定义的非线性函数; beta0 是回归系数的初值; r (残差)、J (Jacobi 矩阵) 是估计预测误差需要的数据.

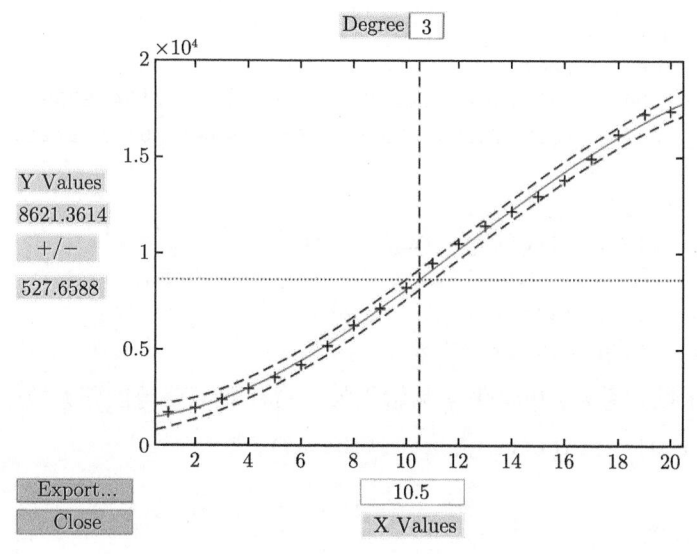

图 1.5　多项式回归分析图

(2) 非线性回归命令: nlintool(x, y', model, beta0, alpha).

其中各参数含义同前, alpha 为显著性水平, 缺省时为 0.05, 命令产生一个交互式的画面, 画面中有拟合曲线和 Y 的置信区间, 通过左下方的 Export 下拉菜单, 可以输出回归系数等.

(3) 预测和预测误差估计命令: [Y, DELTA] = nlpredci('model', x, beta, r, J).

求 nlinfit 或 nlintool 所得的回归函数在 x 处的预测值 Y 及预测值的显著性为 95% 的置信区间 Y ± DELTA.

例 1.3　试利用非线性回归分析方法对例 1.2 中的数据展开回归分析.

解　第一, 利用图 1.4 可以看出各年 GDP 变化呈现出了 S 曲线变化趋势. 可选用如下 S 曲线函数表达式展开回归分析:

$$y = \frac{1}{a + be^{-x}}$$

第二, 建立回归函数的 m 文件 fun1.m 如下:

```
function f=fun1(beta,x)
f=1./(beta(1)+beta(2)*exp(-1*x));
```

第三, 初始化数据, 因年份的数据过大, 故可用其他等差数列替换, 这里取定如下 x 和 beta0 时回归结果较好.

```
clear
x=linspace(1,8,20)';
y=[1714 1941 2388 2942 3524 4162 5167 6242 7104 8200 ...
   9458 10470 11392 12158 12949 13789 14898 16141 17213 17360]';
y=y/1000;
beta0=[1 1];
[beta,r,J]=nlinfit(x,y,'fun1',beta0);
beta
[yx,delta]=nlpredci('fun1',x,beta,r,J);
plot(x',y','r+',x',yx,'b');
```

第四，求回归系数，初始化 y 后输入如下命令即可获得回归系数：

```
[beta,r,J]=nlinfit(x,y,'fun1',beta0);
beta
```

得到回归方程为

$$y = \frac{1}{0.0622 + 4.0788\mathrm{e}^{-x}}$$

第五，预测图的绘制，输入如下命令可获得如图 1.6 所示的预测图.

```
[yx,delta]=nlpredci('fun1',x,beta,r,J);
plot(x',y','r+',x',yx,'b');
```

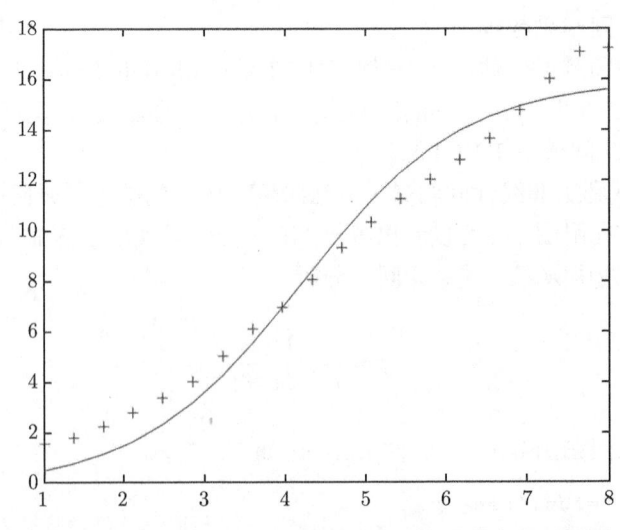

图 1.6　2001 年至 2020 年某省地区生产总值变化预测图

2. 缺失数据的均值补全方法

均值补全方法，顾名思义就是利用均值对数据进行补全的方法. 其中较为常见的均值补全方法包括以下几种方法：

(1) 总体均值补全方法, 指利用所有数据的均值对数据进行补全的方法.

(2) 样本均值补全方法, 即利用部分样本均值对数据进行补全的方法. 可以认为此方法是通过抽样的方法来补全数据的.

(3) 邻近均值补全方法, 指利用邻近的年份、区域或相关性较高的几个数据的均值对数据进行补全的方法.

(4) 移动平均补全方法, 根据数据的前后顺序, 采用移动平均的方法对数据进行补全的方法.

1.1.3 数据指标的正向化处理

数据指标分为正指标、逆指标及适度指标三种. 正指标是指数据越大越好, 比如投资的收益. 逆指标是指数据越小越好, 如投资的风险越小越好. 适度指标是指和一个标准的数据越接近越好, 如水的 pH 值.

在利用 DEA 方法对实际问题进行评价时, 首先需要将数据全部转化为正指标才能够展开相关的评价. 否则得出的结论是没有参考价值的. 对逆指标可以通过数据同时乘以 -1 的方式转化成正指标, 如果同时要求数据必须是正数, 则可以用一个合理的较大数减去当前数的方式转化为正指标. 对于适度指标首先将当前数转化为与标准数据之间的距离数, 经转化后的这一数据的指标性质就成了逆指标, 再通过逆指标的处理方案将其进一步转化为正指标.

完成数据的搜集与正向化处理后, 决策问题就可以利用 DEA 方法展开评价了. 在这里需要强调的是虽然利用 DEA 方法时理论上与量纲并无关系, 但如果数据之间的差异较大, 则利用相关软件进行求解时, 就会因误差而导致结果的误差, 因此尽量要让数据之间的差异不要过大.

例 1.4 试将表 1.3 中我国部分经济指标数据全部转化为正指标数据.

表 1.3　2011 年至 2017 年我国部分经济指标数据

年份	国内生产总值/亿元	二氧化硫排放量/万吨	氮氧化物排放量/万吨	年末总人口/万人
2011	483392.8	2217.91	2404.27	134735
2012	537329	2118	2337.76	135404
2013	588141.2	2043.9	2227.36	136072
2014	644380.2	1974.4	2078	136782
2015	686255.7	1859.1	1851.02	137462
2016	743408.3	1102.86	1394.31	138271
2017	831381.2	696.45	1785.22	139008
均值	644898.3	1716.07	2011.13	136819

(数据来源: 国家统计局)

解　首先, 针对国内生产总值, 考虑到国家发展, 国内生产总值越高越好, 因此该指标已经是正指标了, 无需进行进一步的处理, 但考虑到国内生产总值的数据与其他数据之间存在明显的差距,将国内生产总值的量纲由亿元转化为百亿元.

其次,针对二氧化硫排放量和氮氧化物排放量,考虑到环境的保护与经济社会的可持续发展,此两项废气的排放量越少越好,因此,此两项指标为逆指标. 对此两项逆指标的处理方式是用一个较大的数减去当前数. 此较大的数可以取定为每列中的最大值,但考虑到不出现零值,最大数可以取定比每列中最大值稍微大一点的数. 在这里不妨都取定为 2500 万吨.

最后,针对年末总人口,考虑到我国庞大的人口基数及老龄化问题,人口过多或过少均不利于国家的长远发展,其越适度越好. 因此,该指标是一适度指标. 那么适度指标的理想值应该取哪一数值比较好呢? 在这里我们可以取定表 1.3 中 7 年人口数据的均值作为理想值对其进行正向化处理. 为此所有年末总人口数据减去其均值并取绝对值. 此时,取绝对值后的数据越小越好,数据已经转化为了逆指标数据. 在此基础上再次利用一个较大的数减去当前数的方式进行正向化处理,我们不妨取定该数为 2500 万人. 此时可获得如表 1.4 所示的最终正向化处理结果.

表 1.4　2011 年至 2017 年我国部分经济指标数据正向化处理结果

年份	国内生产总值处理结果/百亿元	二氧化硫排放量正向化处理结果/万吨	氮氧化物排放量正向化处理结果/万吨	年末总人口正向化处理结果/万人
2011	4833.93	282.09	95.73	415.86
2012	5373.29	382.00	162.24	1084.86
2013	5881.41	456.10	272.64	1752.86
2014	6443.80	525.60	422.00	2462.86
2015	6862.56	640.90	648.98	1857.14
2016	7434.08	1397.14	1105.69	1048.14
2017	8313.81	1803.68	714.78	311.14

1.2　数据指标处理及其现实意义

1.2.1　无量纲化处理

无量纲化处理方法在多指标评价问题中比较常用. 指标的无量纲化过程也是指标的标准化过程,其含义是对指标数据进行标准化处理,使得多个指标在进行分析时不受其本身量纲的影响,有利于展开比较分析.

现有的无量纲化处理问题大致分为两类: 线性无量纲化方法和非线性无量纲化方法. 其中,线性无量纲化方法的变换都是线性的,常用的无量纲化处理方法有标准化处理法、极值处理法、线性比例法、归一化处理法、向量规范法以及功效系数法等. 上述方法是比较传统的无量纲化处理方法,方法的模型及基本计算公式如表 1.5 所示.

1.2 数据指标处理及其现实意义

表 1.5 常见的线性无量纲化处理方法汇总表

线性无量纲化处理方法	公式	含义
标准化处理法	$x_{ij}^* = (x_{ij} - \bar{x}_i)/s_i$	$\bar{x}_i, s_i$ 表示第 i 个指标数据的均值和方差
极值处理法	$x_{ij}^* = (x_{ij} - m_i)/(M_i - m_i)$	$M_i = \max x_{ij}, m_i = \min x_{ij}$
线性比例法	$x_{ij}^* = x_{ij}/x_i'$	x_i' 是一个特殊点, 一般取 $M_i, m_i, \bar{x}_i$
归一化处理法	$x_{ij}^* = x_{ij} / \sum_{j=1}^{n} x_{ij}$	
向量规范法	$x_{ij}^* = x_{ij} / \sqrt{\sum_{j=1}^{n} x_{ij}^2}$	
功效系数法	$x_{ij}^* = c + \dfrac{(x_{ij} - m_i)}{M_i - m_i}d$	M_i, m_i 分别为指标的满意值和不容许值, c, d 为已知正常数, 通常地 $c = 60, d = 40$

表注: 该表中 x_{ij}^* 代表指标观测数据 x_{ij} 经过线性无量纲化之后的新数据.

目前的线性无量纲化处理方法, 在原始数据指标量发生变化时, 其值也会随之发生变化, 其变化范围越小则稳定性越高. 经过验证, 在传统的线性无量纲化方法中线性比例法和归一化处理法体现了较高的稳定性.

考虑到决策单元的投入产出数据中不宜出现负的数据, 标准化处理方法并不适用于 DEA 方法中投入产出数据的处理. 其他几种线性处理方式则适合于 DEA 方法中投入产出数据的处理.

1.2.2 距离理论

数学的基本理论中, 有多种不同定义的距离理论. 距离的计算在数据样本的统计分析中也具有十分重要的作用, 利用距离的远近可以估算数据间的相似性, 并展开对应分析. 以下是几种常用的距离计算方法.

1. 绝对值距离

绝对值距离在数学上称为曼哈顿距离 (Manhattan distance), 其含义是现实生活中最短距离不是简单的直线距离, 而是几个维度上指标数据距离绝对值的累加, 更符合实际情况. 点 p 和点 q 之间的绝对距离值如式 (1.1) 所示

$$d_{pq} = \sum_{i=1}^{m} |x_{ip}^* - x_{iq}^*| \tag{1.1}$$

其中 x_{ip}^* 表示的是点 p 的第 i 个分量经过无量纲化处理后的数据, x_{iq}^* 表示的是点 q 的第 i 个分量经过无量纲化处理后的数据.

2. 欧氏距离

欧氏距离 (Euclidean distance), 又称欧几里得距离, 其定义源自欧几里得几何中两点之间的距离, 更强调距离度量的空间性. 欧氏距离的计算公式如式 (1.2) 所示

$$d_{pq} = \sqrt{\sum_{i=1}^{m}(x_{ip}^* - x_{iq}^*)^2} \tag{1.2}$$

3. 标准欧氏距离

标准欧氏距离 (standardized Euclidean distance) 对传统的欧氏距离进行了改进. 在不考虑数据量纲影响的前提下, 欧氏距离没有考虑多维数据的分布差异问题. 标准欧氏距离通过把数据每一个维度都进行标准化, 使每一维度数据的均值和方差都相同. 其计算公式如式 (1.3) 所示

$$d_{pq} = \sqrt{\sum_{i=1}^{m}\left(\frac{x_{ip}^* - x_{iq}^*}{s_i}\right)^2} \tag{1.3}$$

4. 切比雪夫距离

切比雪夫距离 (Chebyshev distance) 也是一种基于空间角度的通过对实践经验进行总结而得来的一种距离计算公式. 其计算公式如式 (1.4) 所示

$$d_{pq} = \max |x_{ip}^* - x_{iq}^*| \tag{1.4}$$

5. 闵可夫斯基距离

闵可夫斯基距离 (Minkowski distance) 并不是单纯的一种距离的计算公式, 而是用了一个统一的表达式表示了欧氏距离、绝对值距离和切比雪夫距离. 其表达式如式 (1.5) 所示

$$d_{pq} = \left(\sum_{i=1}^{m}|x_{ip}^* - x_{iq}^*|^a\right)^{\frac{1}{a}} \tag{1.5}$$

当 $a = 1$ 时, 该公式计算了绝对值距离; 当 $a = 2$ 时, 该公式计算了欧氏距离; 当 $a \to \infty$ 时, 该公式计算了切比雪夫距离.

1.3 数据包络分析方法中常见数据处理方式归纳总结

在搜集投入产出数据的过程中搜集到的初始数据不仅会存在缺失或非正向数据的情况, 可能还会存在诸如零值或负值的投入产出数据等情况. 针对这些数据我们仍然需要展开进一步的处理后才能进行相关的评价.

1.3.1 具有零值或负值的投入产出数据的处理方法

针对决策单元投入产出数据中存在零值或负值的投入产出数据的情况, 学者们常见的处理方式是加上一个数来保证所有的数据均大于零. 当然也可以采用表 1.5 中的线性无量纲化处理方法对数据进行相关的处理.

1.3.2 只有投入或产出数据情况下的 DEA 模型的数据处理方法

在利用 DEA 方法对决策单元展开相关评价时可能会出现仅有投入数据或仅有产出数据的特殊情况[3]. 针对这种特殊情况的处理方式是将投入数据或产出数据统一取定为某一正数即可. 当然, 可能存在对投入 (或产出) 数据掌握不清或难以获得的特殊情况. 届时也可以通过对产出 (或投入) 数据进行合理的估计后进一步展开评价.

1.3.3 DEA 模型中特殊情形下的数据处理必要性归纳总结

1. 数据相关度较高情形下的数据处理方法

在利用 DEA 方法对决策单元的投入产出效率进行评价过程中, 如果投入产出数据指标之间的相关度较高, 则很有可能会造成线性规划约束条件中的多个面平行度较高, 而求得的交点误差较大. 因此也会造成决策单元效率的较大误差.

在现实评价问题中投入产出数据相关度较高的情况是普遍存在的. 针对这种情况其可能处理方式包括以下三个方面:

(1) 选取相关度较高指标中的最具代表意义的指标来代替所有指标进行评价;

(2) 合成相关度较高的指标为新的指标, 例如用这些指标进行无量纲化处理后的均值代替原始指标后再进行评价;

(3) 利用主成分分析方法对所有指标进行重新合成, 从而保障新的指标相关度较低且具有较强的代表意义.

2. 数据量纲差异较大情形下的数据处理方法

虽然在理论上利用 DEA 方法对决策单元进行评价过程中无需考虑投入产出指标的量纲, 但在利用计算机对决策单元效率进行求解过程中, 因不同软件均有默认的最小度量单位, 故很容易造成效率的误差. 特别是利用单纯形法进行多次迭代的过程中, 数据大小的巨大差异会造成有效数字的丢失或溢出现象. 因此, 为了保障评价结果的精确性, 尽量让所有的数据之间不要出现较大的差距. 例如我们可以用科学计数法 (乘以或除以 10 的某一指数数据的方式) 将所有投入产出数据统一为大小相对统一的情况. 这样就能够有效避免决策单元效率的较大误差.

参 考 文 献

[1] 木仁, 吴建军, 李娜, 等. MATLAB 与数学建模 [M]. 北京: 科学出版社, 2018.

[2] 木仁. MATLAB 数据处理与建模 [M]. 长春: 吉林大学出版社, 2021.

[3] 马生昀, 马占新, 吕喜明. 只有产出 (投入) BC^2 模型中决策单元效率的几何刻画 [J]. 数学的实践与认识, 2014, 44(20): 269-274.

第 2 章 数据包络分析方法中的 CCR 模型及其 MATLAB 算法

在本章中我们将对 CCR (Charnes, Cooper, Rhodes) 模型展开讨论. 假设某单位或部门具有 n 个决策单元, 每个决策单元都有 m 种类型的 "输入" (表示该决策单元对 "资源" 的耗费) 以及 s 种类型的 "输出" (它们是决策单元在消耗了 "资源" 之后, 表明 "成效" 的一些指标). 第 i 个决策单元的投入产出向量为 $(\mathbf{X}_i, \mathbf{Y}_i)$, 其中 $\mathbf{X}_i = (x_{1i}, x_{2i}, \cdots, x_{mi})^{\mathrm{T}}$, $\mathbf{Y}_i = (y_{1i}, y_{2i}, \cdots, y_{si})^{\mathrm{T}}$, 取输出指标权重 $\mathbf{u} = (u_1, u_2, \cdots, u_s)^{\mathrm{T}}$, 输入指标权重 $\mathbf{v} = (v_1, v_2, \cdots, v_m)^{\mathrm{T}}$.

2.1 CCR 模型

2.1.1 面向投入的 CCR 原模型

原始的 CCR 模型可用如公式 (2.1) 所示的分式规划形式表出[1].

$$\max \quad \frac{\mathbf{u}^{\mathrm{T}} \mathbf{Y}_0}{\mathbf{v}^{\mathrm{T}} \mathbf{X}_0}$$
$$\text{s.t.} \quad \begin{cases} \dfrac{\mathbf{u}^{\mathrm{T}} \mathbf{Y}_j}{\mathbf{v}^{\mathrm{T}} \mathbf{X}_j} \leqq 1, \ j = 1, 2, \cdots, n, \\ \mathbf{u} \geqq \mathbf{0}, \mathbf{v} \geqq \mathbf{0} \end{cases} \tag{2.1}$$

模型 (2.1) 中的目标函数表示经加权后的投入产出比实现最大化, 而约束条件表示所有决策单元经加权后的效率值都不能超过 1, 同时要求投入产出指标权重大于等于 0. 简言之, 模型用于求解经加权及单位化后的决策单元的最高效率值.

上面模型的这种评价方法的实际意义在于被评价的决策单元选择某一组权重使得它的效率值最高, 它属于典型的自我评价模型. 当投入产出数据均是单一的时候, 模型就是投入产出比. 各个决策单元的效率值将转化为相对最优决策单元的比对值. 而如果决策问题具有多个投入和多个产出, 则被评价的决策单元就可以选择适当的权重, 通过夸大自己的优势、削减自己的不足来实现效率值的最大化. 然而随着投入产出数据个数的增加难以通过简单的计算获得最优权系数[2]. 因此, Charnes 等引进了如下 Charnes 变换

$$t = \frac{1}{\mathbf{v}^{\mathrm{T}} \mathbf{X}_0}, \quad \omega = t\mathbf{v}, \quad \mu = t\mathbf{u}$$

最终将模型转化为如 (2.2) 所示的线性规划模型.

$$\text{CCR} \begin{cases} \max & \mu^T Y_0, \\ \text{s.t.} & \omega^T X_j - \mu^T Y_j \geqq 0, \ j=1,2,\cdots,n, \\ & \omega^T X_0 = 1, \\ & \omega \geqq \mathbf{0}, \quad \mu \geqq \mathbf{0} \end{cases} \tag{2.2}$$

2.1.2 面向投入的 CCR 对偶模型

模型 (2.2) 的对偶模型如模型 (2.3) 所示

$$\text{CCR}_D \begin{cases} \min & \theta, \\ \text{s.t.} & \displaystyle\sum_{j=1}^{n} X_j \lambda_j \leqq \theta X_0, \\ & \displaystyle\sum_{j=1}^{n} Y_j \lambda_j \geqq Y_0, \\ & \lambda_j \geqq \mathbf{0}, \quad j=1,2,\cdots,n \end{cases} \tag{2.3}$$

通过引进松弛变量和剩余变量的方式可将模型 (2.3) 转化为如模型 (2.4) 所示的等式形式的线性规划模型.

$$\text{CCR}_D \begin{cases} \min & \theta, \\ \text{s.t.} & \displaystyle\sum_{j=1}^{n} X_j \lambda_j + S^- = \theta X_0, \\ & \displaystyle\sum_{j=1}^{n} Y_j \lambda_j - S^+ = Y_0, \\ & S^- \geqq \mathbf{0}, S^+ \geqq \mathbf{0}, \lambda_j \geqq \mathbf{0}, \ j=1,2,\cdots,n \end{cases} \tag{2.4}$$

由于模型 (2.3) 和 (2.4) 均是线性规划模型, 故可利用众多线性规划软件进行求解. 通过相关软件不仅可以获得被评价决策单元的效率值, 同时也能给出被评价决策单元获取最优目标函数值时所对应的权重等重要信息[3].

定义 2.1 线性规划模型 (2.2) 中的被评价决策单元称为有效的, 如果存在 $\omega > \mathbf{0}, \mu > \mathbf{0}$ 使得模型 (2.2) 中的目标函数值等于 1.

定义 2.2 线性规划模型 (2.2) 中的被评价决策单元称为弱有效的, 如果存在 $\omega \geqq \mathbf{0}, \mu \geqq \mathbf{0}$ 使得模型 (2.2) 中的目标函数值等于 1.

定义 2.3 线性规划模型 (2.2) 中的被评价决策单元称为无效的, 如果不存在 $\omega \geqq \mathbf{0}, \mu \geqq \mathbf{0}$ 使得模型 (2.2) 中的目标函数值等于 1.

2.2 具有非阿基米德无穷小量的 CCR 模型

在利用模型 (2.2), (2.3) 或 (2.4) 判断 CCR 模型中决策单元有效性时需要找到一组权重, 使得 $\omega > 0, \mu > 0$. 然而, 利用现有线性规划软件很难直接找出这一组权重. 对于这种情况学者们通过引进非阿基米德无穷小量的概念, 成功地解决了这一计算上的难点.

令 $\varepsilon > 0$ 是一个非阿基米德无穷小量, ε 是一个小于任何正数且大于 0 的数. 从而可引进如模型 (2.5) 所示的具有非阿基米德无穷小量的 CCR 模型.

$$\text{CCR}^{\varepsilon} \begin{cases} \max & \mu^{\mathrm{T}} \mathbf{Y}_0, \\ \text{s.t.} & \omega^{\mathrm{T}} \mathbf{X}_j - \mu^{\mathrm{T}} \mathbf{Y}_j \geqq 0, \ j = 1, 2, \cdots, n, \\ & \omega^{\mathrm{T}} \mathbf{X}_0 = 1, \\ & \omega \geqq \varepsilon \mathbf{e}_i, \mu \geqq \varepsilon \mathbf{e}_o \end{cases} \tag{2.5}$$

其中 $\mathbf{e}_i = (1, 1, \cdots, 1)^{\mathrm{T}} \in E^m, \mathbf{e}_o = (1, 1, \cdots, 1)^{\mathrm{T}} \in E^s$. 模型 (2.5) 的对偶规划模型如模型 (2.6) 所示

$$\text{CCR}_{\mathrm{D}}^{\varepsilon} \begin{cases} \min & [\theta - \varepsilon(\mathbf{e}_i^{\mathrm{T}} \mathbf{S}^- + \mathbf{e}_o^{\mathrm{T}} \mathbf{S}^+)], \\ \text{s.t.} & \sum_{j=1}^{n} \mathbf{X}_j \lambda_j + \mathbf{S}^- = \theta \mathbf{X}_0, \\ & \sum_{j=1}^{n} \mathbf{Y}_j \lambda_j - \mathbf{S}^+ = \mathbf{Y}_0, \\ & \mathbf{S}^- \geqq \mathbf{0}, \mathbf{S}^+ \geqq \mathbf{0}, \lambda_j \geqq 0, \ j = 1, 2, \cdots, n \end{cases} \tag{2.6}$$

定理 2.1 设 $\varepsilon > 0$ 是一个非阿基米德无穷小量, 对偶规划模型 $\text{CCR}_{\mathrm{D}}^{\varepsilon}$ 的最优解为 $\mathbf{S}^{-0}, \mathbf{S}^{+0}, \theta^0, \lambda^0$, 则有

(1) 若 $\theta^0 < 1$, 则 DMU_0 是无效的;
(2) 若 $\theta^0 = 1, \mathbf{e}_i^{\mathrm{T}} \mathbf{S}^- + \mathbf{e}_o^{\mathrm{T}} \mathbf{S}^+ > 0$, 则 DMU_0 是弱有效的;
(3) 若 $\theta^0 = 1, \mathbf{e}_i^{\mathrm{T}} \mathbf{S}^- + \mathbf{e}_o^{\mathrm{T}} \mathbf{S}^+ = 0$, 则 DMU_0 是有效的.

证明 略.

2.3 面向产出的 CCR 模型

前面所引进的 CCR 模型或其对偶模型均是面向投入的 CCR 模型. 在一些决策问题中我们可能会用到面向产出的 CCR 模型. 具体模型如模型 (2.7) 所示

2.4 CCR 模型的生产可能集和生产前沿面

$$\text{CCR}^{\text{out}} \begin{cases} \min & \omega^{\text{T}} \mathbf{X}_0, \\ \text{s.t.} & \omega^{\text{T}} \mathbf{X}_j - \mu^{\text{T}} \mathbf{Y}_j \geqq 0, \ j = 1, 2, \cdots, n, \\ & \mu^{\text{T}} \mathbf{Y}_0 = 1, \\ & \omega \geqq \mathbf{0}, \mu \geqq \mathbf{0} \end{cases} \quad (2.7)$$

模型 (2.7) 的对偶模型如模型 (2.8) 所示

$$\text{CCR}^{\text{out}}_{\text{D}} \begin{cases} \max & z, \\ \text{s.t.} & \sum_{j=1}^{n} \mathbf{X}_j \lambda_j \leqq \mathbf{X}_0, \\ & \sum_{j=1}^{n} \mathbf{Y}_j \lambda_j \geqq z\mathbf{Y}_0, \\ & \lambda_j \geqq \mathbf{0}, \ j = 1, 2, \cdots, n \end{cases} \quad (2.8)$$

值得注意的是面向产出的 CCR 模型中计算获得的决策单元效率值是大于等于 1 的. 当效率值等于 1 时决策单元才可能是弱有效或者是有效的.

通过引进松弛变量、剩余变量及非阿基米德无穷小量, 也可将模型 (2.8) 转化为如模型 (2.9) 所示的等式规划形式.

$$\text{CCR}^{\text{out}}_{\text{D}\varepsilon} \begin{cases} \max & z + \varepsilon(\mathbf{e}_i^{\text{T}} \mathbf{S}^- + \mathbf{e}_o^{\text{T}} \mathbf{S}^+), \\ \text{s.t.} & \sum_{j=1}^{n} \mathbf{X}_j \lambda_j + \mathbf{S}^- = \mathbf{X}_0, \\ & \sum_{j=1}^{n} \mathbf{Y}_j \lambda_j - \mathbf{S}^+ = z\mathbf{Y}_0, \\ & \mathbf{S}^- \geqq \mathbf{0}, \mathbf{S}^+ \geqq \mathbf{0}, \lambda_j \geqq \mathbf{0}, \ j = 1, 2, \cdots, n, \\ & \mathbf{e}_i = (1, 1, \cdots, 1)^{\text{T}} \in E^m, \mathbf{e}_o = (1, 1, \cdots, 1)^{\text{T}} \in E^s \end{cases} \quad (2.9)$$

2.4 CCR 模型的生产可能集和生产前沿面

2.4.1 CCR 模型中的生产可能集

考虑由 m 项投入、s 项产出和 n 个决策单元组成的评价系统, 其中参考集为

$$\hat{T} = \{(\mathbf{X}_j, \mathbf{Y}_j) | j = 1, 2, \cdots, n\}$$

则生产可能集为

$$T_{\text{CCR}} = \left\{ (\mathbf{X}, \mathbf{Y}) \middle| \sum_{j=1}^{n} \mathbf{X}_j \lambda_j \leqq \mathbf{X}, \sum_{j=1}^{n} \mathbf{Y}_j \lambda_j \geqq \mathbf{Y}, \lambda_j \geqq \mathbf{0}, j = 1, 2, \cdots, n \right\}$$

2.4.2　CCR 模型中的生产前沿面

设 $\hat{\omega} \geqslant \mathbf{0}, \hat{\mu} \geqslant \mathbf{0}$, 以及

$$L = \left\{ (\mathbf{X}, \mathbf{Y}) | \hat{\omega}^{\mathrm{T}} \mathbf{X} - \hat{\mu}^{\mathrm{T}} \mathbf{Y} = 0 \right\}$$

满足

$$T_{\mathrm{CCR}} \subset \left\{ (\mathbf{X}, \mathbf{Y}) | \hat{\omega}^{\mathrm{T}} \mathbf{X} - \hat{\mu}^{\mathrm{T}} \mathbf{Y} \geqq 0 \right\}, \quad L \cap T_{\mathrm{CCR}} \neq \varnothing$$

则称 L 为生产可能集 T_{CCR} 的弱有效面, 称 $L \cap T_{\mathrm{CCR}}$ 为生产可能集 T_{CCR} 的弱生产前沿面. 特别, 如果 $\hat{\omega} > \mathbf{0}, \hat{\mu} > \mathbf{0}$, 称 L 为生产可能集 T_{CCR} 的有效面, 称 $L \cap T_{\mathrm{CCR}}$ 为生产可能集 T_{CCR} 的生产前沿面.

2.4.3　CCR 模型中决策单元在生产前沿面上面向投入的投影

设 $\mathbf{S}^{-0}, \mathbf{S}^{+0}, \theta^0, \lambda^0$ 是对偶规划模型 $\mathrm{CCR}_{\mathrm{D}}^{\varepsilon}$ 的最优解. 令

$$\hat{\mathbf{X}}_0 = \theta^0 \mathbf{X}_0 - \mathbf{S}^{-0} = \sum_{j=1}^{n} \mathbf{X}_j \lambda_j^0$$

$$\hat{\mathbf{Y}}_0 = \mathbf{Y}_0 + \mathbf{S}^{+0} = \sum_{j=1}^{n} \mathbf{Y}_j \lambda_j^0$$

则称 $(\hat{\mathbf{X}}_0, \hat{\mathbf{Y}}_0)$ 为 DMU_0 在生产前沿面上的面向投入的"投影".

2.4.4　CCR 模型中决策单元在生产前沿面上面向产出的投影

设 $\mathbf{S}^{-0}, \mathbf{S}^{+0}, z^0, \lambda^0$ 是对偶规划模型 $\mathrm{CCR}_{\mathrm{D}\varepsilon}^{\mathrm{out}}$ 的最优解. 令

$$\hat{\mathbf{X}}_0 = \mathbf{X}_0 - \mathbf{S}^{-0} = \sum_{j=1}^{n} \mathbf{X}_j \lambda_j^0$$

$$\hat{\mathbf{Y}}_0 = z^0 \mathbf{Y}_0 + \mathbf{S}^{+0} = \sum_{j=1}^{n} \mathbf{Y}_j \lambda_j^0$$

则称 $(\hat{\mathbf{X}}_0, \hat{\mathbf{Y}}_0)$ 为 DMU_0 在生产前沿面上的面向产出的"投影".

2.5　MATLAB 求解线性规划模型

数学建模方法众多, 用途广泛, 其中相对简单且理论体系较为完善的方法是线性规划法. 然而, 因计算机软件的普及率相对滞后于线性规划基本理论的发展,

2.5 MATLAB 求解线性规划模型

目前线性规划方法的推广应用远未达到预期水平,特别在一些非数学类研究领域,线性规划方法的应用基本未涉及或者只是较小规模的应用. 事实上, 随着大数据时代的来临, 线性规划方法在众多领域中的推广应用迫在眉睫. 本章将为大家重点介绍线性规划基本模型及其相关应用案例与算法.

2.5.1 线性规划基本模型介绍

"线性" 这一名词对众多学生而言并不陌生,但部分学生对这一概念的理解并不深入. 在数学定义中 "线性" 所指的是变量的最高次幂之和不超过 1 的函数表达式. 如在中学所学的直线方程、大学所学的平面都是线性函数的例子.

例 2.1 线性函数与非线性函数实例.

函数 $y=2x+1$ 是一线性函数, 在平面直角坐标系里代表直线. 函数 $x+y+z=1$ 也是线性函数, 在空间直角坐标系里代表一个平面.

函数 $y=x_1x_2$ 和 $y=x^2$ 是非线性函数, 因为其变量的最高次幂超过了 1.

线性函数最大的优势在于变量与变量之间的关系是线性的. 以直线为例, 只需了解直线的斜率和截距就可以唯一确定直线方程, 变量之间的关系是正相关或负相关, 在预测和掌握规律方面具有较强的优势. 因此, 在数学领域中经常采用复杂函数线性化处理方法, 并结合极限理论获得较优的结果. 如积分理论、平面曲线的弧长等均是复杂函数线性化的思想体现. 目前的计算机理论的基础也是一种线性化思想的体现.

线性规划基本模型如模型 (2.10) 所示

$$\max(\min) \quad z = c_1x_1 + c_2x_2 + \cdots + c_nx_n$$

$$\text{s.t.} \begin{cases} a_{11}x_1 + a_{12}x_2 + \cdots + a_{1n}x_n \leqslant b_1, \\ a_{21}x_1 + a_{22}x_2 + \cdots + a_{2n}x_n \leqslant b_2, \\ \cdots \cdots \\ a_{m1}x_1 + a_{m2}x_2 + \cdots + a_{mn}x_n \leqslant b_m, \\ x_1, x_2, \cdots, x_n \geqslant 0 \end{cases} \tag{2.10}$$

有时也将上述模型用矩阵形式表示, 其具体形式为

$$\max(\min) \quad z = \mathbf{CX}$$

$$\text{s.t.} \begin{cases} \mathbf{AX} \leqslant \mathbf{B}, \\ \mathbf{X} \geqslant \mathbf{0} \end{cases}$$

其中 $\mathbf{X} = (x_1, x_2, \cdots, x_n)^\mathrm{T}, \mathbf{C} = (c_1, c_2, \cdots, c_n), \mathbf{B} = (b_1, b_2, \cdots, b_m)^\mathrm{T}$,

$$\mathbf{A} = \begin{bmatrix} a_{11} & a_{12} & \cdots & a_{1n} \\ a_{21} & a_{22} & \cdots & a_{2n} \\ \vdots & \vdots & & \vdots \\ a_{m1} & a_{m2} & \cdots & a_{mn} \end{bmatrix}$$

2.5.2 线性规划模型单纯形求解方法

在线性规划模型的求解中,单纯形法是求解线性规划问题最常用、最有效的方法.

1. 线性规划模型的标准化形式

在利用单纯形法对线性规划模型进行求解时需要对指定线性规划模型进行标准化处理. 事实上, 线性规划模型的标准形式是将模型 (2.10) 中的约束条件不等式修改为等式约束即获得如模型 (2.11) 所示的线性规划模型标准形式.

$$\max(\min) \quad z = \mathbf{CX}$$
$$\text{s.t.} \quad \begin{cases} \mathbf{AX} = \mathbf{B}, \\ \mathbf{X} \geqslant 0 \end{cases} \tag{2.11}$$

其中

$$\mathbf{A} = \begin{bmatrix} a_{11} & a_{12} & \cdots & a_{1n} \\ a_{21} & a_{22} & \cdots & a_{2n} \\ \vdots & \vdots & & \vdots \\ a_{m1} & a_{m2} & \cdots & a_{mn} \end{bmatrix}, \quad \mathbf{C} = (c_1, c_2, \cdots, c_n)^{\mathrm{T}}$$

$$\mathbf{B} = (b_1, b_2, \cdots, b_m)^{\mathrm{T}}, \quad \mathbf{X} = (x_1, x_2, \cdots, x_n)^{\mathrm{T}}$$

2. 线性规划模型的标准化处理

对于非标准形式的线性规划问题, 需要对其转化为标准形式. 通过总结归纳转化的方法有以下三种:

(1) 目标函数为最大化模型.

在一些管理问题中可能要求目标函数的最大值, 即 $\max z = \mathbf{C}^{\mathrm{T}} \mathbf{X}$. 因 $\max z$ 等价于 $\min(-z)$, 故令 $z' = -z$, 则可得 $\min z' = -\mathbf{C}^{\mathrm{T}} \mathbf{X}$, 最终求得的目标函数值再乘以 -1, 即求得了目标函数的最大值.

(2) 约束条件为不等式.

当线性规划模型的约束条件为 "$\leqslant$" 时, 需要引入**松弛变量**将其转化为等式形式. 例如 $3x_1 + x_2 \leqslant 12$ 时引进松弛变量 $x_3 \geqslant 0$, 并将原不等式转化为 $3x_1 +$

2.5 MATLAB 求解线性规划模型

$x_2 + x_3 = 12$ 的等式形式. 当约束条件为 "$\geqslant$" 时, 需要引入**剩余变量**将其转化为等式形式. 例如 $4x_1 + 2x_2 \geqslant 18$ 时引进剩余变量 $x_4 \geqslant 0$, 并将原不等式转化为 $4x_1 + 2x_2 - x_4 = 18$ 的等式形式. 松弛变量或剩余变量在实际问题中分别表示未被利用的资源或者超额使用的资源, 所以在引进模型后, 它们在目标函数中的系数均为零.

(3) 决策变量取值为非大于等于零的情形.

如果决策变量 x 无约束, 则令 $x = x' - x''$, $x' \geqslant 0$, $x'' \geqslant 0$, 然后将其代入线性规划模型即可. 如果 $x \leqslant 0$, 则令 $x' = -x$, 此时 $x' \geqslant 0$.

3. 线性规划问题解的相关概念

以下对线性规划问题解的相关概念展开相关的介绍.

(1) 可行解.

满足线性规划问题方程约束条件的解 $\mathbf{X} = (x_1, \cdots, x_n)^{\mathrm{T}}$, 称为可行解, 由可行解构成的解的集合叫可行域.

(2) 最优解.

使得目标函数得到最大值的可行解称为最优解.

(3) 基.

线性规划问题标准形式约束条件 $\mathbf{AX} = \mathbf{B}$ 的系数矩阵 $\mathbf{A}$ 的秩为 $r(\mathbf{A})$, 矩阵 $\mathbf{P}$ 为矩阵 $\mathbf{A}$ 中一个 $m \times m$ 的满秩子矩阵, 则 $\mathbf{P}$ 为该线性规划问题的一个基. 矩阵 $\mathbf{P}$ 中的每一个向量 $\mathbf{P}_j (j = 1, 2, \cdots, m)$ 称为基向量, 与基向量 $\mathbf{P}_j$ 对应的变量 x_i 称为基变量, 其他的变量称为非基变量.

(4) 基可行解.

满足变量非负约束条件的基解称为基 (本) 可行解.

(5) 可行基.

对应于基可行解的基称为可行基.

4. 单纯形法迭代基本原理

对于小规模线性规划问题, 单纯形法是求解线性规划模型最简单有效的方法. 单纯形法进行迭代的一般思路为: 先找到一个基可行解, 对其进行判断是否为最优解. 如果不是最优解则转到相邻的基可行解, 同时使目标函数值不断增加, 直到找到最优解为止. 具体流程图见图 2.1.

假设已经找到一个非退化基本可行解 $\mathbf{X}$, 即可认为找到了一个基 $\mathbf{P}$, 此时可以将方程组 $\mathbf{AX} = \mathbf{B}$ 转化成与之等价的方程组

$$\mathbf{AX} = [\mathbf{P}, \mathbf{N}] \begin{bmatrix} \mathbf{X}_P \\ \mathbf{X}_N \end{bmatrix} = \mathbf{P}\mathbf{X}_P + \mathbf{N}\mathbf{X}_N = \mathbf{B} \qquad (2.12)$$

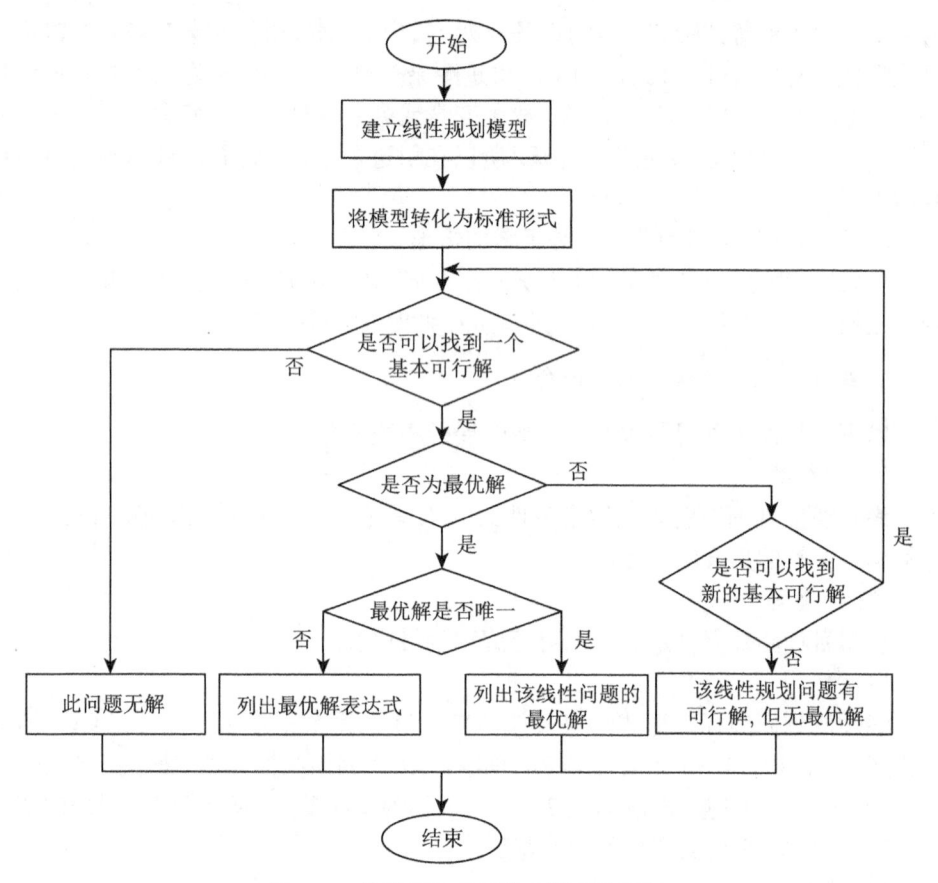

图 2.1 单纯形法求解基本原理流程图

通过以上等式求得

$$\mathbf{X}_P = \mathbf{P}^{-1}\mathbf{B} - \mathbf{P}^{-1}\mathbf{N}\mathbf{X}_N \tag{2.13}$$

其中 $\mathbf{P}$ 代表基向量构成的方阵, 其秩为 m, $\mathbf{N}$ 为其他向量构成的矩阵. 现在令 $\mathbf{X}_N = \mathbf{0}$, 得到 $\mathbf{X}_P = \mathbf{P}^{-1}\mathbf{B}$. 当 $\mathbf{P}^{-1}\mathbf{B} \geqslant \mathbf{0}$ 时就得到了一个基可行解:

$$\mathbf{S} = (\mathbf{P}^{-1}\mathbf{B}, 0, 0, \cdots, 0) = [\mathbf{X}_P, \mathbf{X}_N = \mathbf{0}] \tag{2.14}$$

在此基础之上, 以最小化问题为例, 我们可将目标函数变换为如下形式:

$$\min z = \mathbf{C}^{\mathrm{T}}\mathbf{X} = [\mathbf{C}_P^{\mathrm{T}}, \mathbf{C}_N^{\mathrm{T}}] \begin{bmatrix} \mathbf{X}_P \\ \mathbf{X}_N \end{bmatrix} = \mathbf{C}_P^{\mathrm{T}}\mathbf{X}_P + \mathbf{C}_N^{\mathrm{T}}\mathbf{X}_N$$

$$= \mathbf{C}_P^{\mathrm{T}}(\mathbf{P}^{-1}\mathbf{B} - \mathbf{P}^{-1}\mathbf{N}\mathbf{X}_N) + \mathbf{C}_N^{\mathrm{T}}\mathbf{X}_N$$

2.5 MATLAB 求解线性规划模型

$$= \mathbf{C}_P^T \mathbf{P}^{-1} \mathbf{B} + (\mathbf{C}_N^T - \mathbf{C}_P^T \mathbf{P}^{-1} \mathbf{N}) \mathbf{X}_N$$

其中 $\mathbf{C}_N^T - \mathbf{C}_P^T \mathbf{P}^{-1} \mathbf{N}$ 为 $1 \times (n-m)$ 维的向量. 记 $\sigma^T = \mathbf{C}^T - \mathbf{C}_P^T \mathbf{P}^{-1} \mathbf{A}$, 因 σ^T 的前 m 个分量 $\sigma_j = 0\ (j = 1, 2, \cdots, m)$, 所以 $\sigma^T = (0, \mathbf{C}_N^T - \mathbf{C}_P^T \mathbf{P}^{-1} \mathbf{N})$. 我们称其为基可行解 $\mathbf{X}$ 的**检验数向量**, 各个分量称为**检验数**.

进一步将 $(\mathbf{C}_N^T - \mathbf{C}_P^T \mathbf{P}^{-1} \mathbf{N}) \mathbf{X}_N$ 展开如下

$$(\mathbf{C}_N^T - \mathbf{C}_P^T \mathbf{P}^{-1} \mathbf{N}) \mathbf{X}_N = \sigma_{m+1} x_{m+1} + \sigma_{m+2} x_{m+2} + \cdots + \sigma_n x_n$$

目标函数可以写为

$$\min z = \mathbf{C}_P^T \mathbf{P}^{-1} \mathbf{B} + \sigma^T \mathbf{X} = \mathbf{C}_P^T \mathbf{P}^{-1} \mathbf{B} + \sigma_{m+1} x_{m+1} + \sigma_{m+2} x_{m+2} + \cdots + \sigma_n x_n$$

可以看出

(1) 如果所有 $\sigma_i > 0\ (i = m+1, m+2, \cdots, n)$, 要让目标函数 z 最小, 则必须让 $x_{m+1}, x_{m+2}, \cdots, x_n$ 全部等于零, 否则 z 就会变得更大. 此时式 (2.14) 的基可行解即是一个最优解.

(2) 若存在 $\sigma_k > 0$ 且 $a'_{i,k} \leqslant 0$, 则问题具有无界解 (无最优解).

(3) 所有 $\sigma_i > 0\ (i = m+1, m+2, \cdots, n)$ 且存在非基变量检验数 $\sigma_k = 0$, 则问题有无穷多最优解.

(4) 如果存在 $\sigma_i \leqslant 0\ (i = m+1, m+2, \cdots, n)$, 则我们只要让对应的 $x_i > 0$, 目标函数 z 可能就会变得更小, 因此式 (2.14) 的基可行解不是最优解.

(5) 入基变量的选择.

假设 $\mathbf{X}$ 不是最优解. 即存在 $\sigma_i \leqslant 0\ (i = m+1, m+2, \cdots, n)$. 此时, 如果 $x_i > 0$, 则目标函数 z 就可能会变得更小. 因此将 $x_i > 0$ 对应的列向量换进基向量就可能使目标函数得到有效改进. 但是如果存在多个 $\sigma_i \leqslant 0$, 那么到底应该换哪个入基呢? 通常换哪个入基都是可以的. 但考虑到更快地求出最小的目标函数值, 应该选择下降最快的那一个变量入基. 显然, 在 $x_i > 0$ 等值的情况下, $\sigma_i \leqslant 0$ 越小, $\sigma_i x_i$ 就越小, 从而目标函数下降得就越快, 因此, 入基所对应的应该是

$$\min\{\sigma_{m+1}, \sigma_{m+2}, \cdots, \sigma_n\} = \sigma_k$$

即选择第 k 个非基向量入基.

(6) 出基变量的选择.

在式 (2.12) 中, 如果 $\mathbf{X}_N = \mathbf{0}$, 则得到

$$\mathbf{P}\mathbf{X}_P = \mathbf{B} \tag{2.15}$$

另外根据线性代数基本理论 (因为 $\mathbf{P}$ 是满秩矩阵), 我们可以找到唯一的向量 $\mathbf{Y}$ 满足下面式子

$$\mathbf{PY} = \mathbf{N}_i = y_1\mathbf{P}_1 + y_2\mathbf{P}_2 + \cdots + y_m\mathbf{P}_m \tag{2.16}$$

其中 $\mathbf{N}_i$ 为 $\mathbf{N}$ 的某一个向量.

为使目标函数取得更小的值, 假设 $\mathbf{N}_i$ 对应的系数 $\xi > 0$, 并在式 (2.16) 两端同时乘以 ξ 并结合式 (2.15) 得到

$$\mathbf{PX}_P - \xi\mathbf{PY} = \mathbf{B} - \xi\mathbf{N}_i \Rightarrow \mathbf{P}(\mathbf{X}_P - \xi\mathbf{Y}) + \xi\mathbf{N}_i = \mathbf{B}$$

令 $\mathbf{X}_P - \xi\mathbf{Y} = \mathbf{t}$, 则有

$$\mathbf{Pt} + \xi\mathbf{N}_i = \mathbf{B}$$

即

$$\mathbf{P}_1 t_1 + \mathbf{P}_2 t_2 + \cdots + \mathbf{P}_m t_m + \xi\mathbf{N}_i = \mathbf{B} \tag{2.17}$$

因式 (2.12) 中 $\mathbf{X}_P$ 是大于等于零的向量, 且 $\xi > 0$, 根据式 (2.17) 可以进一步证明 $t_1, t_2, \cdots, t_m$ 不可能同时大于零 (因为如果都大于零, 那么矩阵 $\mathbf{A}$ 的秩就是 $m + 1$, 与前面假设矛盾). 从而, $t_1, t_2, \cdots, t_m$ 中存在等于零的数, 且 $t_1, t_2, \cdots, t_m \geqslant 0$.

由于 $\mathbf{X}_P - \xi\mathbf{Y} = \mathbf{t} \geqslant \mathbf{0}$, 且 $\xi > 0$, 因此可以得知 $\dfrac{\mathbf{X}_P}{\mathbf{Y}} \geqslant \xi$, 令

$$\xi = \min\left\{\left.\frac{(\mathbf{X}_P)_j}{\mathbf{Y}_j}\right|\mathbf{Y}_j > 0\right\}$$

则因 $t_1, t_2, \cdots, t_m$ 中存在等于零的数, 从而 $t_j = 0$, 也就是第 j 列并非基向量, 需要换出去.

此时, 入基前的单纯形表如下:

	x_1	$\cdots$	x_j	$\cdots$	x_m	x_{m+1}	$\cdots$	x_k	$\cdots$	x_n	
$\mathbf{z}$	0	$\cdots$	0	$\cdots$	0	σ_{m+1}	$\cdots$	σ_k	$\cdots$	σ_n	z_0
x_1	1	$\cdots$	0	$\cdots$	0	$\bar{a}_{1,m+1}$	$\cdots$	$\bar{a}_{1,k}$	$\cdots$	$\bar{a}_{1,n}$	b_1
$\vdots$	$\vdots$		$\vdots$		$\vdots$	$\vdots$		$\vdots$		$\vdots$	$\vdots$
x_j	0	$\cdots$	1	$\cdots$	0	$\bar{a}_{j,m+1}$	$\cdots$	$\bar{a}_{j,k}$	$\cdots$	$\bar{a}_{j,n}$	b_j
$\vdots$	$\vdots$		$\vdots$		$\vdots$	$\vdots$		$\vdots$		$\vdots$	$\vdots$
x_m	0	$\cdots$	0	$\cdots$	1	$\bar{a}_{m,m+1}$	$\cdots$	$\bar{a}_{m,k}$	$\cdots$	$\bar{a}_{m,m}$	b_m

入基后的单纯形表如下:

	x_1	$\cdots$	x_j	$\cdots$	x_m	x_{m+1}	$\cdots$	x_k	$\cdots$	x_n	
	0	$\cdots$	$\hat{\sigma}_j$	$\cdots$	0	$\hat{\sigma}_{m+1}$	$\cdots$	0	$\cdots$	$\hat{\sigma}_n$	$\hat{z}_0$
x_1	1	$\cdots$	$\hat{a}_{1,j}$	$\cdots$	0	$\hat{a}_{1,m+1}$	$\cdots$	0	$\cdots$	$\hat{a}_{1,n}$	$\hat{b}_1$
$\vdots$	$\vdots$		$\vdots$		$\vdots$	$\vdots$		$\vdots$		$\vdots$	$\vdots$
x_{j-1}	.		.		.	.		.		.	.
x_k	0	$\cdots$	$\hat{a}_{j,j}$	$\cdots$	0	$\hat{a}_{j,m+1}$	$\cdots$	1	$\cdots$	$\hat{a}_{j,n}$	$\hat{b}_j$
x_{j+1}	.		.		.	.		.		.	.
$\vdots$	$\vdots$		$\vdots$		$\vdots$	$\vdots$		$\vdots$		$\vdots$	$\vdots$
x_m	0	$\cdots$	$\hat{a}_{m,j}$	$\cdots$	1	$\hat{a}_{m,m+1}$	$\cdots$	0	$\cdots$	$\hat{a}_{m,m}$	$\hat{b}_m$

重复此步骤直至所有检验数大于 0.

5. 单纯形法求解步骤

单纯形法的求解步骤总结下来共有以下五步:

步骤 1: 将线性规划方程组转化为标准形;

步骤 2: 找到一个初始可行基 **B**, 求得检验数向量 σ;

步骤 3: 找到最小的 σ_k;

步骤 4: 若 $\sigma_k < 0$, 则寻找入基变量和出基变量;

步骤 5: 基向量变换后返回步骤 3;

步骤 6: 至 $\sigma_k \geqslant 0$, 停止迭代, 此时已找到最优解 z_0.

6. 初始可行基的寻找

在使用单纯形法求解线性规划问题时需要从一个初始可行基出发进行运算. 特殊情况中初始可行基比较明显, 可以直接进行单纯形法计算, 但大部分情况中初始可行基并不明显, 需要寻找初始可行基. 经典的初始可行基寻找方式有两种: 两阶段法与大 M 构造法. 两种方法均通过引入人工变量寻找规划问题初始解. 在两阶段法中第一阶段通过人工变量构造线性规划辅助问题寻找初始解. 当辅助问题最优值为 0 且人工变量全为非基变量便得到规划问题的一个初始解可进行第二阶段计算; 当辅助问题最优值大于 0 时规划问题无可行解, 无需进行第二阶段计算.

7. 典型例题求解问题

例 2.2 试利用单纯形法求解以下线性规划模型.

$$\min z = x_1 + x_3$$

$$\text{s.t.} \begin{cases} 2x_1 + x_2 - x_3 = 7, \\ x_1 + 4x_3 \leqslant 3, \\ -3x_1 + 2x_3 \leqslant 2, \\ x_1, x_2, x_3 \geqslant 0 \end{cases}$$

首先将线性规划问题转化为如下标准形:

$$\min z = x_1 + x_3$$

$$\text{s.t.} \begin{cases} 2x_1 + x_2 - x_3 = 7, \\ x_1 + 4x_3 + x_4 = 3, \\ -3x_1 + 2x_3 + x_5 = 2, \\ x_j \geqslant 0, j = 1, 2, 3, 4, 5 \end{cases}$$

因为 $\mathbf{P} = (\mathbf{A}_2, \mathbf{A}_4, \mathbf{A}_5)$ 是一个单位矩阵, 并且 $\mathbf{B} = (7,3,2)^{\mathrm{T}} > \mathbf{0}$, 所以基 $\mathbf{P}$ 是可行基, x_2, x_4, x_5 为基变量, x_1, x_3 为非基变量, 基 $\mathbf{P}$ 对应的基本可行解为 $\mathbf{X} = (0,7,0,3,2)^{\mathrm{T}}$, 其目标函数值为零. $\mathbf{C}_P = (0,0,0)^{\mathrm{T}}$, 根据 $\sigma_i = c_i - \mathbf{C}_P^{\mathrm{T}} \bar{\mathbf{A}}_i$, $i = 1,3$ 计算检验数就可以得到第一张单纯形表:

	x_1	x_2	x_3	x_4	x_5	
σ	1	0	1	0	0	0
x_2	2	1	−1	0	0	7
x_4	1	0	4	1	0	3
x_5	−3	0	1	0	1	2

由单纯形表可知所有非基变量检验数均大于0, 当前解为最优解 $\mathbf{X}^* = (0,7,0)^{\mathrm{T}}$, 最优值 $z^* = 0$.

例 2.3 试利用单纯形法求解以下线性规划模型.

若将例 2.2 目标函数改为 $\min z = x_1 - x_3$, 约束条件不变, 则第一张单纯形表如下:

	x_1	x_2	x_3	x_4	x_5	
σ	1	0	−1	0	0	0
x_2	2	1	−1	0	0	7
x_4	1	0	4	1	0	3
x_5	−3	0	1	0	1	2

检验数 $\sigma_3 = -1 < 0$, 所以当前解不是最优解, $\bar{\mathbf{A}}_3$ 列中两个元素 $\bar{a}_{32} = 4, \bar{a}_{33} = 1$ 均为正数, 取

2.5 MATLAB 求解线性规划模型

$$\theta = \min\left\{\frac{b_2}{\bar{a}_{32}}, \frac{b_3}{\bar{a}_{33}}\right\} = \min\left\{\frac{3}{4}, \frac{2}{1}\right\} = \frac{3}{4}$$

所以选取 x_3 为入基变量，x_4 为出基变量，经过变换后得到

	x_1	x_2	x_3	x_4	x_5	
σ	$\frac{5}{4}$	0	0	$\frac{1}{4}$	0	$\frac{3}{4}$
x_2	$\frac{9}{4}$	1	0	$\frac{1}{4}$	0	$\frac{31}{4}$
x_3	$\frac{1}{4}$	0	1	$\frac{1}{4}$	0	$\frac{3}{4}$
x_5	$-\frac{13}{4}$	0	0	$-\frac{1}{4}$	1	$\frac{5}{4}$

它对应的基本可行解为 $\mathbf{X} = \left(0, \frac{31}{4}, \frac{3}{4}, 0, \frac{5}{4}\right)^{\mathrm{T}}$，其对应的目标函数值为 $z_0 = -\frac{3}{4}$，此时非基变量检验数向量 $\sigma \geqslant \mathbf{0}$. 规划问题的最优解 $\mathbf{X}^* = \left(0, \frac{31}{4}, \frac{3}{4}\right)^{\mathrm{T}}$，最优值 $z^* = -\frac{3}{4}$.

例 2.4 试利用单纯形法求解以下线性规划模型.

$$\min \quad z = -x_2 + 2x_3$$
$$\text{s.t.} \begin{cases} x_1 - 2x_2 + x_3 \leqslant 11, \\ 6x_1 + x_2 - 3x_3 = 10, \\ 2x_1 - x_2 + x_3 \geqslant 1, \\ x_1, x_2, x_3 \geqslant 0 \end{cases}$$

解 将上述线性规划问题转化为如下标准形:

$$\min \quad z = -x_2 + 2x_3$$
$$\text{s.t.} \begin{cases} x_1 - 2x_2 + x_3 + x_4 = 11, \\ 6x_1 + x_2 - 3x_3 = 10, \\ 2x_1 - x_2 + x_3 - x_5 = 1, \\ x_j \geqslant 0, j = 1, 2, 3, 4, 5 \end{cases}$$

这一问题中初始可行基并不明显，需要先寻找初始可行基.

(1) 采用两阶段法寻找初始可行基.

第一阶段: 寻找初始解.

因标准形模型中 x_4 符合基向量特点, 所以只需要为第 2, 3 个约束引入工具变量, 得到辅助问题如下

$$\min \quad h = x_6 + x_7$$

$$\text{s.t.} \begin{cases} x_1 - 2x_2 + x_3 + x_4 = 11, \\ 6x_1 + x_2 - 3x_3 + x_6 = 10, \\ 2x_1 - x_2 + x_3 - x_5 + x_7 = 1, \\ x_j \geqslant 0, j = 1, 2, \cdots, 7 \end{cases}$$

此时对应的系数矩阵 $\mathbf{A} = \begin{bmatrix} 1 & -2 & 1 & 1 & 0 & 0 & 0 \\ 6 & 1 & -3 & 0 & 0 & 1 & 0 \\ 2 & -1 & 1 & 0 & -1 & 0 & 1 \end{bmatrix}$.

第二阶段: 建立单纯形表

	x_1	x_2	x_3	x_4	x_5	x_6	x_7	
σ	0	−1	2	0	0	0	0	0
h	0	0	0	0	0	1	1	0
x_4	1	−2	1	1	0	0	0	11
x_6	6	1	−3	0	0	1	0	10
x_7	2	−1	1	0	−1	0	1	1

利用 x_6, x_7 行对 h 行进行初等行变换, 使 x_6, x_7 的检验数为 0, 变换后单纯形表如下:

	x_1	x_2	x_3	x_4	x_5	x_6	x_7	
σ	0	−1	2	0	0	0	0	0
h	−8	0	2	0	1	0	0	−11
x_4	1	−2	1	1	0	0	0	11
x_6	6	1	−3	0	0	1	0	10
x_7	2	−1	1	0	−1	0	1	1

检验数 $h_1 = -8 < 0$, 所以当前解不是最优解, $\bar{\mathbf{A}}_1$ 列中三个元素 $\bar{a}_{11} = 1$,

2.5 MATLAB 求解线性规划模型

$\bar{a}_{21} = 6, \bar{a}_{31} = 2$ 均为正数,取

$$\theta = \min\left\{\frac{b_1}{\bar{a}_{11}}, \frac{b_2}{\bar{a}_{21}}, \frac{b_3}{\bar{a}_{31}}\right\} = \min\left\{\frac{11}{1}, \frac{10}{6}, \frac{1}{2}\right\} = \frac{1}{2}$$

所以选取 x_7 为出基变量,x_1 为入基变量,经过变换后得到

	x_1	x_2	x_3	x_4	x_5	x_6	x_7	
σ	0	1	-2	0	0	0	0	0
h	0	-4	6	0	-3	0	4	-7
x_4	0	$-\frac{3}{2}$	$\frac{1}{2}$	1	$\frac{1}{2}$	0	$-\frac{1}{2}$	$\frac{21}{20}$
x_6	0	4^*	-6	0	3	1	-3	7
x_1	1	$-\frac{1}{2}$	$\frac{1}{2}$	0	$-\frac{1}{2}$	0	$\frac{1}{2}$	$\frac{1}{2}$

检验数 $h_2 = -4 < 0$,所以当前解不是最优解,$\bar{\mathbf{A}}_2$ 列中 $\bar{a}_{22}$ 为正数,再次变换:

	x_1	x_2	x_3	x_4	x_5	x_6	x_7	
σ	0	0	$\frac{1}{2}$	0	$\frac{4}{3}$	$\frac{1}{4}$	$-\frac{3}{4}$	$\frac{7}{4}$
h	0	0	0	0	0	1	1	0
x_4	0	0	$-\frac{7}{4}$	1	$\frac{13}{8}$	$\frac{3}{8}$	$-\frac{13}{8}$	$\frac{105}{8}$
x_2	0	1	$-\frac{3}{2}$	0	$\frac{3}{4}$	$\frac{1}{4}$	$-\frac{3}{4}$	$\frac{7}{4}$
x_1	1	0	$-\frac{1}{4}$	0	$-\frac{1}{8}$	$\frac{1}{8}$	$\frac{1}{8}$	$\frac{11}{8}$

此时基变量中不存在人工变量,并且得到辅助问题的最优解 $\mathbf{X} = \left(\frac{11}{8}, \frac{7}{11}, 0, \frac{105}{8}, 0, 0, 0\right)^{\mathrm{T}}$,最优值 $h^* = 0$.

得到原问题的一个基可行解 $\mathbf{X}^* = \left(\frac{11}{8}, \frac{7}{11}, 0, \frac{105}{8}, 0\right)^{\mathrm{T}}$,在此基础解上对原问题进行计算.

在上述单纯形表中删除人工变量可得到原问题的初始单纯形表:

	x_1	x_2	x_3	x_4	x_5	
σ	0	0	$\frac{1}{2}$	0	$\frac{4}{3}$	$\frac{7}{4}$
x_4	0	0	$-\frac{7}{4}$	1	$\frac{13}{8}$	$\frac{105}{8}$
x_2	0	1	$-\frac{3}{2}$	0	$\frac{3}{4}$	$\frac{7}{4}$
x_1	1	0	$-\frac{1}{4}$	0	$-\frac{1}{8}$	$\frac{11}{8}$

此时所有非基变量的检验数向量 σ ⩾ **0**, 意味着该初始解为最优解, 所以线性规划问题最优解 $\mathbf{X}^{**} = \left(\frac{11}{8}, \frac{7}{4}, 0\right)^\mathrm{T}$, 最优值 $z^* = -\frac{7}{4}$.

(2) 大 M 构造法寻找初始解.

在规划问题的标准形模型基础上增加人工变量建立辅助模型

$$\min z = -x_2 + 2x_3 + 0x_4 + 0x_5 + Mx_6 + Mx_7$$

$$\text{s.t.} \begin{cases} x_1 - 2x_2 + x_3 + x_4 = 11, \\ 6x_1 + x_2 - 3x_3 + x_6 = 10, \\ 2x_1 - x_2 + x_3 - x_5 + x_7 = 1, \\ x_j \geqslant 0, j = 1, 2, \cdots, 7 \end{cases}$$

辅助问题的目标函数对人工变量乘一个任意大的正数 M 来消除人工变量不会对原规划问题产生影响.

由此构造第一张单纯形表

	x_1	x_2	x_3	x_4	x_5	x_6	x_7	
σ	$-8M$	-1	$2+2M$	0	M	0	0	
x_4	1	-2	1	1	0	0	0	11
x_6	6	1	-3	0	0	1	0	10
x_7	2	-1	1	0	-1	0	1	1

检验数根据 $\sigma_j = c_j - \mathbf{C}_P^\mathrm{T} \bar{\mathbf{A}}_j, j = 1, 2, \cdots, n$ 计算. 问题中 $\mathbf{P} = (\mathbf{A}_4, \mathbf{A}_6, \mathbf{A}_7)$ 是一个单位矩阵, 可作为基, $\mathbf{C}_P^\mathrm{T} = (0, M, M)$. 由此计算检验数, 例如

$$\sigma_1 = c_1 - \mathbf{C}_P^\mathrm{T} \bar{\mathbf{A}}_1 = 0 - (0, M, M) \times (1, 6, 2)^\mathrm{T} = -8M$$

检验数 $\sigma_1 = -8M < 0$, 所以当前解不是最优解, $\bar{\mathbf{A}}_1$ 列中三个元素 $\bar{a}_{11} = 1$, $\bar{a}_{21} = 6, \bar{a}_{31} = 2$ 均为正数, 取

$$\theta = \min\left\{\frac{b_1}{\bar{a}_{11}}, \frac{b_2}{\bar{a}_{21}}, \frac{b_3}{\bar{a}_{31}}\right\} = \min\left\{\frac{11}{1}, \frac{10}{6}, \frac{1}{2}\right\} = \frac{1}{2}$$

所以选取 x_7 为出基变量，x_1 为入基变量，经过变换后得到

	x_1	x_2	x_3	x_4	x_5	x_6	x_7	
σ	0	$-4M-1$	$2+6M$	0	$-3M$	0	$4M$	
x_4	0	$-\frac{3}{2}$	$\frac{1}{2}$	1	$\frac{1}{2}$	0	$-\frac{1}{2}$	$\frac{21}{2}$
x_6	0	4^*	-6	0	3	1	-3	7
x_1	1	$-\frac{1}{2}$	$\frac{1}{2}$	0	$-\frac{1}{2}$	0	$\frac{1}{2}$	$\frac{1}{2}$

	x_1	x_2	x_3	x_4	x_5	x_6	x_7	
σ	0	0	$\frac{1}{2}$	0	$\frac{3}{4}$	$M+\frac{1}{4}$	$M-\frac{3}{4}$	
x_4	0	0	$-\frac{7}{4}$	1	$\frac{13}{8}$	$\frac{3}{8}$	$-\frac{13}{8}$	$\frac{105}{8}$
x_2	0	1	$-\frac{3}{2}$	0	$\frac{3}{4}$	$\frac{1}{4}$	$-\frac{3}{4}$	$\frac{7}{4}$
x_1	1	0	$-\frac{1}{4}$	0	$-\frac{1}{8}$	$\frac{1}{8}$	$\frac{1}{8}$	$\frac{11}{8}$

检验数全部大于 0，找到问题初始解，去掉人工变量得到原问题的单纯形表：

	x_1	x_2	x_3	x_4	x_5	
σ	0	0	$-\frac{1}{2}$	0	$-\frac{3}{4}$	
x_4	0	0	$-\frac{7}{4}$	1	$\frac{13}{8}$	$\frac{105}{8}$
x_2	0	1	$-\frac{3}{2}$	0	$\frac{3}{4}$	$\frac{7}{4}$
x_1	1	0	$-\frac{1}{4}$	0	$-\frac{1}{8}$	$\frac{11}{8}$

此时非基变量的检验数都已大于 0，该初始解为最优解，线性规划问题求解完毕。

对于初始解并非最优解的问题，使用这一方法继续迭代直至所有检验数均大于 0 即可。

例 2.5 试利用单纯形法求解以下线性规划模型.

$$\min \quad z = -x_1 - x_2$$

$$\text{s.t.} \quad \begin{cases} x_1 - x_2 \leqslant 1, \\ -3x_1 + 2x_2 \leqslant 6, \\ x_1, x_2 \geqslant 0 \end{cases}$$

对上面的不等式加入松弛变量, 转换成标准形可得到

$$\min \quad z = -x_1 - x_2$$

$$\text{s.t.} \quad \begin{cases} x_1 - x_2 + x_3 = 1, \\ -3x_1 + 2x_2 + x_4 = 6, \\ x_1, x_2, x_3, x_4 \geqslant 0 \end{cases}$$

此时对应的系数矩阵 $\mathbf{A} = \begin{bmatrix} 1 & -1 & 1 & 0 \\ -3 & 2 & 0 & 1 \end{bmatrix}$.

因为 $\mathbf{P} = (\mathbf{A}_3, \mathbf{A}_4)$ 是一个单位矩阵, 并且 $\mathbf{B} = (1,6)^{\mathrm{T}} > \mathbf{0}$, 所以基 $\mathbf{P}$ 是可行基, x_3, x_4 为基变量, x_1, x_2 为非基变量, 基 $\mathbf{P}$ 对应的基本可行解为 $\mathbf{X} = (0,0,1,6)^{\mathrm{T}}$, 其目标函数值为零. 这就可以得到第一张单纯形表

	x_1	x_2	x_3	x_4	
σ	-1	-1	0	0	0
x_3	1^*	-1	1	0	1
x_4	-3	2	0	1	6

检验数 $\sigma_1 = -1 < 0$, 所以当前解不是最优解, $\bar{\mathbf{A}}_1$ 列中元素 $\bar{a}_{11} = 1$, 取

$$\theta = \min\left\{\frac{b_1}{\bar{a}_{11}}\right\} = \min\left\{\frac{1}{1}\right\} = 1$$

所以选取 x_1 为入基变量, x_3 为出基变量, 经过变换后得到

	x_1	x_2	x_3	x_4	
σ	0	-2	1	0	1
x_1	1	-1	1	0	1
x_4	0	-1	3	1	9

此时 $\sigma_2 = -2 < 0$, 但对应的 $\mathbf{A}_2 < \mathbf{0}$, 所以此问题无界.

例 2.6 试利用单纯形法求解以下线性规划模型.

$$\max \quad z = 50x_1 + 50x_2$$

$$\text{s.t.} \quad \begin{cases} x_1 + x_2 \leqslant 300, \\ 2x_1 + x_2 \leqslant 400, \\ x_2 \leqslant 250, \\ x_1, x_2 \geqslant 0 \end{cases}$$

对上面的不等式加入松弛变量, 转换成标准型可得到

$$\min \quad z = -50x_1 - 50x_2$$

$$\text{s.t.} \quad \begin{cases} x_1 + x_2 + x_3 = 300, \\ 2x_1 + x_2 + x_4 = 400, \\ x_2 + x_5 = 250, \\ x_1, x_2, x_3, x_4, x_5 \geqslant 0 \end{cases}$$

此时对应的系数矩阵 $\mathbf{A} = \begin{bmatrix} 1 & 1 & 1 & 0 & 0 \\ 2 & 1 & 0 & 1 & 0 \\ 0 & 1 & 0 & 0 & 1 \end{bmatrix}$.

建立第一张单纯形表

	x_1	x_2	x_3	x_4	x_5	
σ	-50	-50	0	0	0	0
x_3	1	1	1	0	0	300
x_4	2	1	0	1	0	400
x_5	0	1	0	0	1	250

检验数 $\sigma_1 = -50 < 0$, 所以当前解不是最优解, $\bar{\mathbf{A}}_1$ 列中两个元素 $\bar{a}_{11} = 1$, $\bar{a}_{21} = 2$ 均为正数, 取

$$\theta = \min\left\{\frac{b_1}{\bar{a}_{11}}, \frac{b_2}{\bar{a}_{12}}\right\} = \min\left\{\frac{300}{1}, \frac{400}{2}\right\} = 200$$

所以选取 x_1 为入基变量, x_4 为出基变量, 经过变换后得到

	x_1	x_2	x_3	x_4	x_5	
σ	0	-25	0	25	0	10000
x_3	0	$\frac{1}{2}$	1	$-\frac{1}{2}$	0	100
x_1	1	$\frac{1}{2}$	0	$\frac{1}{2}$	0	200
x_5	0	1	0	0	1	250

表中 $\sigma_2 = -25 < 0$, 仍然不是最优解, 此时需要进一步变换, 经过变换后得到

	x_1	x_2	x_3	x_4	x_5	
σ	0	0	50	0	0	-15000
x_2	0	1	2	-1	0	200
x_1	1	0	-1	1	0	100
x_5	0	0	-2	1	1	50

此时所有非基向量检验数都等于 0, 故该问题有无穷多最优解.

2.5.3 线性规划模型的对偶模型

在 DEA 方法中我们经常要讨论原模型和对偶模型的一些性质. 由于 DEA 模型中对偶模型更加便捷, 故而在更多的时候通过对偶模型的求解来分析讨论各个决策单元. 以下对线性规划模型的对偶模型展开简要的介绍.

例 2.7 某工厂在计划期内安排甲、乙两种产品的生产. 已知生产单位产品所需设备 A, B, C 台时如表 2.1 所示.

表 2.1 甲、乙两种产品的生产数据表

设备	甲	乙	资源限量
A	3	2	30
B	0	4	40
C	2	2	50

该工厂每生产一单位产品甲可获利 30 元, 每生产一单位产品乙可获利 40 元, 问工厂应分别生产多少甲产品和乙产品, 才能使工厂利润最大?

解 假设用 x_1 和 x_2 分别表示甲、乙两种产品的生产量, 则可建立如下使得工厂利润最大化的模型:

$$\max \quad 30x_1 + 40x_2$$

$$\text{s.t.} \begin{cases} 3x_1 + 2x_2 \leqslant 30, \\ 0x_1 + 4x_2 \leqslant 40, \\ 2x_1 + 2x_2 \leqslant 50, \\ x_1, x_2 \geqslant 0 \end{cases}$$

现在我们从另一个角度来考虑这个问题. 假如有另外一个工厂要求租用该厂的设备 A, B, C, 那么该厂的厂长应该如何来确定合理的租金呢?

设 y_1, y_2, y_3 分别为设备 A, B, C 的每台时的租金. 为了叙述方便, 这里把租金定义为扣除成本后的利润. 作为出租者来说, 只有生产单位甲产品所需各设备台时的总租金高于原利润 30 元, 即 $3y_1 + 2y_3 \geqslant 30$ 时才会出租, 否则就不出租; 同样生产一个单位乙产品所需各设备台时的总租金也不应当低于原利润 40 元, 即 $2y_1 + 4y_2 + 2y_3 \geqslant 40$, 否则这些设备台时就不出租. 但对于租用者来说, 他要求在满足上述要求的前提下, 也就是在出租者愿意出租的前提下尽量要求全部设备台时的总租金越低越好, 即 $\min 30y_1 + 40y_2 + 50y_3$, 这样我们得到了该问题的数学模型:

目标函数: $\min \quad 30y_1 + 40y_2 + 50y_3$

约束条件: $\begin{cases} 3y_1 + 2y_3 \geqslant 30, \\ 2y_1 + 4y_2 + 2y_3 \geqslant 40, \\ y_1, y_2, y_3 \geqslant 0 \end{cases}$

这样从两个不同的角度来考虑同一个工厂的最大利润 (最小租金) 的问题, 所建立起来的两个线性模型就是一对对偶问题, 其中一个叫**原问题**, 而另一个叫**对偶问题**.

通过线性规划问题的图解法不难求得以上原模型和对偶模型的最优值均为 500 元, 即原模型和对偶模型的目标函数取值是相同的.

如果我们把求目标函数最大值的线性规划问题看成原问题, 则求目标函数最小值的线性规划问题看成对偶问题. 下面来研究这两个问题在数学模型上的关系.

(1) 求目标函数最大值的线性规划问题中有 n 个变量 m 个约束条件, 它的约束条件都是小于等于不等式. 而其对偶问题则是求目标函数为最小值的线性规划问题, 有 m 个变量 n 个约束条件, 其约束条件都为大于等于不等式.

(2) 原问题的目标函数中的变量系数为对偶问题中的约束条件的右边常数项, 并且原问题的目标函数中的第 i 个变量的系数就等于对偶问题中的第 i 个约束条件的右边常数项.

(3) 原问题的约束条件的右边常数项为对偶问题的目标函数中的变量的系数, 并且原问题的第 i 个约束条件的右边常数项就等于零对偶问题的目标函数中的第

i 个变量的系数.

(4) 对偶问题的约束条件的系数矩阵 $\mathbf{A}$ 是原问题约束矩阵的转置.

假设 $\mathbf{A} = \begin{bmatrix} a_{11} & a_{12} & \cdots & a_{1n} \\ a_{21} & a_{22} & \cdots & a_{2n} \\ \vdots & \vdots & & \vdots \\ a_{m1} & a_{m2} & \cdots & a_{mn} \end{bmatrix}$,则 $\mathbf{A}^{\mathrm{T}} = \begin{bmatrix} a_{11} & a_{21} & \cdots & a_{m1} \\ a_{12} & a_{22} & \cdots & a_{m2} \\ \vdots & \vdots & & \vdots \\ a_{1n} & a_{2n} & \cdots & a_{mn} \end{bmatrix}$. 如果我们用矩阵形式将原模型表示如下

$$\max \quad z = \mathbf{CX}$$
$$\text{s.t.} \quad \begin{cases} \mathbf{AX} \leqslant \mathbf{B}, \\ \mathbf{X} \geqslant \mathbf{0} \end{cases}$$

其中 $\mathbf{C} = (c_1, c_2, \cdots, c_n)^{\mathrm{T}}, \mathbf{B} = (b_1, b_2, \cdots, b_m)^{\mathrm{T}}, \mathbf{X} = (x_1, x_2, \cdots, x_n)^{\mathrm{T}}$. 此时原模型的对偶模型如下

$$\min \quad f = \mathbf{B}^{\mathrm{T}} \mathbf{Y}$$
$$\text{s.t.} \quad \begin{cases} \mathbf{A}^{\mathrm{T}} \mathbf{Y} \geqslant \mathbf{C}^{\mathrm{T}}, \\ \mathbf{Y} \geqslant \mathbf{0} \end{cases}$$

其中 $\mathbf{C} = (c_1, c_2, \cdots, c_n)^{\mathrm{T}}, \mathbf{B} = (b_1, b_2, \cdots, b_m)^{\mathrm{T}}, \mathbf{X} = (x_1, x_2, \cdots, x_n)^{\mathrm{T}}$.

然而, 有时线性规划模型的形式未必是指定的标准形式, 其约束条件和变量的约束有多种不同的形式. 为此我们总结归纳出了线性规划模型原模型及对偶模型之间约束条件与变量之间的对应关系如表 2.2 所示.

表 2.2 线性规划原问题与对偶问题的对应关系

原问题 (或对偶问题)		对偶问题 (或原问题)	
目标函数 (max) |||| 目标函数 (min)	
目标函数系数 (资源限量) |||| 资源限量 (目标函数系数)	
约束条件系数矩阵 $\mathbf{A}(\mathbf{A}^{\mathrm{T}})$ |||| 约束条件系数矩阵 $\mathbf{A}^{\mathrm{T}}(\mathbf{A})$	
变量	n 个变量 第 j 个变量 $\geqslant 0$ 第 j 个变量 $\leqslant 0$ 第 j 个变量无约束	约束	n 个约束 第 j 个约束为 $\geqslant$ 第 j 个约束为 $\leqslant$ 第 j 个约束为 $=$
约束	m 个约束 第 i 个约束 $\leqslant$ 第 i 个约束 $\geqslant$ 第 i 个约束为 $=$	变量	m 个变量 第 i 个变量 $\geqslant 0$ 第 i 个变量 $\leqslant 0$ 第 i 个变量无约束

例 2.8 写出下列线性规划的对偶模型

$$\min \quad z = x_1 + 5x_2 - 4x_3 + 9x_4$$

$$\text{s.t.} \begin{cases} 7x_1 - 2x_2 + 8x_3 - x_4 \leqslant 18, \\ 6x_2 - 5x_4 \geqslant 10, \\ 2x_1 + 8x_2 - x_3 = -14, \\ x_1 \text{ 无约束}, x_2 \leqslant 0, x_3, x_4 \geqslant 0 \end{cases}$$

解 目标函数求最小值,应将表 2.2 的右边看作原问题,左边是对偶问题,原问题有 3 个约束 4 个变量,则对偶问题有 3 个变量 4 个约束,对照表 2.2 的对应关系,对偶问题为

$$\max \quad w = 18y_1 + 10y_2 - 14y_3$$

$$\text{s.t.} \begin{cases} 7y_1 + 2y_3 = 1, \\ -2y_1 + 6y_2 + 8y_3 \geqslant 5, \\ 8y_1 - y_3 \leqslant -4, \\ -y_1 - 5y_2 \leqslant 9, \\ y_1 \leqslant 0, y_2 \geqslant 0, y_3 \text{ 无约束} \end{cases}$$

2.5.4 线性规划模型的 MATLAB 求解

大部分学过运筹学的读者对线性规划模型的基本求解方法都不陌生. 通常对于只有两个决策变量的情形, 可用图解法加以求解. 而对于大于两个决策变量的情形, 需要借助单纯形法加以求解. 单纯形法的基本思想是迭代思想的一种体现. 首先找到初始可行解, 并通过迭代逐步从可行域的一个顶点走向另一个顶点, 最终走到最优解点. 对具体步骤与方法读者可以查阅相关运筹学书籍.

线性规划模型的计算机求解软件众多, 对于决策变量较少的情形, 完全可以由 Excel 加以求解, 但决策变量较多时, Excel 就不是一个理想的工具了. 部分学者也可以采用 LINGO 软件, 其书写格式较简单且容易理解. 而考虑到大规模的数据处理时建议采用 MATLAB 软件.

MATLAB 中提供了线性规划模型的具体求解命令, 其常用形式包括以下四种:

1. linprog(f,A,b)

用于求解如下模型:

$$\min \quad z = \mathbf{fX}$$

$$\text{s.t.} \quad \mathbf{AX} \leqslant \mathbf{b}$$

2. linprog(f,A,b,Aeq,beq)

用于求解如下模型:

$$\min \quad z = \mathbf{fX}$$

$$\text{s.t.} \quad \begin{cases} \mathbf{AX} \leqslant \mathbf{b}, \\ \mathbf{AeqX} = \mathbf{beq} \end{cases}$$

3. linprog(f,A,b,Aeq,beq,vlb,vub)

用于求解如下模型:

$$\min \quad z = \mathbf{fX}$$

$$\text{s.t.} \quad \begin{cases} \mathbf{AX} \leqslant \mathbf{b}, \\ \mathbf{AeqX} = \mathbf{beq}, \\ \mathbf{vlb} \leqslant \mathbf{X} \leqslant \mathbf{vub} \end{cases}$$

4. linprog(f,A,b,Aeq,beq,vlb,vub,x0)

从初始迭代点 x0 出发求解如下模型:

$$\min \quad z = \mathbf{fX}$$

$$\text{s.t.} \quad \begin{cases} \mathbf{AX} \leqslant \mathbf{b}, \\ \mathbf{AeqX} = \mathbf{beq}, \\ \mathbf{vlb} \leqslant \mathbf{X} \leqslant \mathbf{vub} \end{cases}$$

利用 linprog 命令求解线性规划模型时将会返回两个参数, 其中第一个参数用于记录最优解, 第二参数给出最优目标函数值. 通常我们采用如下调用形式:

`[x,fval]=linprog(...)`

例 2.9 试利用 MATLAB 求解下列线性规划模型.

$$\max \quad z = x_1 + 2x_2 - 3x_3$$

$$\text{s.t.} \quad \begin{cases} 3x_1 + 2x_2 + x_3 \leqslant 6, \\ 4x_1 + 7x_2 - 6x_3 \geqslant 8, \\ 2x_1 + x_2 + 5x_3 = 4, \\ x_1, x_2, x_3 \geqslant 0 \end{cases}$$

2.5 MATLAB 求解线性规划模型

解 上述模型中既有不等式约束,又有等式约束及变量约束,同时目标函数是求最大值的目标函数,因此,需要将其转化为如下形式后就可以用 MATLAB 软件进行求解了.

$$\min \quad z = -x_1 - 2x_2 + 3x_3$$

$$\text{s.t.} \begin{cases} 3x_1 + 2x_2 + x_3 \leqslant 6, \\ -4x_1 - 7x_2 + 6x_3 \leqslant -8, \\ 2x_1 + x_2 + 5x_3 = 4, \\ x_1, x_2, x_3 \geqslant 0 \end{cases}$$

相关 MATLAB 求解代码如下:

```
clear all
f=[-1;-2;3];
A=[3 2 1;-4 -7 6];
b=[6;-8];
Aeq=[2 1 5];
beq=[4];
vlb=[0;0;0];
vub=[];
[x,fval]=linprog(f,A,b,Aeq,beq,vlb,vub)
```

上述 MATLAB 代码的运行结果如下:

```
x =
0.0000
2.8889
0.2222
fval =
-5.1111
```

因对目标函数进行了最小化处理,故最优目标函数值为 5.1111. 上述的目标函数值为近似值,实际上它是一个有理数,我们可以通过将数据格式设定为有理数格式获取具体分数形式. 在 MATLAB 命令窗口中输入 format rat 命令,并重新输入上面的算法后将输出如下结果:

```
x =
1/12327630536
26/9
2/9
fval =
-46/9
```

上面最优解中 x_1 的取值为 1/12327630536, 它是一个趋于零的数, 是算法的误差, 可忽略不计.

2.6 面向投入 CCR 模型的 MATLAB 求解

因 CCR 模型是一线性规划模型, 故可以利用线性规划相关模型加以求解. 线性规划模型的求解软件众多, 如 LINGO, Cplex, MATLAB 等. 本专著将主要介绍如何利用 MATLAB 软件对 DEA 模型加以求解. 面向投入 CCR 原模型及其对偶模型如下

$$\text{CCR} \begin{cases} \max & \mu^T Y_0, \\ \text{s.t.} & \omega^T X_j - \mu^T Y_j \geqq 0,\ j=1,2,\cdots,n, \\ & \omega^T X_0 = 1, \\ & \omega \geqq 0, \mu \geqq 0 \end{cases}$$

$$\text{CCR}_D \begin{cases} \min & \theta, \\ \text{s.t.} & \sum_{j=1}^{n} X_j \lambda_j \leqq \theta X_0, \\ & \sum_{j=1}^{n} Y_j \lambda_j \geqq Y_0, \\ & \lambda_j \geqq 0,\ j=1,2,\cdots,n \end{cases}$$

2.6.1 面向投入 CCR 原模型的 MATLAB 求解算法

面向投入 CCR 原模型的 MATLAB 求解算法如算法 2.1 所示.

(算法 2.1——面向投入 CCR 原模型算法)

```
function [xl,u,w]=CCR_OR(X,Y)
n=size(X',1);%决策单元个数
m=size(X,1);%投入指标个数
s=size(Y,1);%产出指标个数
for i=1:length(X(1,:))
    X0=X(:,i);%被评价决策单元投入数据
    Y0=Y(:,i);%被评价决策单元产出数据
    f=[-Y0;zeros(m,1)];%目标函数系数矩阵乘以-1后转化为最小化形式
    A=[Y' -X'];%不等式约束系数矩阵,原模型不等式左侧系数矩阵
    b=zeros(n,1);%不等式约束中的右侧0矩阵
    LB=zeros(m+s,1);%决策变量的下限
```

2.6 面向投入 CCR 模型的 MATLAB 求解

```
UB=[];%决策变量无上限,故设定为空矩阵即可
Aeq=[zeros(1,s) X0'];%等式约束中的左侧系数矩阵
beq=1;%等式约束中的右侧常数
[uw(:,i),xl(i)]=linprog(f,A,b,Aeq,beq,LB,UB);
    %线性规划标准化求解函数
end
u=uw(1:s,:);%与被评价决策单元最优目标函数对应的投入指标系数矩阵
w=uw(s+1:m+s,:); %与被评价决策单元最优目标函数对应的产出指标系数矩阵
xl=xl*-1;%将目标函数值转回最小化效率值
```

在上述函数中 X 和 Y 为决策单元的投入产出数据, xl 将输出所有决策单元的效率值, u 和 w 为与决策单元最优效率值对应的投入产出数据系数.

例 2.10 考虑表 2.3 所示的具有两个投入和一个产出的五个决策单元的例子.

表 2.3 决策单元投入产出数据

	DMU_1	DMU_2	DMU_3	DMU_4	DMU_5
投入 1	3	2	9	8	1
投入 2	4	3	6	8	6
产出 1	1	2	5	4	3
效率值	0.3659	1	1	0.6818	1

此时 DMU_1 的原模型中的评价模型为

$$\text{CCR} \begin{cases} \max & \mu_1 + 0\omega_1 + 0\omega_2, \\ \text{s.t.} & -\mu_1 + 3\omega_1 + 4\omega_2 \geq 0, \\ & -2\mu_1 + 2\omega_1 + 3\omega_2 \geq 0, \\ & -5\mu_1 + 9\omega_1 + 6\omega_2 \geq 0, \\ & -4\mu_1 + 8\omega_1 + 8\omega_2 \geq 0, \\ & -3\mu_1 + 1\omega_1 + 6\omega_2 \geq 0, \\ & 0\mu_1 + 3\omega_1 + 4\omega_2 = 1, \\ & \mu_1, \omega_1, \omega_2 \geq 0 \end{cases}$$

因 MATLAB 中仅提供了求解目标函数最小值的线性规划 linprog 函数, 故需将上述模型转化为如下形式才能求解:

$$\text{CCR}\begin{cases} \min & -\mu_1 + 0\omega_1 + 0\omega_2, \\ \text{s.t.} & -\mu_1 + 3\omega_1 + 4\omega_2 \geq 0, \\ & -2\mu_1 + 2\omega_1 + 3\omega_2 \geq 0, \\ & -5\mu_1 + 9\omega_1 + 6\omega_2 \geq 0, \\ & -4\mu_1 + 8\omega_1 + 8\omega_2 \geq 0, \\ & -3\mu_1 + 1\omega_1 + 6\omega_2 \geq 0, \\ & 0\mu_1 + 3\omega_1 + 4\omega_2 = 1, \\ & \mu_1, \omega_1, \omega_2 \geq 0 \end{cases}$$

以上模型中 $\mu_1, \omega_1, \omega_2$ 为决策变量,求得最优目标函数值再乘以 -1 后所得的数据即为被评价决策单元的效率值.

利用上面的标准化算法计算获得的各决策单元的效率值 (表 2.3 中的最后一行). 其具体的运行方式如下:

第一步,将上面的面向投入 CCR 模型的 MATLAB 求解算法保存到当前工作目录下,并取名为 CCR_OR.m;

第二步,在命令窗口中对决策单元的投入产出数据进行赋值,具体命令为

```
X=[3 2 9 8 1;4 3 6 8 6];Y=[1 2 5 4 3];
```

第三步,在命令窗口中输入 [xl,u,w]=CCR_OR(X,Y),即可获得如下结果.

```
xl =
    0.3659    1.0000    1.0000    0.6818    1.0000
u =
    0.3659    0.5000    0.2000    0.1705    0.3333
w =
    0.0732    0.1667    0.0400    0.0341    0.1111
    0.1951    0.2222    0.1067    0.0909    0.1481
```

2.6.2 面向投入 CCR 对偶模型的 MATLAB 求解

1) 具有非阿基米德无穷小量的面向投入 CCR 对偶模型的 MATLAB 算法

具有非阿基米德无穷小量面向投入的 CCR 对偶模型为

$$\text{CCR}_\text{D}^\varepsilon \begin{cases} \min & [\theta - \varepsilon(\mathbf{e}_i^\text{T}\mathbf{S}^- + \mathbf{e}_o^\text{T}\mathbf{S}^+)], \\ \text{s.t.} & \sum_{j=1}^n \mathbf{X}_j \lambda_j + \mathbf{S}^- = \theta \mathbf{X}_0, \\ & \sum_{j=1}^n \mathbf{Y}_j \lambda_j - \mathbf{S}^+ = \mathbf{Y}_0, \\ & \mathbf{S}^- \geq \mathbf{0}, \mathbf{S}^+ \geq \mathbf{0}, \lambda_j \geq 0, \ j = 1, 2, \cdots, n \end{cases}$$

2.6 面向投入 CCR 模型的 MATLAB 求解

具有非阿基米德无穷小量的面向投入 CCR 对偶模型的 MATLAB 求解算法如算法 2.2 所示.

(算法 2.2——具有非阿基米德无穷小量的面向投入 CCR 对偶模型算法)

```
function [theta,lambda,s_minus,s_plus,ty]=CCR_DUAL(X,Y)
 for i=1:length(X(1,:))
   X0=X(:,i);
   Y0=Y(:,i);
   n=size(X',1);
   m=size(X,1);
   s=size(Y,1);
   epsilon=10^-6;
   f=[zeros(1,n) -epsilon*ones(1,m+s) 1];
   A=[];
   b=[];
   LB=zeros(n+m+s,1);
   UB=[];
   LB(n+m+s+1)=-inf;
   Aeq=[X   eye(m)     zeros(m,s)  -X0
        Y   zeros(s,m) -eye(s)     zeros(s,1)];
   beq=[zeros(m,1)
        Y0];
   [C,theta(i)]=linprog(f,A,b,Aeq,beq,LB,UB);
   lambda(:,i)=C(1:n);
   s_minus(:,i)=C(n+1:n+m);
   s_plus(:,i)=C(n+m+1:n+m+s);
   ty(:,i)=[X0*theta(i)-s_minus(:,i);Y0+s_plus(:,i)];
 end
```

在上述算法中 X 和 Y 为决策单元的投入产出数据, theta 为各个决策单元的效率值, lambda 为与最优效率值对应的各个 λ 的取值, s_minus 和 s_plus 为与最优效率值对应的各个松弛变量和剩余变量的取值, ty 为各个决策单元面向投入的投影数据. 在上述算法中令 epsilon = 0, 则此算法为模型 (2.4) 的求解算法.

利用模型 (2.4) 及表 2.3 中的投入产出数据得到的第一个决策单元的评价模型如下

$$\mathrm{CCR_D}\begin{cases} \min & 0\lambda_1 + 0\lambda_2 + 0\lambda_3 + 0\lambda_4 + 0\lambda_5 + \theta, \\ \text{s.t.} & 3\lambda_1 + 2\lambda_2 + 9\lambda_3 + 8\lambda_4 + 1\lambda_5 \leqslant 3\theta, \\ & 4\lambda_1 + 3\lambda_2 + 6\lambda_3 + 8\lambda_4 + 6\lambda_5 \leqslant 4\theta, \\ & 1\lambda_1 + 2\lambda_2 + 5\lambda_3 + 4\lambda_4 + 3\lambda_5 \geqslant 1, \\ & \lambda_1, \lambda_2, \lambda_3, \lambda_4, \lambda_5 \geq 0 \end{cases}$$

利用对应 MATLAB 算法计算获得的结果如下.

```
theta =
    0.3659    1.0000    1.0000    0.6818    1.0000
lambda =
         0         0         0         0         0
    0.4390    1.0000         0    1.0909         0
    0.0244         0    1.0000    0.3636         0
         0         0         0         0         0
         0         0         0         0    1.0000
s_minus =
     0     0     0     0     0
     0     0     0     0     0
s_plus =
     0     0     0     0     0
ty =
    1.0976    2.0000    9.0000    5.4545    1.0000
    1.4634    3.0000    6.0000    5.4545    6.0000
    1.0000    2.0000    5.0000    4.0000    3.0000
```

2) 具有非阿基米德无穷小量的面向产出 CCR 对偶模型的 MATLAB 算法

具有非阿基米德无穷小量的面向产出 CCR 对偶模型的 MATLAB 算法如算法 2.3 所示.

(算法 2.3——具有非阿基米德无穷小量的面向产出 CCR 对偶模型算法)

```
function [theta,lambda,s_minus,s_plus,ty]=CCR_DUAL_CC(X,Y)
 for i=1:length(X(1,:))
   X0=X(:,i);
   Y0=Y(:,i);
   n=size(X',1);
   m=size(X,1);
   s=size(Y,1);
   epsilon=10^-6;
   f=[zeros(1,n) epsilon*ones(1,m+s) -1];
   A=[];
   b=[];
   LB=zeros(n+m+s,1);
   UB=[];
   LB(n+m+s+1)=-inf;
   Aeq=[X  eye(m)   zeros(m,s)  zeros(m,1)
        Y  zeros(s,m) -eye(s)   -Y0];
```

```
    beq=[X0
        zeros(s,1)];
    [C,theta(i)]=linprog(f,A,b,Aeq,beq,LB,UB);
    theta(i)=theta(i)*-1;
    lambda(:,i)=C(1:n);
    s_minus(:,i)=C(n+1:n+m);
    s_plus(:,i)=C(n+m+1:n+m+s);
    ty(:,i)=[X0-s_minus(:,i);Y0*theta(i)+s_plus(:,i)];
end
```

利用上述算法计算获得的表 2.3 中投入产出数据效率值相关结果如下.

```
theta =
    2.7333    1.0000    1.0000    1.4667    1.0000
lambda =
         0         0         0         0         0
    1.2000    1.0000         0    1.6000         0
    0.0667         0    1.0000    0.5333         0
         0         0         0         0         0
         0         0         0         0    1.0000
s_minus =
    0    0    0    0    0
    0    0    0    0    0
s_plus =
    0    0    0    0    0
ty =
    3.0000    2.0000    9.0000    8.0000    1.0000
    4.0000    3.0000    6.0000    8.0000    6.0000
    2.7333    2.0000    5.0000    5.8667    3.0000
```

2.7 面向投入的 CCR 对偶模型 MATLAB 并行求解算法

考虑到当决策单元数量相对较多而难以在短时间内求得所有决策单元的效率值时, 在本节中我们提供了面向投入 CCR 对偶模型中各决策单元的并行运算方法. 当决策单元规模较大时可利用此算法加以求解.

(算法 2.4——具有非阿基米德无穷小量的面向投入 CCR 对偶模型并行求解算法)

```
function [theta,lambda,s_minus,s_plus,ty]=CCR_DUAL_par(X,Y)
n=length(X(1,:));
parfor i=1:n
```

```
    X0=X(:,i);
    Y0=Y(:,i);
    n=size(X',1);
    m=size(X,1);
    s=size(Y,1);
    epsilon=10^-6;
    f=[zeros(1,n) -epsilon*ones(1,m+s) 1];
    A=[];
    b=[];
    LB=zeros(n+m+s,1);
    UB=[];
    LB(n+m+s+1)=-inf;
    Aeq=[X   eye(m)    zeros(m,s)   -X0
         Y   zeros(s,m) -eye(s)    zeros(s,1)];
    beq=[zeros(m,1)
         Y0];
    [C,theta(i)]=linprog(f,A,b,Aeq,beq,LB,UB);
    lambda(:,i)=C(1:n);
    s_minus(:,i)=C(n+1:n+m);
    s_plus(:,i)=C(n+m+1:n+m+s);
    ty(:,i)=[X0*theta(i)-s_minus(:,i);Y0+s_plus(:,i)];
end
```

参 考 文 献

[1] Charnes A, Cooper W W, Rhodes E. Measuring the efficiency of decision making units[J]. European Journal of Operational Research, 1978, 2(6): 429-444.

[2] 马占新. 数据包络分析模型与方法[M]. 北京: 科学出版社, 2010.

[3] 魏权龄. 数据包络分析[M]. 北京: 科学出版社, 2004.

第 3 章 数据包络分析方法中的 BCC 模型及其 MATLAB 算法

CCR 模型[1] 中我们假定决策单元的规模收益是不变的. 然而, 在一些管理问题中这种假设往往是不成立的. 为此在本章中我们进一步对规模收益可变的 BCC (Banker, Charnes, Cooper) 模型[2] 展开相关的分析讨论.

3.1 面向投入的 BCC 模型

数据包络分析模型分为投入导向的模型和产出导向的模型. 这两个模型中所得到的决策单元效率评价目标不同. 其中投入导向的模型通过缩小被评价决策单元投入数据的方式实现自我效率的最大化. 如果被评价决策单元无需缩小自身投入情况下仍然能够找到一组权重包络掉所有其他决策单元, 则被评价决策单元是有效的. 产出导向的模型通过放大被评价决策单元产出数据的方式实现自我效率的最大化. 如果被评价决策单元无需放大自身产出情况下仍然能够找到一组权重包络掉所有其他决策单元, 则被评价决策单元是有效的.

除此之外投入导向和产出导向 DEA 模型的另外一个区别点是在生产前沿面上的投影方式不同. 其中投入导向的 DEA 模型通过投入数据的等比例缩小来实现前沿面上的投影目标. 而产出导向的 DEA 模型通过产出数据的等比例增加来实现前沿面上的投影目标. 在本章中我们将分别对投入导向的 BCC 模型和产出导向的 BCC 模型展开深入的分析讨论[3,4].

3.1.1 面向投入的 BCC 原模型简介

面向投入的 BCC 原模型如下

$$\text{BCC} \begin{cases} \max & \mu^T \mathbf{Y}_0 - \mu_0, \\ \text{s.t.} & \omega^T \mathbf{X}_j - \mu^T \mathbf{Y}_j + \mu_0 \geq 0, \ j = 1, 2, \cdots, n, \\ & \omega^T \mathbf{X}_0 = 1, \\ & \omega \geq \mathbf{0}, \mu \geq \mathbf{0}, \mu_0 \in E^1 \end{cases} \tag{3.1}$$

3.1.2 面向投入的 BCC 对偶模型简介

面向投入的 BCC 模型对偶模型如下

$$\text{BCC}_{\text{D}}\begin{cases} \min \ \theta, \\ \text{s.t.} \ \sum_{j=1}^{n} \mathbf{X}_j \lambda_j \leqq \theta \mathbf{X}_0, \\ \phantom{\text{s.t.}} \ \sum_{j=1}^{n} \mathbf{Y}_j \lambda_j \geqq \mathbf{Y}_0, \\ \phantom{\text{s.t.}} \ \sum_{j=1}^{n} \lambda_j = \mathbf{1}, \\ \phantom{\text{s.t.}} \ \lambda_j \geqq \mathbf{0}, \ j=1,2,\cdots,n, \theta \in E^1 \end{cases} \tag{3.2}$$

如果模型 (3.2) 中求得的最优目标函数值为 1, 则称被评价决策单元是有效的.

3.1.3 面向投入的 BCC 原模型 MATLAB 求解算法

面向投入的 BBC 原模型 MATLAB 求解算法如算法 3.1 所示.

(算法 3.1——面向投入 BCC 原模型算法)

```
function [xl,u,w]=BCC_OR(X,Y)
n=size(X',1);
m=size(X,1);
s=size(Y,1);
for i=1:length(X(1,:))
    X0=X(:,i);
    Y0=Y(:,i);
    f=[-Y0;zeros(m,1);1];
    A=[Y' -X' -1*ones(n,1)];
    b=zeros(n,1);
    LB=[zeros(1,m+s) -inf*ones(1,1)]';
    UB=[];
    Aeq=[zeros(1,s) X0' zeros(1,1)];
    beq=[1];
    [uw(:,i),xl(i)]=linprog(f,A,b,Aeq,beq,LB,UB);
end
xl=xl*-1;
u=uw(1:s,:);
w=uw(s+1:m+s,:);
```

在上述函数中 X 和 Y 为决策单元的投入产出数据, xl 将输出所有决策单元的效率值, u 和 w 为与决策单元最优效率值对应的投入产出数据系数.

例 3.1 分别利用面向投入的 BBC 原模型 MATLAB 求解算法求解如表 3.1 所示具有一个投入和一个产出的 9 个决策单元效率.

3.2 面向投入的具有非阿基米德无穷小量的 BCC 模型

表 3.1　决策单元投入产出数据

DMU	投入	产出	DMU	投入	产出
1	2	2	6	3	3
2	2.5	2	7	3	4
3	3.5	1	8	4	5
4	7	3	9	5	5.5
5	5	5			

解　BCC 原模型表 3.1 中 9 个决策单元的效率求解步骤如下:

第一步, 将上面的 BCC 模型的 MATLAB 求解算法保存到当前工作目录下, 并取名为 BCC_OR. m;

第二步, 在命令窗口中对决策单元的投入产出数据进行赋值, 具体命令如下

```
X=[2 2.5 3.5 7 5 3 3 4 5];Y=[2 2 1 3 5 3 4 5 5.5];
```

第三步, 在命令窗口中输入[xl,u,w]= BCC_OR(X,Y), 即可获得如下结果.

```
xl =
    1.0000  0.8000  0.5714  0.3571  0.8000  0.8333  1.0000
        1.0000  1.0000
u =
         0       0       0  0.0714  0.2000  0.1667  0.1667  0.2500
        0.4000
w =
    0.5000  0.4000  0.2857  0.1429  0.2000  0.3333  0.3333
        0.2500  0.2000
```

3.2　面向投入的具有非阿基米德无穷小量的 BCC 模型

3.2.1　面向投入的具有非阿基米德无穷小量的 BCC 模型简介

面向投入的具有非阿基米德无穷小量的 BCC 模型及对偶模型如模型 (3.3) 和模型 (3.4) 所示

$$\text{BCC}_\varepsilon \begin{cases} \max & \mu^T \mathbf{Y}_0 - \mu_0, \\ \text{s.t.} & \omega^T \mathbf{X}_j - \mu^T \mathbf{Y}_j + \mu_0 \geqq 0, \ j=1,2,\cdots,n, \\ & \omega^T \mathbf{X}_0 = 1, \\ & \omega \geqq \varepsilon \mathbf{e}_i, \mu \geqq \varepsilon \mathbf{e}_o, \mu_0 \in E^1 \end{cases} \quad (3.3)$$

其中 $\mathbf{e}_i = (1,1,\cdots,1)^T \in E^m, \mathbf{e}_o = (1,1,\cdots,1)^T \in E^s$.

$$\text{BCC}_\text{D}^\varepsilon \begin{cases} \min \quad \theta - \varepsilon(\mathbf{e}_i^\text{T}\mathbf{S}^- + \mathbf{e}_o^\text{T}\mathbf{S}^+), \\ \text{s.t.} \quad \sum_{j=1}^n \mathbf{X}_j\lambda_j + \mathbf{S}^- = \theta\mathbf{X}_0, \\ \phantom{\text{s.t.}}\quad \sum_{j=1}^n \mathbf{Y}_j\lambda_j - \mathbf{S}^+ = \mathbf{Y}_0, \\ \phantom{\text{s.t.}}\quad \sum_{j=1}^n \lambda_j = 1, \\ \phantom{\text{s.t.}}\quad \mathbf{S}^- \geqq \mathbf{0}, \mathbf{S}^+ \geqq \mathbf{0}, \lambda_j \geqq 0, \ j = 1, 2, \cdots, n \end{cases} \quad (3.4)$$

其中 $\mathbf{e}_i = (1, 1, \cdots, 1)^\text{T} \in E^m$，$\mathbf{e}_o = (1, 1, \cdots, 1)^\text{T} \in E^s$。

模型 (3.3) 常用于判断决策单元是有效的还是弱有效的。如果在 $\varepsilon > 0$ 的情况下被评价决策单元的效率值依然能达到 1，则被评价的决策单元是有效的。如果必须让 $\varepsilon = 0$ 才能做到被评价的决策单元效率值等于 1，则被评价的决策单元是弱有效的。

3.2.2 面向投入的具有非阿基米德无穷小量的 BCC 模型 MATLAB 求解算法

具有非阿基米德无穷小量的面向投入的 BCC 对偶模型 MATLAB 求解算法如算法 3.2 所示。

(算法 3.2——具有非阿基米德无穷小量的面向投入的 BCC 对偶模型算法)

```
function [theta,lambda,s_minus,s_plus,ty]=BCC_DUAL(X,Y)
for i=1:length(X(1,:))
X0=X(:,i);
Y0=Y(:,i);
n=size(X',1);
m=size(X,1);
s=size(Y,1);
epsilon=10^-6;
f=[zeros(1,n+1) -epsilon*ones(1,m+s) 1];
A=[];
b=[];
LB=zeros(n+m+s+1,1);
UB=[];
LB(n+m+s+2)=-inf;
Aeq=[X zeros(m,1) eye(m)   zeros(m,s)  -X0
     Y zeros(s,1) zeros(s,m) -eye(s) zeros(s,1)
     ones(1,n) zeros(1,m+s+2)];
beq=[zeros(m,1)
```

3.2 面向投入的具有非阿基米德无穷小量的 BCC 模型

```
        Y0
        1];
[C,theta(i)]=linprog(f,A,b,Aeq,beq,LB,UB);
lambda(:,i)=C(1:n+1);
s_minus(:,i)=C(n+2:n+m+1);
s_plus(:,i)=C(n+m+2:n+m+s+1);
ty(:,i)=[X0*theta(i)-s_minus(:,i);Y0+s_plus(:,i)];
end
```

在上述算法中 X 和 Y 为决策单元的投入产出数据，theta 为各个决策单元的效率值，lambda 为与最优效率值对应的各个 λ 的取值，s_minus 和 s_plus 为与最优效率值对应的各个松弛变量和剩余变量的取值，ty 为各个决策单元面向投入的投影数据.

例 3.2 利用算法 3.2 求解表 3.1 中的 9 个决策单元效率值.

解 首先，将算法 3.2 保存到当前工作目录下并取名为 BCC_DUAL；其次，在命令窗口中输入 X=[2 2.5 3.5 7 5 3 3 4 5]; Y=[2 2 1 3 5 3 4 5 5.5]; 最后，在命令窗口中输入

```
[theta,lambda,s_minus,s_plus,ty]=BCC_DUAL(X,Y)
```

即可获得如下结果.

```
theta =
    1.0000  0.8000  0.5714  0.3571  0.8000  0.8333  1.0000  1.0000  1.0000
lambda =
    1.0000  1.0000  1.0000  0.5000  0       0.5000  0       0       0
    0       0       0       0       0       0       0       0       0
    0       0       0       0       0       0       0       0       0
    0       0       0       0       0       0       0       0       0
    0       0       0       0       0       0       0       0       0
    0       0       0       0       0       0       0       0       0
    0       0       0       0.5000  0       0.5000  1.0000  0       0
    0       0       0       0       1.0000  0       0       1.0000  0
    0       0       0       0       0       0       0       0       1.0000
    0       0       0       0       0       0       0       0       0
s_minus =
    0       0       0       0       0       0       0       0       0
s_plus =
    0       0       1       0       0       0       0       0       0
ty =
    2.0000  2.0000  2.0000  2.5000  4.0000  2.5000  3.0000  4.0000  5.0000
    2.0000  2.0000  2.0000  3.0000  5.0000  3.0000  4.0000  5.0000  5.5000
```

3.3 面向产出的 BCC 模型

面向产出的 BCC 模型及其对偶模型如 (3.5) 和 (3.6) 所示

$$\text{BCC}_{\text{out}} \begin{cases} \min & \omega^T \mathbf{X}_0 + \mu_0, \\ \text{s.t.} & \omega^T \mathbf{X}_j - \mu^T \mathbf{Y}_j - \mu_0 \geqq 0, \ j = 1, 2, \cdots, n, \\ & \mu^T \mathbf{Y}_0 = 1, \\ & \omega \geqq \mathbf{0}, \mu \geqq \mathbf{0}, \mu_0 \in E^1 \end{cases} \tag{3.5}$$

$$\text{BCC}_{\text{D}}^{\text{out}} \begin{cases} \max & z, \\ \text{s.t.} & \sum_{j=1}^{n} \mathbf{X}_j \lambda_j \leqq \mathbf{X}_0, \\ & \sum_{j=1}^{n} \mathbf{Y}_j \lambda_j \geqq z \mathbf{Y}_0, \\ & \sum_{j=1}^{n} \lambda_j = 1, \\ & \lambda_j \geqq 0, j = 1, 2, \cdots, n \end{cases} \tag{3.6}$$

具有非阿基米德无穷小量的面向产出 BCC 模型如模型 3.7 所示

$$\text{BCC}_{\text{D}\varepsilon}^{\text{out}} \begin{cases} \max & z + \varepsilon(\mathbf{e}_i^T \mathbf{S}^- + \mathbf{e}_o^T \mathbf{S}^+), \\ \text{s.t.} & \sum_{j=1}^{n} \mathbf{X}_j \lambda_j + \mathbf{S}^- = \mathbf{X}_0, \\ & \sum_{j=1}^{n} \mathbf{Y}_j \lambda_j - \mathbf{S}^+ = z \mathbf{Y}_0, \\ & \sum_{j=1}^{n} \lambda_j = 1, \\ & \mathbf{S}^- \geqq \mathbf{0}, \mathbf{S}^+ \geqq \mathbf{0}, \lambda_j \geqq 0, \ j = 1, 2, \cdots, n, \\ & \mathbf{e}_i = (1, 1, \cdots, 1)^T \in E^m, \mathbf{e}_o = (1, 1, \cdots, 1)^T \in E^s \end{cases} \tag{3.7}$$

具有非阿基米德无穷小量的面向产出 BCC 对偶模型的求解算法如算法 3.3 所示.

(算法 3.3——具有非阿基米德无穷小量的面向产出 BCC 对偶模型算法)

```
function [xl,lambda,s_minus,s_plus,ty]=BCC_DUAL_CC(X,Y)
for i=1:length(X(1,:))
 X0=X(:,i);
 Y0=Y(:,i);
```

3.3 面向产出的 BCC 模型

```
n=size(X',1);
m=size(X,1);
s=size(Y,1);
epsilon=10^-6;
f=[zeros(1,n+1) epsilon*ones(1,m+s) -1];
A=[];
b=[];
LB=zeros(n+m+s+1,1);
UB=[];
LB(n+m+s+2)=-inf;
Aeq=[X zeros(m,1) eye(m)   zeros(m,s)  zeros(m,1)
     Y zeros(s,1) zeros(s,m) -eye(s) -Y0
     ones(1,n)   zeros(1,m+s+2)];
beq=[X0
     zeros(s,1)
     1];
[C,x1(i)]=linprog(f,A,b,Aeq,beq,LB,UB);
x1(i)=x1(i)*-1;
lambda(:,i)=C(1:n+1);
s_minus(:,i)=C(n+2:n+m+1);
s_plus(:,i)=C(n+m+2:n+m+s+1);
ty(:,i)=[X0-s_minus(:,i);Y0*x1(i)+s_plus(:,i)];
end
```

例 3.3 利用算法 3.3 求解表 3.1 中的 9 个决策单元效率值.

解 首先,将算法 3.3 保存到当前工作目录下并取名为 BCC_DUAL_CC;其次,在命令窗口中输入 X=[2 2.5 3.5 7 5 3 3 4 5]; Y=[2 2 1 3 5 3 4 5 5.5]; 最后,在命令窗口中输入

　　　　[theta,lambda,s_minus,s_plus,ty]=BCC_DUAL_CC(X,Y)

即可获得如下结果.

```
x1 =
    1.0000  1.5000  4.5000  1.8333  1.1000  1.3333  1.0000  1.0000  1.0000
lambda =
    1.0000  0.5000  0       0       0       0       0       0       0
    0       0       0       0       0       0       0       0       0
    0       0       0       0       0       0       0       0       0
    0       0       0       0       0       0       0       0       0
    0       0       0       0       0       0       0       0       0
    0       0       0       0       0       0       0       0       0
```

```
    0        0.5000   0.5000   0        0        1.0000   1.0000   0        0
    0        0        0.5000   0        0        0        0        1.0000   0
    0        0        0        1.0000   1.0000   0        0        0        1.0000
    0        0        0        0        0        0        0        0        0
s_minus =
    0        0        0        2        0        0        0        0        0
s_plus =
    0        0        0        0        0        0        0        0        0
ty =
    2.0000   2.5000   3.5000   5.0000   5.0000   3.0000   3.0000   4.0000   5.0000
    2.0000   3.0000   4.5000   5.5000   5.5000   4.0000   4.0000   5.0000   5.5000
```

3.4 BCC 模型的生产可能集和生产前沿面

在深入了解 DEA 模型的相关性质时经常要用到生产可能集和生产前沿面概念, 因此在本节中对这两个概念展开相关的介绍.

3.4.1 BCC 模型中的生产可能集

考虑由 m 项投入、s 项产出和 n 个决策单元组成的评价系统, 其中参考集为

$$\hat{T} = \{(\mathbf{X}_j, \mathbf{Y}_j) | j = 1, 2, \cdots, n\}$$

则生产可能集为

$$T_{\text{BCC}} = \left\{ (\mathbf{X}, \mathbf{Y}) \middle| \sum_{j=1}^{n} \mathbf{X}_j \lambda_j \leqq \mathbf{X}, \sum_{j=1}^{n} \mathbf{Y}_j \lambda_j \geqq \mathbf{Y}, \sum_{j=1}^{n} \lambda_j = 1, \lambda_j \geqq 0, j = 1, 2, \cdots, n \right\}$$

3.4.2 BCC 模型中的生产前沿面

设 $\hat{\omega} \geqslant \mathbf{0}, \hat{\mu} \geqslant \mathbf{0}, \mu_0 \in E^1$, 以及

$$L = \{(\mathbf{X}, \mathbf{Y}) | \hat{\omega}^{\text{T}} \mathbf{X} - \hat{\mu}^{\text{T}} \mathbf{Y} - \mu_0 = 0\}$$

满足

$$T_{\text{BCC}} \subset \{(\mathbf{X}, \mathbf{Y}) | \hat{\omega}^{\text{T}} \mathbf{X} - \hat{\mu}^{\text{T}} \mathbf{Y} - \mu_0 \geq 0\}$$

$$L \cap T_{\text{BCC}} \neq \varnothing$$

则称 L 为生产可能集 T_{BCC} 的弱有效面, 称 $L \cap T_{\text{BCC}}$ 为生产可能集 T_{BCC} 的弱生产前沿面. 特别, 如果 $\hat{\omega} \geqslant \mathbf{0}, \hat{\mu} \geqslant \mathbf{0}, \mu_0 \in E^1$, 称 L 为生产可能集 T_{BCC} 的有效面, 称 $L \cap T_{\text{BCC}}$ 为生产可能集 T_{BCC} 的生产前沿面.

3.4.3 BCC 模型中决策单元在生产前沿面上面向投入的投影

设 $\mathbf{S}^{-0}, \mathbf{S}^{+0}, \theta^0, \lambda^0$ 是对偶规划模型 BCC_D 的最优解. 令

$$\hat{\mathbf{X}}_0 = \theta^0 \mathbf{X}_0 - \mathbf{S}^{-0} = \sum_{j=1}^n \mathbf{X}_j \lambda_j^0$$

$$\hat{\mathbf{Y}}_0 = \mathbf{Y}_0 + \mathbf{S}^{+0} = \sum_{j=1}^n \mathbf{Y}_j \lambda_j^0$$

则称 $(\hat{\mathbf{X}}_0, \hat{\mathbf{Y}}_0)$ 为 DMU_0 在生产前沿面上的面向投入的"投影".

3.4.4 BCC 模型中决策单元在生产前沿面上面向产出的投影

设 $\mathbf{S}^{-0}, \mathbf{S}^{+0}, z^0, \lambda^0$ 是对偶规划模型 $\text{BCC}_\text{D}^{\text{out}}$ 的最优解. 令

$$\hat{\mathbf{X}}_0 = \mathbf{X}_0 - \mathbf{S}^{-0} = \sum_{j=1}^n \mathbf{X}_j \lambda_j^0$$

$$\hat{\mathbf{Y}}_0 = z^0 \mathbf{Y}_0 + \mathbf{S}^{+0} = \sum_{j=1}^n \mathbf{Y}_j \lambda_j^0$$

则称 $(\hat{\mathbf{X}}_0, \hat{\mathbf{Y}}_0)$ 为 DMU_0 在生产前沿面上的面向产出的"投影".

3.4.5 BCC 模型中决策单元生产可能集、生产前沿面及投影实例介绍

为了直观地了解 BCC 模型中生产可能集、生产前沿面及决策单元在生产前沿面上的投影, 我们用图形展示的方式对表 3.1 中的决策单元进行相关的展示.

图 3.1 中给出了由表 3.1 中 9 个决策单元构成的生产可能集及生产前沿面信

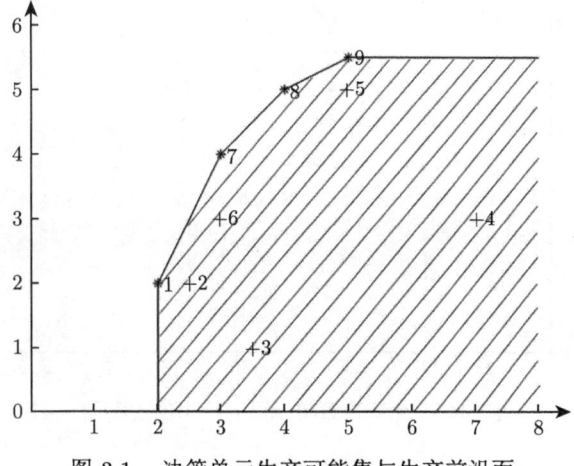

图 3.1 决策单元生产可能集与生产前沿面

息. 其中生产可能集为图 3.1 中的阴影区域. 生产前沿面由连接 1 号决策单元和 7 号决策单元的割线, 连接 7 号决策单元和 8 号决策单元的割线及连接 8 号决策单元和 9 号决策单元的割线构成.

在 BCC 模型表 3.1 中 1, 7, 8 及 9 号决策单元是有效的, 其中 1 号决策单元投入最少, 9 号决策单元产出最大. 2, 3, 4, 5 及 6 号决策单元是无效的. 无效的 5 个决策单元面向投入的投影及面向产出的投影如图 3.2 和图 3.3 所示.

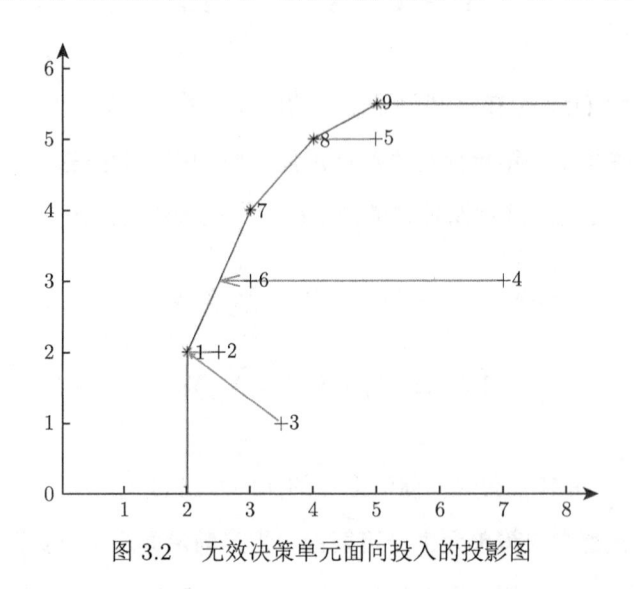

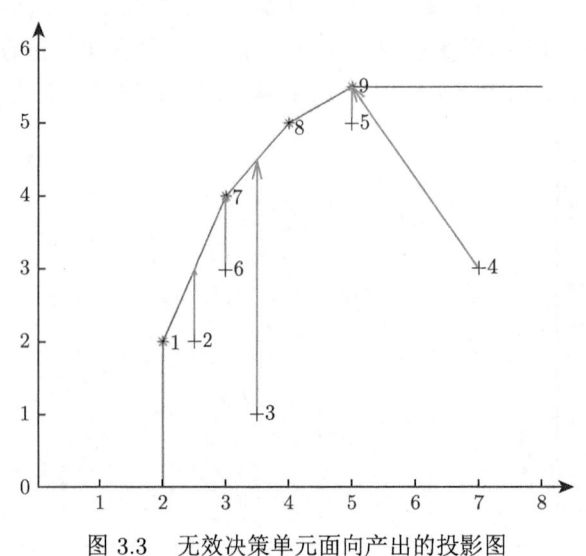

图 3.2 无效决策单元面向投入的投影图

图 3.3 无效决策单元面向产出的投影图

3.5 规模效率、技术效率与纯技术效率

3.5.1 规模效率、技术效率与纯技术效率定义

学者们将规模收益不变的 CCR 模型效率定义为技术效率, 将规模收益可变的 BCC 模型效率定义为规模效率, 并将二者比值定义为纯技术效率[5,6], 即

技术效率 = CCR 模型效率;

规模效率 = BCC 模型效率;

纯技术效率 = 技术效率/规模效率.

3.5.2 规模效率、技术效率与纯技术效率算法介绍

因为在前面的介绍中我们已经对 CCR 模型和 BCC 模型中决策单元的 MATLAB 求解算法进行了较为详细的介绍, 所以这里不再进行具体的叙述. 算法 3.4 中提供了求解规模效率、技术效率与纯技术效率的具体算法. 在该算法中需要套用算法 2.2 和算法 3.2.

(算法 3.4——规模效率、技术效率和纯技术效率计算算法)

```
function xl=cjsxl(X,Y)
[theta,lambda,s_minus,s_plus,ty]=CCR_DUAL(X,Y);
[theta1,lambda1,s_minus1,s_plus1,ty1]=BCC_DUAL(X,Y);
xl=[theta;theta./theta1;theta1]';
end
```

3.5.3 规模效率、技术效率与纯技术效率可视化展示算法介绍

为了更加直观地展示规模效率与纯技术效率, 学者们以纯技术效率为 x 轴, 以规模效率为 y 轴, 以某一效率值为分界点 (常选择 0.8), 将各个决策单元的纯技术效率和规模效率展示在平面直角坐标系中. 其具体可视化展示算法如算法 3.5 所示.

(算法 3.5——规模效率、技术效率与纯技术效率可视化展示算法)

```
function xl=gmcjsxl_fig(X,Y,mc,opt_xl)
%X为决策单元投入数据；Y为决策单元产出数据
%mc为决策单元的名称,要求长度一致；opt_xl为效率分界值
xl=cjsxl(X,Y);
wc=10^-6;
hold on
grid on
```

```
axis([0 1.2 0 1.2]);
sum1=0;
for i=1:length(xl)
    if xl(i,1)>=1-wc&xl(i,2)>=1-wc
      plot(xl(i,1),xl(i,2),'b*');
      text(xl(i,1)+0.01,xl(i,2)+sum1,mc(i));
      sum1=sum1+0.03;
    end
    if xl(i,1)>=1-wc&xl(i,2)<1-wc
      plot(xl(i,1),xl(i,2),'g+');
      text(xl(i,1)+0.01,xl(i,2),mc(i));
    end
    if xl(i,1)<1-wc&xl(i,2)>=1-wc
      plot(xl(i,1),xl(i,2),'ms');
      text(xl(i,1)+0.01,xl(i,2),mc(i));
    end
    if xl(i,1)<1-wc&xl(i,2)<1-wc
      plot(xl(i,1),xl(i,2),'r.');
      text(xl(i,1)+0.01,xl(i,2),mc(i));
    end
end
plot([0,1.2],[opt_xl,opt_xl],'b');
plot([opt_xl,opt_xl],[0,1.2],'b');
plot([0,1.2],[0,1.2],'g');
ylabel('规模效率');
xlabel('纯技术效率');
```

例 3.4 已知某省的 10 所高校的两项投入和两项产出数据,如表 3.2 所示. 试求各所高校的规模效率与纯技术效率并进行可视化展示.

表 3.2 某省的 10 所高校的两项投入和两项产出数据

高校编号	投入 1 年均财政投入/万元	投入 2 在校教师人数/人	产出 1 在校学生人数/人	产出 2 毕业学生平均收入/元
S01	12832.28	2259	18544.8	7162.4
S02	10649.01	1520.4	18301.4	7832.4
S03	11884.31	2341.2	21811.2	8651
S04	11683.72	1348.2	20365.2	6782.2
S05	8199.212	840.2	12896.6	5964
S06	15806.48	1872	19847.6	6728.8
S07	7708.314	797.8	11379.8	7526.2
S08	10103.3	1389.8	19242	9524.8
S09	16954.85	1498.4	20520	7926.8
S10	12980	1534	19830	6632.8

3.5 规模效率、技术效率与纯技术效率

解 首先,将高校的名称以 txt 列文件的形式保存到当前工作目录并取名为 jcdymc.

其次,在命令窗口中输入如下算法即可获得各个决策单元的不同效率及如图 3.4 所示的可视化展示结果.

```
clear
data1=[12832.28 2259    18544.8 7162.4
10649.01    1520.4  18301.4 7832.4
11884.31    2341.2  21811.2 8651
11683.72    1348.2  20365.2 6782.2
8199.212    840.2   12896.6 5964
15806.48    1872    19847.6 6728.8
7708.314    797.8   11379.8 7526.2
10103.3 1389.8  19242   9524.8
16954.85    1498.4  20520   7926.8
12980   1534    19830   6632.8];
X=data1(:,1:2)';
Y=data1(:,3:4)';
mc=importdata('jcdymc.txt');
xl=gmcjsxl_fig(X,Y,mc,0.8);
```

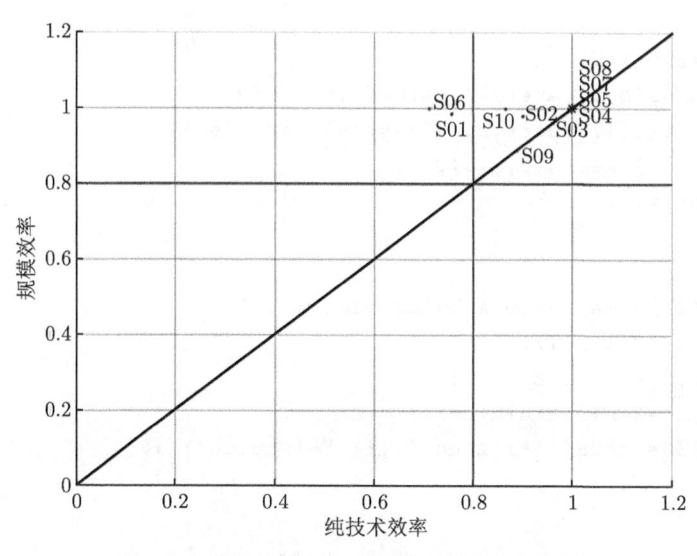

图 3.4 规模效率与纯技术效率可视化展示图

3.6 面向投入的 BCC 对偶模型 MATLAB 并行求解算法

考虑到当决策单元数量相对较多而难以在短时间内求得所有决策单元的效率值时，在本节中我们提供了面向投入 BCC 对偶模型中各决策单元的并行计算方法．当决策单元规模较大时可利用此算法加以求解．

(算法 3.6——具有非阿基米德无穷小量的面向投入 BCC 对偶模型并行求解算法)

```
function [theta,lambda,s_minus,s_plus,ty]=BCC_DUAL_par(X,Y)
n=length(X(1,:));
parfor i=1:n
 X0=X(:,i);
 Y0=Y(:,i);
 n=size(X',1);
 m=size(X,1);
 s=size(Y,1);
 epsilon=10^-6;
 f=[zeros(1,n+1) -epsilon*ones(1,m+s) 1];
 A=[];
 b=[];
 LB=zeros(n+m+s+1,1);
 UB=[];
 LB(n+m+s+2)=-inf;
 Aeq=[X zeros(m,1) eye(m)   zeros(m,s)  -X0
     Y zeros(s,1) zeros(s,m) -eye(s) zeros(s,1)
     ones(1,n) zeros(1,m+s+2)];
 beq=[zeros(m,1)
     Y0
     1];
 [C,theta(i)]=linprog(f,A,b,Aeq,beq,LB,UB);
 lambda(:,i)=C(1:n+1);
 s_minus(:,i)=C(n+2:n+m+1);
 s_plus(:,i)=C(n+m+2:n+m+s+1);
 ty(:,i)=[X0*theta(i)-s_minus(:,i);Y0+s_plus(:,i)];
end
```

参 考 文 献

[1] Charnes A, Cooper W W, Rhodes E. Measuring the efficiency of decision-making units[J]. European Journal of Operational Research, 1978, 2(6): 429-444.

参 考 文 献

[2] Banker R D, Charnes A, Cooper W W. Some models for estimating technical and scale inefficiencies in data envelopment analysis[J]. Management Sciences. 1984, 30(9): 1078-1092.
[3] 马占新. 数据包络分析模型与方法[M]. 北京: 科学出版社, 2010.
[4] 魏权龄. 数据包络分析[M]. 北京: 科学出版社, 2004.
[5] 王艺明. 我国高新区的技术效率、规模效率与规模报酬[J]. 上海经济研究, 2003, 15(8): 46-53.
[6] 郭京福, 杨德礼, 胡祥培. 规模收益分析的 DEA 方法[J]. 1998, 7(3): 72-77.

第 4 章 综合数据包络分析模型及其 MATLAB 算法

在本章中，我们将对规模收益不变、规模收益非递减、规模收益非递增及规模收益可变的 4 类模型展开相关的介绍[1].

4.1 四种常见 DEA 模型

对于一个生产系统，人们常用投入量 x (称为生产要素，如劳动力、技术、财务等) 与产出量 y 之间的关系来考察生产行为的一些特征. 例如生产函数 $y = f(x)$ 表示当投入量为 x 时，生产处于最佳状态时所能够获得的利润 y. 生产函数的一阶导数 $y' = f'(x)$ 称为边际函数，它表示当增加一个单位的投入量时，产出的近似增量. 大部分情况下 $y' = f'(x) > 0$，即生产函数为增函数，但在某些特殊情况下生产函数有可能是减函数，即随着投入的增加，产出反而减少，人们将这一现象称为 "拥挤" 现象[2].

当 $y'' = f''(x) > 0$ 时边际函数为增函数，则产量增加的比率大于生产要素增加的比率，此时称生产函数满足规模收益递增. 如果 $y'' = f''(x) = 0$，则产量增加的比率等于生产要素增加的比率，此时称生产函数满足规模收益不变. 如果 $y'' = f''(x) < 0$ 时边际函数为减函数，则产量增加的比率小于生产要素增加的比率，此时称生产函数满足规模收益递减. 利用数学方法可进一步得知不同规模收益下生产函数所满足的特殊条件，具体结论如下.

假定 $\lambda > 1$，如果在生产可能集内生产函数满足：

(1) $f(\lambda x) = \lambda f(x)$，则原生产函数的规模收益是不变的；

(2) $f(\lambda x) > \lambda f(x)$，则原生产函数的规模收益是递增的；

(3) $f(\lambda x) < \lambda f(x)$，则原生产函数的规模收益是递减的.

在图 4.1 中给出了某一具有单投入单产出的决策问题生产函数详细情况. 在该图中从原点 O 至 C 点处生产函数是递增的，而从 C 点至 D 点生产函数是递减的. 从 O 点至 A 点生产函数图形是凹的，从而 $y'' = f''(x) > 0$，即生产函数规模收益递增. 从 A 点至 B 点生产函数图形为直线，从而 $y'' = f''(x) = 0$，即生产函数规模收益不变. 从 B 点至 C 点生产函数图形是凸的，从而 $y'' = f''(x) < 0$，即生产函数规模收益递减.

4.1 四种常见 DEA 模型

图 4.1 生产函数的规模收益变化

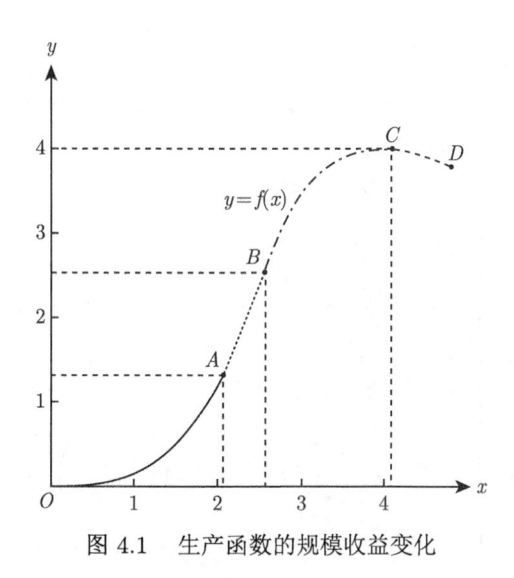

在图 4.1 中的 A 点至 B 点处所对应的 "决策单元" 从生产理论的角度考虑，除了 "技术有效" 外，还是 "规模有效" 的.

对于多准则决策的 DEA 方法而言，它是用观察到的有限多个决策单元的相关信息所得到的经验生产前沿面来考察决策单元的有效性. 当决策单元处于 DEA 模型中的 CCR 有效时，表明决策单元同时处于 "技术有效" 与 "规模有效" 的最佳状态[3]. 而 BCC 有效性用来检验决策单元的 "技术有效"，而不考虑它是否为 "规模有效"[4].

(1) 规模收益可变的 DEA 模型——BCC 模型.

1984 年，Banker 和 Charnes 等针对生产可能集中的锥性假设不成立，给出了另一个评价生产技术相对有效的 DEA 模型: BCC 模型. 该模型的规模收益是变化的.

(2) 规模收益非递增的 DEA 模型——FG 模型.

1985 年，Färe 和 Grosskopf 给出了满足规模收益非递减的 DEA 模型: FG 模型，具体模型及其对偶模型参见后面的综合 DEA 模型.

(3) 规模收益非递减的 DEA 模型——ST 模型.

1990 年，Seiford 和 Thrall 给出了满足规模收益非递减的 DEA 模型，后来将其称为 ST 模型，具体模型参见后面的综合 DEA 模型.

(4) 综合 DEA 模型.

通过分析不难发现 CCR 模型、BCC 模型、FG 模型及 ST 模型之间存在众多相似之处. 1989 年，Charnes 等将这四个模型合并为一个模型[5,6]，将其称为综合 DEA 模型. 面向投入的综合 DEA 模型及其对偶模型如下

$$\mathrm{ZH_P} \begin{cases} \max & \boldsymbol{\mu}^{\mathrm{T}}\mathbf{Y}_0 - \delta_1\mu_0, \\ \text{s.t.} & \boldsymbol{\omega}^{\mathrm{T}}\mathbf{X}_j - \boldsymbol{\mu}^{\mathrm{T}}\mathbf{Y}_j + \delta_1\mu_0 \geqq 0, \ j=1,2,\cdots,n, \\ & \boldsymbol{\omega}^{\mathrm{T}}\mathbf{X}_0 = 1, \\ & \boldsymbol{\omega} \geqq \mathbf{0}, \boldsymbol{\mu} \geqq \mathbf{0}, \delta_1\delta_2(-1)^{\delta_3}\mu_0 \geqq 0 \end{cases}$$

$$\mathrm{ZH_D} \begin{cases} \min & \theta, \\ \text{s.t.} & \displaystyle\sum_{j=1}^{n}\mathbf{X}_j\lambda_j \leqq \theta\mathbf{X}_0, \\ & \displaystyle\sum_{j=1}^{n}\mathbf{Y}_j\lambda_j \geqq \mathbf{Y}_0, \\ & \delta_1\left(\displaystyle\sum_{j=1}^{n}\lambda_j + \delta_2(-1)^{\delta_3}\lambda_{n+1}\right) = \delta_1, \\ & \lambda_j \geqq \mathbf{0}, j=1,2,\cdots,n,n+1 \end{cases}$$

上述两个模型中 $\delta_1,\delta_2,\delta_3$ 等于 0 或 1. 在这两个模型中, 当 $\delta_1=0$ 时该模型为 CCR 模型; 当 $\delta_1=1,\delta_2=0$ 时该模型为 BCC 模型; 当 $\delta_1=1,\delta_2=1,\delta_3=0$ 时该模型为 FG 模型; 当 $\delta_1=1,\delta_2=1,\delta_3=1$ 时该模型为 ST 模型.

为了了解各个模型的规模收益情况, 图 4.2 给出了某一具有单一投入产出数据的综合 DEA 模型的生产可能集及生产前沿面分布图. CCR 模型的生产前沿面为射线 l_1 及割线 l_2, 生产可能集位于射线 l_1 及割线 l_2 右侧. BCC 模型的生产前沿面为割线 l_3 及割线 l_4, 生产可能集为图中右下角包络区域. FG 模型的生产前沿面为割线 l_2 及割线 l_3, 生产可能集位于割线 l_2 及割线 l_3 的右侧. ST 模型的生产前沿面为射线 l_1 及割线 l_4, 生产可能集位于割线 l_4、割线 l_5 及射线 l_1 的右侧.

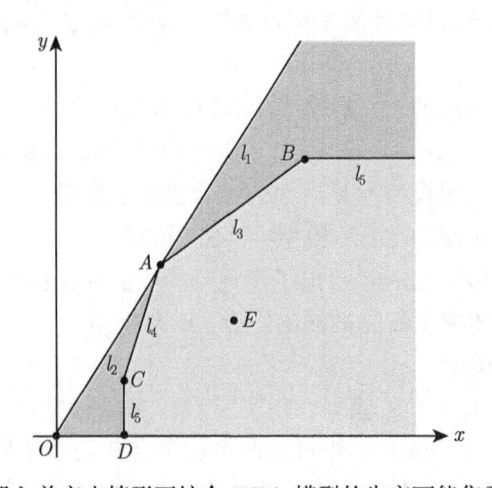

图 4.2 单投入单产出情形下综合 DEA 模型的生产可能集及生产前沿面

4.2 面向投入综合 DEA 原模型 MATLAB 求解算法

面向投入综合 DEA 原模型的 MATLAB 求解算法如算法 4.1 所示.

(算法 4.1——面向投入综合 DEA 原模型算法)

```
function [xl,u,w]=zhdea_or(d1,d2,d3,X,Y)
%d1=0-->CCR  d1=1,d2=0-->BCC  d1=1,d2=1,d3=0-->FG  d1=1,d2=1,d3=1-->ST
n=size(X',1);
m=size(X,1);
s=size(Y,1);
for i=1:length(X(1,:))
    X0=X(:,i);
    Y0=Y(:,i);
if d1*d2*(-1)^d3==1
        xs=-1;
else
        xs=1;
end
    f=[-Y0;zeros(m,1);xs*d1];
    A=[Y' -X' -d1*xs*ones(n,1)];
    b=zeros(n,1);
if d1*d2==1
        LB=[zeros(1,m+s+s)]';
else
        LB=[zeros(1,m+s) -inf]';
end
    UB=[];
    Aeq=[zeros(1,s) X0' zeros(1,1)];
    beq=[1];
    [uw(:,i),xl(i)]=linprog(f,A,b,Aeq,beq,LB,UB);
end
xl=xl*-1;
u=uw(1:s,:);
w=uw(s+1:m+s,:);
```

上述算法中 X 和 Y 为决策单元的投入产出数据, d1, d2 和 d3 的不同取值代表不同的 DEA 模型, xl 将输出所有决策单元的效率值, u 和 w 为与决策单元最优效率值对应的投入产出数据系数.

例如取定表 2.3 中的投入产出数据 X=[3 2 9 8 1;4 3 6 8 6], Y=[1 2 5 4 3], d1=1, d2=0 及 d3=0 后, 将上述算法保存到当前工作目录, 并命名为 zhdea_or, 在命令窗口中输入

```
[xl,u,w]=zhdea_or(1,0,0,X,Y)
```

即可计算获得各个决策单元的效率值, 相关数据如下.

```
xl =
    0.7500    1.0000    1.0000    0.7031    1.0000
u =
         0    0.5714    0.2105    0.1875    0.3636
w =
         0    0.1429    0.0526    0.0469    0.0909
    0.2500    0.2381    0.0877    0.0781    0.1515
```

4.3 具有非阿基米德无穷小量的面向投入综合 DEA 对偶模型 MATLAB 求解算法

具有非阿基米德无穷小量的面向投入的综合 DEA 对偶模型如下

$$
\mathrm{ZH}_D^\varepsilon \begin{cases} \min \quad [\theta - \varepsilon(\mathbf{e}_i^\mathrm{T}\mathbf{S}^- + \mathbf{e}_o^\mathrm{T}\mathbf{S}^+)], \\ \mathrm{s.t.} \quad \sum_{j=1}^n \mathbf{X}_j \lambda_j + \mathbf{S}^- = \theta \mathbf{X}_0, \\ \qquad \sum_{j=1}^n \mathbf{Y}_j \lambda_j - \mathbf{S}^+ = \mathbf{Y}_0, \\ \qquad \delta_1 \left(\sum_{j=1}^n \lambda_j + \delta_2 (-1)^{\delta_3} \lambda_{n+1} \right) = \delta_1, \\ \qquad \mathbf{S}^- \geqq \mathbf{0}, \mathbf{S}^+ \geqq \mathbf{0}, \lambda_j \geqq 0, j = 1, 2, \cdots, n, n+1, \\ \qquad \mathbf{e}_i = (1, 1, \cdots, 1)^\mathrm{T} \in E^m, \mathbf{e}_o = (1, 1, \cdots, 1)^\mathrm{T} \in E^s \end{cases}
$$

上述模型的 MATLAB 求解算法如算法 4.2 所示.

(算法 4.2——具有非阿基米德无穷小量的面向投入的综合 DEA 对偶模型算法)

```
function [theta,lambda,s_minus,s_plus,ty]=zhdea_dual(d1,d2,d3,X,Y)
%d1=0-->CCR    d1=1,d2=0-->BCC    d1=1,d2=1,d3=0-->FG
    %d1=1,d2=1,d3=1-->ST
for i=1:length(X(1,:))
```

```
X0=X(:,i);
Y0=Y(:,i);
n=size(X',1);
m=size(X,1);
s=size(Y,1);
epsilon=10^-6;
f=[zeros(1,n+1) -epsilon*ones(1,m+s) 1];
A=[];
b=[];
LB=zeros(n+m+s+1,1);
UB=[];
LB(n+m+s+2)=-inf;
Aeq=[X zeros(m,1) eye(m)   zeros(m,s)  -X0
    Y zeros(s,1) zeros(s,m) -eye(s) zeros(s,1)
    d1*ones(1,n) d1*d2*(-1)^d3 zeros(1,m+s+1)];
beq=[zeros(m,1)
    Y0
    d1];
[C,theta(i)]=linprog(f,A,b,Aeq,beq,LB,UB);
lambda(:,i)=C(1:n+1);
s_minus(:,i)=C(n+2:n+m+1);
s_plus(:,i)=C(n+m+2:n+m+s+1);
ty(:,i)=[X0*theta(i)-s_minus(:,i);Y0+s_plus(:,i)];
end
```

在上述算法中 X 和 Y 为决策单元的投入产出数据, theta 为各个决策单元的效率值, lambda 为与最优效率值对应的各个 λ 的取值, s_minus 和 s_plus 为与最优效率值对应的各个松弛变量和剩余变量的取值, ty 为各个决策单元面向投入的投影数据.

例如取定表 2.3 中的投入产出数据及 d1=1, d2=0 及 d3=0 后, 将上述算法保存到当前工作目录, 并命名为 zhdea_dual, 在命令窗口中输入

```
[theta,lambda,s_minus,s_plus,ty]=zhdea_dual(1,0,0,X,Y)
```

即可计算获得各个决策单元的效率值, 相关数据如下.

```
theta =
    0.7500    1.0000    1.0000    0.7031    1.0000
lambda =
         0         0         0         0         0
    1.0000    1.0000         0    0.1250         0
         0         0    1.0000    0.5625         0
```

```
         0          0         0         0         0
         0          0         0    0.3125    1.0000
         0          0         0         0         0
s_minus =
    0.2500          0         0         0         0
         0          0         0         0         0
s_plus =
    1    0    0    0    0
ty =
    2.0000    2.0000    9.0000    5.6250    1.0000
    3.0000    3.0000    6.0000    5.6250    6.0000
    2.0000    2.0000    5.0000    4.0000    3.0000
```

4.4 具有非阿基米德无穷小量的面向产出综合 DEA 对偶模型 MATLAB 求解算法

具有非阿基米德无穷小量的面向产出的综合 DEA 对偶模型如下

$$\mathrm{ZH}_{D\varepsilon}^{\mathrm{out}} \begin{cases} \min \quad [z + \varepsilon(\mathbf{e}_i^{\mathrm{T}}\mathbf{S}^- + \mathbf{e}_o^{\mathrm{T}}\mathbf{S}^+)], \\ \text{s.t.} \quad \sum_{j=1}^{n}\mathbf{X}_j\lambda_j + \mathbf{S}^- = \mathbf{X}_0, \\ \qquad \sum_{j=1}^{n}\mathbf{Y}_j\lambda_j - \mathbf{S}^+ = z\mathbf{Y}_0, \\ \qquad \delta_1\left(\sum_{j=1}^{n}\lambda_j + \delta_2(-1)^{\delta_3}\lambda_{n+1}\right) = \delta_1, \\ \qquad \mathbf{S}^- \geqq \mathbf{0}, \mathbf{S}^+ \geqq \mathbf{0}, \lambda_j \geqq 0, j = 1, 2, \cdots, n, n+1, \\ \qquad \mathbf{e}_i = (1, 1, \cdots, 1)^{\mathrm{T}} \in E^m, \mathbf{e}_o = (1, 1, \cdots, 1)^{\mathrm{T}} \in E^s \end{cases}$$

上述模型的 MATLAB 求解算法如算法 4.3 所示.

(算法 4.3——具有非阿基米德无穷小量的面向产出的综合 DEA 对偶模型算法)

```
function [xl,lambda,s_minus,s_plus,ty]=zhdea_dual_cc(d1,d2,d3,X,Y)
%d1=0-->CCR    d1=1,d2=0-->BCC    d1=1,d2=1,d3=0-->FG
    %d1=1,d2=1,d3=1-->ST
for i=1:length(X(1,:))
 X0=X(:,i);
 Y0=Y(:,i);
```

4.4 具有非阿基米德无穷小量的面向产出综合 DEA 对偶模型···

```
n=size(X',1);
m=size(X,1);
s=size(Y,1);
epsilon=10^-6;
f=[zeros(1,n+1) epsilon*ones(1,m+s) -1];
A=[];
b=[];
LB=zeros(n+m+s+1,1);
UB=[];
LB(n+m+s+2)=-inf;
Aeq=[X zeros(m,1) eye(m)   zeros(m,s)   zeros(m,1)
    Y zeros(s,1) zeros(s,m) -eye(s) -Y0
    d1*ones(1,n) d1*d2*(-1)^d3 zeros(1,m+s+1)];
beq=[X0
    zeros(s,1)
    d1];
[C,xl(i)]=linprog(f,A,b,Aeq,beq,LB,UB);
xl(i)=xl(i)*-1;
lambda(:,i)=C(1:n+1);
s_minus(:,i)=C(n+2:n+m+1);
s_plus(:,i)=C(n+m+2:n+m+s+1);
ty(:,i)=[X0-s_minus(:,i);Y0*xl(i)+s_plus(:,i)];
end
```

在上述算法中 X 和 Y 为决策单元的投入产出数据, xl 为各个决策单元的效率值, lambda 为与最优效率值对应的各个 λ 的取值, s_minus 和 s_plus 为与最优效率值对应的各个松弛变量和剩余变量的取值, ty 为各个决策单元面向产出的投影数据.

例如取定表 2.3 中的投入产出数据及 d1=1, d2=0, d3=0 后, 将上述算法保存到当前工作目录, 并命名为 zhdea_dual, 在命令窗口中输入

```
[xl,lambda,s_minus,s_plus,ty]=zhdea_dual_cc(1,0,0,X,Y)
```

即可计算获得各个决策单元的效率值, 相关数据如下.

```
xl=
    2.6667    1.0000    1.0000    1.1875    1.0000
lambda =
         0         0         0         0         0
    0.6667    1.0000         0         0         0
    0.1667         0    1.0000    0.8750         0
         0         0         0         0         0
```

```
            0.1667             0             0        0.1250        1.0000
                 0             0             0             0             0
s_minus =
                 0             0             0             0             0
                 0             0             0        2.0000             0
s_plus =
       0       0       0       0       0
ty =
    3.0000    2.0000    9.0000    8.0000    1.0000
    4.0000    3.0000    6.0000    6.0000    6.0000
    2.6667    2.0000    5.0000    4.7500    3.0000
```

4.5 面向投入的综合 DEA 对偶模型 MATLAB 并行求解算法

考虑到当决策单元数量相对较多而难以在短时间内求得所有决策单元的效率值，在本节中我们提供了面向投入综合 DEA 对偶模型中各决策单元的并行运算方法．当决策单元规模较大时可利用此算法加以求解．

(算法 4.4——具有非阿基米德无穷小量的面向投入综合 DEA 对偶模型并行求解算法)

```
function[theta,lambda,s_minus,s_plus,ty]=zhdea_dual_par(d1,d2,d3,...
    X,Y)
%d1=0-->CCR    d1=1,d2=0-->BCC    d1=1,d2=1,d3=0-->FG
    %d1=1,d2=1,d3=1-->ST
parfor i=1:length(X(1,:))
 X0=X(:,i);
 Y0=Y(:,i);
 n=size(X',1);
 m=size(X,1);
 s=size(Y,1);
 epsilon=10^-6;
 f=[zeros(1,n+1) -epsilon*ones(1,m+s) 1];
 A=[];
 b=[];
 LB=zeros(n+m+s+1,1);
 UB=[];
 LB(n+m+s+2)=-inf;
 Aeq=[X zeros(m,1) eye(m)   zeros(m,s)  -X0
     Y zeros(s,1) zeros(s,m) -eye(s) zeros(s,1)
```

```
            d1*ones(1,n)  d1*d2*(-1)^d3 zeros(1,m+s+1)];
    beq=[zeros(m,1)
         Y0
         d1];
    [C,theta(i)]=linprog(f,A,b,Aeq,beq,LB,UB);
    lambda(:,i)=C(1:n+1);
    s_minus(:,i)=C(n+2:n+m+1);
    s_plus(:,i)=C(n+m+2:n+m+s+1);
    ty(:,i)=[X0*theta(i)-s_minus(:,i);Y0+s_plus(:,i)];
end
```

参 考 文 献

[1] Färe R, Grosskopf S. A nonparametric cost approach to scale efficiency[J]. Scandinavian Journal of Economic, 1985, 87(4): 594-604.

[2] Seiford L M, Thrall R M. Recent developments in DEA: The mathematical programming approach to frontier analysis[J]. Journal of Econometrics, 1990, 46(1/2): 7-38.

[3] Charnes A, Cooper W W, Rhodes E. Measuring the efficiency of decision making units. European Journal of Operational Research[J]. 1978, 2(6): 429-444.

[4] 马占新. 关于若干 DEA 模型与方法研究 [D]. 大连: 大连理工大学博士论文, 1999.

[5] Banker R D, Charnes A, Cooper W W. Some models for estimating technical and scale inefficiencies in data envelopment analysis. Management Science[J]. 1984, 30(9): 1078-1092.

[6] 魏权龄. 数据包络分析 [M]. 北京: 科学出版社, 2004: 2-4.

第 5 章 广义数据包络分析方法及其 MATLAB 算法

5.1 广义数据包络分析方法简介

传统数据包络分析方法以所有决策单元的投入产出数据为观测点, 通过选择适当的权重对决策单元进行评价, 提供信息时参照的对象是所有决策单元. 但在众多实际问题中, 如国际标准认证、各类考试的录取、企业的达标等, 它们在评价决策问题时所选择的 "参照集" 可能并不是被评价对象本身, 而是另外指定的单元或标准. 如果将评价的 "参照集" 分成 "决策单元集" 和 "非决策单元集" 两类, 则传统 DEA 方法只能给出相对于决策单元的信息, 而无法依据任何非决策单元集进行评价, 这使得传统 DEA 方法在众多评价问题中的应用受到了限制. 针对这一缺陷, 马占新提出了广义 DEA 方法. 广义 DEA 模型不仅具备了传统 DEA 模型的全部特征和性质, 而且拥有了自己的独特优点[1]. 图 5.1 中给出了传统 DEA 方法及广义 DEA 方法参照集分类结果.

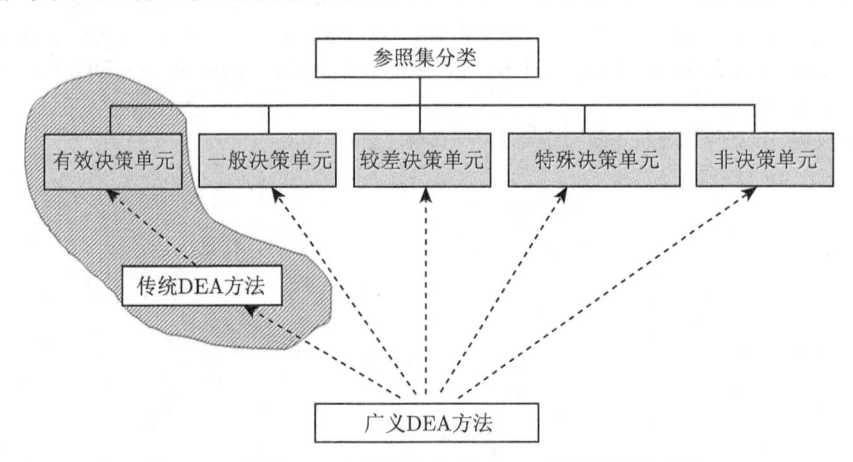

图 5.1 传统 DEA 方法及广义 DEA 方法参照集分类

面向投入的综合广义 DEA 模型及其对偶模型如模型 (5.1) 及 (5.2) 所示

$$\text{ZH}_\text{P} \begin{cases} \max & \mu^\text{T} \mathbf{Y}_{S0} - \delta_1 \mu_0, \\ \text{s.t.} & \omega^\text{T} \mathbf{X}_{Sj} - \mu^\text{T} \mathbf{Y}_{Sj} + \delta_1 \mu_0 \geqq 0, \ j=1,2,\cdots,n, \\ & \omega^\text{T} \mathbf{X}_{S0} = 1, \\ & \omega \geqq \mathbf{0}, \mu \geqq \mathbf{0}, \delta_1 \delta_2 (-1)^{\delta_3} \mu_0 \geqq 0 \end{cases} \quad (5.1)$$

5.1 广义数据包络分析方法简介

$$\text{ZH}_\text{D} \begin{cases} \min \quad \theta, \\ \text{s.t.} \quad \sum_{j=1}^{n} \mathbf{X}_{Sj}\lambda_j \leqq \theta \mathbf{X}_{S0}, \\ \quad \sum_{j=1}^{n} \mathbf{Y}_{Sj}\lambda_j \geqq \mathbf{Y}_{S0}, \\ \quad \delta_1\left(\sum_{j=1}^{n}\lambda_j + \delta_2(-1)^{\delta_3}\lambda_{n+1}\right) = \delta_1, \\ \quad \lambda_j \geqq \mathbf{0}, j=1,2,\cdots,n,n+1 \end{cases} \quad (5.2)$$

上面的两个模型分别代表给定的被评价决策单元 $(\mathbf{X}_{S0}, \mathbf{Y}_{S0})$ 以及选定的参照集 $(\mathbf{X}_{Sj}, \mathbf{Y}_{Sj}), j = 1, 2, \cdots, n$.

通过引进松弛变量和剩余变量的方式可将广义 DEA 对偶模型转化为如 (5.3) 所示的等式形式的线性规划模型.

$$\text{ZH}_\text{D} \begin{cases} \min \quad \theta, \\ \text{s.t.} \quad \sum_{j=1}^{n} \mathbf{X}_{Sj}\lambda_j + \mathbf{S}^- = \theta \mathbf{X}_{S0}, \\ \quad \sum_{j=1}^{n} \mathbf{Y}_{Sj}\lambda_j - \mathbf{S}^+ = \mathbf{Y}_{S0}, \\ \quad \delta_1\left(\sum_{j=1}^{n}\lambda_j + \delta_2(-1)^{\delta_3}\lambda_{n+1}\right) = \delta_1, \\ \quad \mathbf{S}^- \geqq \mathbf{0}, \mathbf{S}^+ \geqq \mathbf{0}, \quad \lambda_j \geqq \mathbf{0}, j=1,2,\cdots,n,n+1 \end{cases} \quad (5.3)$$

广义 DEA 方法与传统 DEA 方法最为本质的区别在于被评价的决策单元的取定及评价参照集的取定方式有所不同. 传统 DEA 方法的被评价决策单元必须是单位或部门现存的决策单元, 而广义 DEA 方法中的被评价决策单元可以是任意事先给定的决策单元, 传统 DEA 方法的参照集 (评价决策单元集) 中包含了所有决策单元, 而广义 DEA 方法中的参照集可以是选定的决策单元或构造的决策单元[2]. 有时我们也将广义 DEA 方法称为样本 DEA 方法. 表 5.1 给出了广义 DEA 方法及传统 DEA 方法之间的区别表.

表 5.1 广义 DEA 方法与传统 DEA 方法区别表

	所有决策单元集 S	被评价决策单元 DMU_0	评价决策单元集
传统 DEA 方法	S	$\text{DMU}_0 \subset S$	S
广义 DEA 方法	S 或其他构造出的决策单元	$\text{DMU}_0 \subset S$ 或 $\text{DMU}_0 \not\subset S$	任意构造出的决策单元集合

值得注意的是在广义 DEA 模型中会存在决策单元的效率值大于 1 或不存在的情况. 对于这种情况需要展开特殊的分析.

5.2 面向投入的综合广义 DEA 模型 MATLAB 算法

在利用 MATLAB 软件对面向投入的综合广义 DEA 模型展开求解时需要用到具有非阿基米德无穷小量的面向投入的综合广义 DEA 模型. 具体模型如模型 (5.4) 所示

$$ZH_D^\varepsilon \begin{cases} \min \quad [\theta - \varepsilon(\mathbf{e}_i^T \mathbf{S}^- + \mathbf{e}_o^T \mathbf{S}^+)], \\ \text{s.t.} \quad \sum_{j=1}^n \mathbf{X}_{Sj}\lambda_j + \mathbf{S}^- = \theta \mathbf{X}_{S0}, \\ \qquad \sum_{j=1}^n \mathbf{Y}_{Sj}\lambda_j - \mathbf{S}^+ = \mathbf{Y}_{S0}, \\ \qquad \delta_1 \left(\sum_{j=1}^n \lambda_j + \delta_2(-1)^{\delta_3}\lambda_{n+1}\right) = \delta_1, \\ \qquad \mathbf{S}^- \geqq \mathbf{0}, \mathbf{S}^+ \geqq \mathbf{0}, \lambda_j \geqq 0, j=1,2,\cdots,n,n+1, \\ \qquad \mathbf{e}_i = (1,1,\cdots,1)^T \in E^m, \mathbf{e}_o = (1,1,\cdots,1)^T \in E^s \end{cases} \quad (5.4)$$

面向投入的综合广义 DEA 模型的 MATLAB 求解算法如算法 5.1 所示.

(算法 5.1——面向投入的综合广义 DEA 模型算法)

```
function [theta,lambda,s_minus,s_plus,ty]=gydea_dual(d1,d2,d3,...
    X0,Y0,X,Y)
%d1=0-->CCR d1=1,d2=0-->BCC d1=1,d2=1,d3=0-->FG d1=1,d2=1,d3=1-->ST
 theta=[];
n=size(X',1);
m=size(X,1);
s=size(Y,1);
epsilon=10^-6;
f=[zeros(1,n+1) -epsilon*ones(1,m+s) 1];
A=[];
b=[];
LB=zeros(n+m+s+1,1);
UB=[];
LB(n+m+s+2)=-inf;
Aeq=[X zeros(m,1) eye(m)  zeros(m,s)  -X0
```

5.2 面向投入的综合广义 DEA 模型 MATLAB 算法

```
     Y zeros(s,1) zeros(s,m) -eye(s) zeros(s,1)
     d1*ones(1,n) d1*d2*(-1)^d3 zeros(1,m+s+1)];
beq=[zeros(m,1)
     Y0
     d1];
[C,theta]=linprog(f,A,b,Aeq,beq,LB,UB);
if length(theta)>0
  lambda=C(1:n+1);
  s_minus=C(n+2:n+m+1);
  s_plus=C(n+m+2:n+m+s+1);
  ty=[X0*theta-s_minus;Y0+s_plus];
 else
  lambda=[];
  s_minus=[];
  s_plus=[];
ty=[];
 end
```

在上述算法中 X0 和 Y0 为被评价的选定决策单元的投入产出数据, X 和 Y 为选定的评价决策单元的投入产出数据. theta 为被评价决策单元的效率值, lambda 为与最优效率值对应的各个 λ 的取值, s_minus 和 s_plus 为与最优效率值对应的松弛变量和剩余变量的取值, ty 为被评价决策单元面向投入的投影数据.

例如取定表 2.3 中的前四个投入产出数据及 d1=1, d2=1, d3=0 和 X0=[1;1], Y0=1 后, 将上述算法保存到当前工作目录, 并命名为 gydea_dual, 在命令窗口中输入

```
        [theta,lambda,s_minus,s_plus,ty]=gydea_dual(1,1,0,[1;1],1,...
            [3,2,9,8;4,3,6,8], [1,2,5,4])
```

即可计算获得各个决策单元的效率值, 相关数据如下.

```
theta =
    1.3636
lambda =
         0
    0.2727
    0.0909
         0
    0.6364
s_minus =
     0
     0
```

```
s_plus =
     0
ty =
    1.3636
    1.3636
    1.0000
```

5.3 面向产出的综合广义 DEA 模型 MATLAB 算法

面向产出的综合广义 DEA 模型如模型 5.5 所示

$$\mathrm{ZH}_{D\varepsilon}^{\mathrm{out}}\begin{cases} \min \quad [z+\varepsilon(\mathbf{e}_i^{\mathrm{T}}\mathbf{S}^- + \mathbf{e}_o^{\mathrm{T}}\mathbf{S}^+)], \\ \mathrm{s.t.} \quad \sum_{j=1}^{n}\mathbf{X}_{Sj}\lambda_j + \mathbf{S}^- = \mathbf{X}_{S0}, \\ \qquad \sum_{j=1}^{n}\mathbf{Y}_{Sj}\lambda_j - \mathbf{S}^+ = z\mathbf{Y}_{S0}, \\ \qquad \delta_1\left(\sum_{j=1}^{n}\lambda_j + \delta_2(-1)^{\delta_3}\lambda_{n+1}\right) = \delta_1, \\ \qquad \mathbf{S}^- \geqq \mathbf{0}, \mathbf{S}^+ \geqq \mathbf{0}, \lambda_j \geqq 0, j=1,2,\cdots,n,n+1, \\ \qquad \mathbf{e}_i = (1,1,\cdots,1)^{\mathrm{T}} \in E^m, \mathbf{e}_o = (1,1,\cdots,1)^{\mathrm{T}} \in E^s \end{cases} \tag{5.5}$$

面向产出的综合广义 DEA 模型的 MATLAB 求解算法如算法 5.2 所示.

(算法 5.2——面向产出的综合广义 DEA 模型算法)

```
function [xl,lambda,s_minus,s_plus,ty]=gydea_dual_cc(d1,d2,d3,...
    X0,Y0,X,Y)
%d1=0-->CCR d1=1,d2=0-->BCC d1=1,d2=1,d3=0-->FG d1=1,d2=1,d3=1-->ST
 xl=[];
 n=size(X',1);
 m=size(X,1);
 s=size(Y,1);
 epsilon=10^-6;
 f=[zeros(1,n+1) epsilon*ones(1,m+s) -1];
 A=[];
 b=[];
 LB=zeros(n+m+s+1,1);
 UB=[];
```

5.3 面向产出的综合广义 DEA 模型 MATLAB 算法

```
LB(n+m+s+2)=-inf;
Aeq=[X zeros(m,1) eye(m)   zeros(m,s)   zeros(m,1)
    Y zeros(s,1) zeros(s,m) -eye(s)   -Y0
    d1*ones(1,n) d1*d2*(-1)^d3 zeros(1,m+s+1)];
beq=[X0
    zeros(s,1)
    d1];
[C,xl]=linprog(f,A,b,Aeq,beq,LB,UB);
if length(xl)>0
 xl=xl*-1;
 lambda=C(1:n+1);
 s_minus=C(n+2:n+m+1);
 s_plus=C(n+m+2:n+m+s+1);
 ty=[X0-s_minus;Y0*xl+s_plus];
else
 lambda=[];
 s_minus=[];
 s_plus=[];
 ty=[];
end
```

在上述算法中 X0 和 Y0 为被评价的选定决策单元的投入产出数据, X 和 Y 为选定的评价决策单元的投入产出数据. xl 为被评价决策单元的面向产出效率值, lambda 为与最优效率值对应的各个 λ 的取值, s_minus 和 s_plus 为与最优效率值对应的松弛变量和剩余变量的取值, ty 为被评价决策单元面向产出的投影数据.

例如取定表 2.3 中的前四个投入产出数据及 d1=1, d2=1, d3=0 和 X0=[1;1], Y0=1 后, 将上述算法保存到当前工作目录, 并命名为 gydea_dual, 在命令窗口中输入

```
[xl,lambda,s_minus,s_plus,ty]=gydea_dual_cc(1,1,0,[1;1],1,...
    [3,2,9,8;4,3,6,8], [1,2,5,4])
```

即可计算获得各个决策单元的效率值, 相关数据如下.

```
xl =
    0.7333
lambda =
         0
    0.2000
    0.0667
         0
    0.7333
```

```
s_minus =
     0
     0
s_plus =
     0
ty =
     1.0000
     1.0000
     0.7333
```

参 考 文 献

[1] 马占新. 广义数据包络分析方法[M]. 北京: 科学出版社: 2012.
[2] 马占新, 唐焕文. DEA 有效单元的特征及 SEA 方法. 大连理工大学学报[J]. 1999, 39(4): 577-582.

第 6 章 超效率、交叉效率及非径向数据包络分析模型及其 MATLAB 算法

无论是传统数据包络分析方法还是广义数据包络分析方法, 对于有效的决策单元的进一步分类与排序方面都不具备较强的适用性. 本章中我们将进一步提出 DEA 方法中决策单元的更多排序与评价方法.

6.1 超效率 DEA 模型及其 MATLAB 算法

随着投入产出个数的增加或在一些特殊情况下, 有效的决策单元可能不止一个, 但我们仍需要对这些决策单元进行排序. 其中常用于区分有效决策单元的 DEA 方法包括超效率 DEA 方法[1,2]、交叉效率 DEA 方法[3,4] 及非径向 DEA 方法[5,6] 等.

超效率 DEA 模型和普通 DEA 模型的最大区别在于约束条件中是否包含被评价决策单元. 或者可以说超效率 DEA 模型中将被评价的决策单元从约束条件中取出, 并展开评价. 面向投入的超效率综合 DEA 模型及其对偶模型如下

$$\text{ZH}_{\text{SuperP}} \begin{cases} \max & \boldsymbol{\mu}^{\text{T}} \mathbf{Y}_0 - \delta_1 \mu_0, \\ \text{s.t.} & \boldsymbol{\omega}^{\text{T}} \mathbf{X}_j - \boldsymbol{\mu}^{\text{T}} \mathbf{Y}_j + \delta_1 \mu_0 \geqq 0, \ j = 1, 2, \cdots, n, j \neq j_0, \\ & \boldsymbol{\omega}^{\text{T}} \mathbf{X}_0 = 1, \\ & \boldsymbol{\omega} \geqq \mathbf{0}, \boldsymbol{\mu} \geqq \mathbf{0}, \delta_1 \delta_2 (-1)^{\delta_3} \mu_0 \geqq 0 \end{cases} \quad (6.1)$$

$$\text{ZH}_{\text{SuperD}} \begin{cases} \min & \theta, \\ \text{s.t.} & \displaystyle\sum_{j \subset \{1,2,\cdots,n\}, j \neq j_0} \mathbf{X}_j \lambda_j \leqq \theta \mathbf{X}_0, \\ & \displaystyle\sum_{j \subset \{1,2,\cdots,n\}, j \neq j_0} \mathbf{Y}_j \lambda_j \geqq \mathbf{Y}_0, \\ & \delta_1 \left(\displaystyle\sum_{j=1}^n \lambda_j + \delta_2 (-1)^{\delta_3} \lambda_{n+1} \right) = \delta_1, \\ & \lambda_j \geqq \mathbf{0}, j = 1, 2, \cdots, n, n+1 \end{cases} \quad (6.2)$$

在上式中 j_0 表示被评价决策单元的序号.

面向投入的综合超效率 DEA 模型的求解算法如算法 6.1 所示.

(算法 6.1——面向投入的综合超效率 DEA 模型算法)

```
function theta=super_dual(d1,d2,d3,X,Y)
%d1=0-->CCR d1=1,d2=0-->BCC d1=1,d2=1,d3=0-->FG d1=1,d2=1,d3=1-->ST
X1=X;
Y1=Y;
bp=length(X1(1,:));
for k=1:bp
 theta(k)=0;
X0=X1(:,k);
 Y0=Y1(:,k);
if k==1
     X=X1(:,k+1:end);
     Y=Y1(:,k+1:end);
elseif k==bp
     X=X1(:,1:k-1);
     Y=Y1(:,1:k-1);
else
     X=[X1(:,1:k-1) X1(:,k+1:end)];
     Y=[Y1(:,1:k-1) Y1(:,k+1:end)];
end
 n=size(X',1);
 m=size(X,1);
 s=size(Y,1);
 epsilon=10^-6;
 f=[zeros(1,n+1) -epsilon*ones(1,m+s) 1];
 A=[];
 b=[];
 LB=zeros(n+m+s+1,1);
 UB=[];
 LB(n+m+s+2)=-inf;
 Aeq=[X zeros(m,1) eye(m)   zeros(m,s)   -X0
     Y zeros(s,1) zeros(s,m) -eye(s) zeros(s,1)
     d1*ones(1,n) d1*d2*(-1)^d3 zeros(1,m+s+1)];
 beq=[zeros(m,1)
     Y0
     d1];
 [C,theta(k)]=linprog(f,A,b,Aeq,beq,LB,UB);
end
```

在上述算法中 X 和 Y 为决策单元的投入产出数据，theta 为各个决策单元的效率值. 例如取定表 2.3 中的投入产出数据 X=[3 2 9 8 1; 4 3 6 8 6], Y=[1 2 5 4 3] 及 d1=1, d2=1, d3=1 后, 将上述算法保存到当前工作目录, 并命名为 super_dual, 在命令窗口中输入

    theta=super_dual(1,1,1,X,Y)

即可计算获得的各个决策单元的效率值相关数据如下.

```
theta =
    0.7500    1.5882    1.2500    0.6818    3.0000
```

值得注意的是超效率 DEA 模型中决策单元的效率值可能会大于 1, 有时超效率 DEA 模型中可能会不存在可行解. 例如利用表 2.3 中的数据无法计算获得第三个决策单元的 BCC 模型中的超效率值. 例如在运行完以上算法后, 进一步在命令窗口中输入

    theta=super_dual(1,0,0,X,Y)

则输出结果如下.

```
Optimal solution found.
Optimal solution found.

No feasible solution found.

Linprog stopped because no point satisfies the constraints.
```

无法执行赋值, 因为左侧和右侧的元素数目不同.
出错

```
super_dual (line 36)
[C,theta(k)]=linprog(f,A,b,Aeq,beq,LB,UB);
```

即第三个决策单元的 BCC 超效率值不存在. 此时可考虑利用广义 DEA 模型的相关算法计算获得剩余决策单元的超效率值, 或考虑如算法 6.2 所示的超效率求解算法.

(算法 6.2——面向投入的无可行解情况下综合超效率 DEA 模型算法)

```
function theta=super_dual_infeasible(d1,d2,d3,X,Y,S)
%d1=0-->CCR d1=1,d2=0-->BCC d1=1,d2=1,d3=0-->FG d1=1,d2=1,d3=1-->ST
%S中存入不存在超效率的决策单元序号
X1=X;
Y1=Y;
bp=length(X1(1,:));
```

```
for k=1:bp
 if sum(k==S)==0
  theta(k)=0;
  X0=X1(:,k);
  Y0=Y1(:,k);
  if k==1
     X=X1(:,k+1:end);
     Y=Y1(:,k+1:end);
  elseif k==bp
      X=X1(:,1:k-1);
      Y=Y1(:,1:k-1);
  else
      X=[X1(:,1:k-1) X1(:,k+1:end)];
      Y=[Y1(:,1:k-1) Y1(:,k+1:end)];
  end
  n=size(X',1);
  m=size(X,1);
  s=size(Y,1);
  epsilon=10^-6;
  f=[zeros(1,n+1) -epsilon*ones(1,m+s) 1];
  A=[];
  b=[];
  LB=zeros(n+m+s+1,1);
  UB=[];
  LB(n+m+s+2)=-inf;
  Aeq=[X zeros(m,1) eye(m)  zeros(m,s)  -X0
     Y zeros(s,1) zeros(s,m) -eye(s) zeros(s,1)
     d1*ones(1,n) d1*d2*(-1)^d3 zeros(1,m+s+1)];
  beq=[zeros(m,1)
     Y0
     d1];
  [C,theta(k)]=linprog(f,A,b,Aeq,beq,LB,UB);
 end
end
```

例如将算法 6.2 保存到当前工作目录并起名为 super_dual_infeasible, 在命令窗口中输入如下算法

```
X=[3 2 9 8 1;4 3 6 8 6];Y=[1 2 5 4 3];
theta=super_dual_infeasible(1,0,0,X,Y,3)
```

则可计算获得除 3 号决策单元外的所有其他决策单元的 BCC 超效率值, 具体输

出结果为

```
theta =
    0.7500    1.5882         0    0.7031    4.3333
```

其中第三个决策单元的 BCC 超效率值等于 0 表示不存在超效率值.

6.2 交叉效率 DEA 模型及其 MATLAB 算法

假设决策单元 k $(k=1,2,\cdots,n)$ 在某一 DEA 模型下的最优权向量为

$$\omega_k = (\omega_{1k},\omega_{2k},\cdots,\omega_{mk})^{\mathrm{T}}, \quad \mu_k = (\mu_{1k},\mu_{2k},\cdots,\mu_{sk})^{\mathrm{T}}$$

则在决策单元 k 的最优权系数 ω_k,μ_k 下, 决策单元 i 的投入、产出数据所确定的相对效率评价指数

$$E_{ki} = \frac{\mu_k^{\mathrm{T}} \mathbf{Y}_i}{\omega_k^{\mathrm{T}} \mathbf{X}_i}, \quad i=1,2,\cdots,n$$

称为决策单元 k 与 i 的交叉效率值.

对于交叉效率矩阵求列平均效率, 则每一个待评价的决策单元都可以获得一个交叉效率列平均效率值

$$A_i = \frac{1}{n} \sum_{k=1}^{n} E_{ki}, \quad i=1,2,\cdots,n$$

它是决策单元和决策单元之间关系的量化, 从而可以得出决策单元彼此之间的细微差别. 因此, 决策者可以根据该效率值对决策单元进行排序.

对于 CCR 模型而言平均交叉效率值均小于等于 1. 但对其他模型而言其平均交叉效率值完全有可能大于 1, 某些决策单元的交叉效率值甚至远大于 1. 这使得在平均交叉效率值中起决定性作用的数据很有可能来源于某一个或某几个决策单元的权重. 进而也失去了平均交叉效率值的真实价值. 为使所有决策单元的权重在平均交叉效率值中起到同等作用, 可对交叉效率值进行归一化处理. 经归一化处理后的所有交叉效率值均能够小于等于 1, 同时也保证了交叉效率值所体现的真实价值. 其具体方法如下.

假设决策单元 k $(k=1,2,\cdots,n)$ 在 DEA 模型下的最优权向量为

$$\omega_k = (\omega_{1k},\omega_{2k},\cdots,\omega_{mk})^{\mathrm{T}}, \quad \mu_k = (\mu_{1k},\mu_{2k},\cdots,\mu_{sk})^{\mathrm{T}}$$

决策单元 k 的最优权系数 ω_k,μ_k 与决策单元 i 的投入、产出数据所确定的交叉效率值为 E_{ki}, 由于 E_{ki} 并不一定小于等于 1, 于是利用极值归一化处理方法对各个

交叉效率值 E_{ki} 进行归一化处理,其具体公式如下

$$\bar{E}_{ki} = \frac{E_{ki}}{\max\{E_{k1}, E_{k2}, \cdots, E_{kn}\}}$$

对于归一化的交叉效率矩阵求列平均效率,则每一个待评价的决策单元都可以获得一个归一化交叉效率列平均效率值

$$A_i = \frac{1}{n} \sum_{k=1}^{n} \bar{E}_{ki}, \quad i = 1, 2, \cdots, n$$

经归一化的平均交叉效率值适合于任意 DEA 模型,从而使交叉效率值的使用范围有了进一步的提高。

综合 DEA 模型交叉效率计算的 MATLAB 算法如算法 6.3 所示.

(算法 6.3——综合 DEA 模型交叉效率计算模型算法)

```
function [cross_eff,xl,u,w]=zhdea_cross(d1,d2,d3,X,Y)
%d1=0-->CCR d1=1,d2=0-->BCC d1=1,d2=1,d3=0-->FG d1=1,d2=1,d3=1-->ST
n=size(X',1);
m=size(X,1);
s=size(Y,1);
epsilon=10^-6;
for i=1:length(X(1,:))
    X0=X(:,i);
    Y0=Y(:,i);
if d1*d2*(-1)^d3==1
        xs=-1;
else
        xs=1;
end
    f=[-Y0;zeros(m,1);xs*d1*ones(s,1)];
    A=[Y' -X' -d1*xs*ones(n,s)];
    b=zeros(n,1);
if d1*d2==1
        LB=[epsilon*ones(1,m+s+s)]';
else
        LB=[epsilon*ones(1,m+s) -inf*ones(1,s)]';
end
    UB=[];
    Aeq=[zeros(1,s) X0' zeros(1,s)];
```

6.2 交叉效率 DEA 模型及其 MATLAB 算法

```
        beq=[1];
        [uw(:,i),xl(i)]=linprog(f,A,b,Aeq,beq,LB,UB);
end
xl=xl*-1;
u=uw(1:s,:);
w=uw(s+1:m+s,:);
for i=1:n
    for j=1:n
        eff(i,j)=sum(u(:,i)'*Y(:,j))/sum(w(:,i)'*X(:,j));
    end
end
for i=1:n
    for j=1:n
      eff(i,j)=eff(i,j)/max(eff(i,:));
    end
end
cross_eff=mean(eff);
```

在上述算法中 X 和 Y 为决策单元的投入产出数据, cross_eff 为各个决策单元的交叉效率值, xl 为各个决策单元的效率值, u 为与被评价决策单元最优效率值对应的产出数据的权重矩阵, w 为与被评价决策单元最优效率值对应的投入数据的权重矩阵. 例如取定表 2.3 中的投入产出数据及 d1=1, d2=1, d3=1 后, 将上述算法保存到当前工作目录, 并命名为 zhdea_cross, 在命令窗口中输入

```
[cross_eff,xl,u,w]=zhdea_cross(1,1,1,X,Y)
```

即可计算获得的各个决策单元的效率值相关数据如下.

```
cross_eff =
    0.3628    1.0000    0.9719    0.6864    0.9765
xl =
    0.3659    1.0000    1.0000    0.7031    1.0000
u =
    0.3659    0.5714    0.2105    0.1875    0.3636
w =
    0.0732    0.1429    0.0526    0.0469    0.0909
    0.1951    0.2381    0.0877    0.0781    0.1515
```

值得注意的是使决策单元取得最优效率的权系数可能不止一个, 因此, 交叉效率不是唯一的. 在不同的软件中可能算出的同一模型的交叉效率有可能会因算法原理的不同结果也不相同.

6.3 非径向 DEA 模型及其 MATLAB 算法

SBM 模型, 即基于松弛变量测度 (slacks-based measure, SBM) 的 DEA 效率分析方法, 可理解为利润 (profit) 最大化的一种分析技术. 因为在数据包络分析中, 松弛变量直接反映了我们关心的决策单元投入的过度或产出的不足程度, 且这种投入的过度或产出的不足量只受指定的评价决策单元的影响, 而与整个数据集中其他决策单元无关. 所以新的 SBM 模型的效率测度虽与前面介绍的基本的 DEA 模型有密切的联系, 但和 DEA 模型相比较, SBM 模型的优化更偏重考虑利润 (profit) 的最大化. SBM 模型, 以优化其松弛变量为目标函数, 其分式规划的形式为

$$\text{ZH}_{\text{Cross}} \begin{cases} \min \quad \rho = \dfrac{1-(1/m)\sum\limits_{i=1}^{m} s_i^-/x_{i0}}{1-(1/s)\sum\limits_{r=1}^{s} s_r^+/y_{r0}}, \\ \text{s.t.} \quad \mathbf{X}_j\lambda_j + \mathbf{S}^- = \mathbf{X}_0, \\ \quad\quad \mathbf{Y}_j\lambda_j - \mathbf{S}^+ = \mathbf{Y}_0, \\ \quad\quad \delta_1\left(\sum\limits_{j=1}^{n}\lambda_j + \delta_2(-1)^{\delta_3}\lambda_{n+1}\right) = \delta_1, \\ \quad\quad \lambda_j \geqq \mathbf{0}, \mathbf{S}^- \geqq \mathbf{0}, \mathbf{S}^+ \geqq \mathbf{0}, j=1,2,\cdots,n,n+1 \end{cases} \quad (6.3)$$

运用 Charnes-Cooper 转换方法, 其分式规划可以转换为线性规划问题. 再通过一些变换, Tone 得到了如下线性规划形式:

$$\text{ZH}_{\text{CrossD}} \begin{cases} \min \quad \tau = t - (1/m)\sum\limits_{i=1}^{m} s_i^-/x_{i0}, \\ \text{s.t.} \quad t + (1/s)\sum\limits_{r=1}^{s} s_r^+/y_{r0} = 1, \\ \quad\quad \mathbf{X}_j\eta_j + \mathbf{S}^- = t\mathbf{X}_0, \\ \quad\quad \mathbf{Y}_j\eta_j - \mathbf{S}^+ = t\mathbf{Y}_0, \\ \quad\quad \delta_1\left(\sum\limits_{j=1}^{n}\eta_j + \delta_2(-1)^{\delta_3}\eta_{n+1}\right) = \delta_1, \\ \quad\quad \eta_j \geqq \mathbf{0}, \mathbf{S}^- \geqq \mathbf{0}, \mathbf{S}^+ \geqq \mathbf{0}, j=1,2,\cdots,n,n+1 \end{cases} \quad (6.4)$$

上述模型的 MATLAB 求解算法如算法 6.4 所示.

(算法 6.4——SBM 模型求解算法)

```
function [tao,nta,s_minus,s_plus]=zhdea_sbm(d1,d2,d3,X,Y)
%d1=0-->CCR d1=1,d2=0-->BCC d1=1,d2=1,d3=0-->FG d1=1,d2=1,d3=1-->ST
for i=1:length(X(1,:))
 X0=X(:,i);
 Y0=Y(:,i);
 n=size(X',1);
 m=size(X,1);
 s=size(Y,1);
 epsilon=10^-6;
 for k=1:m
     xsx_s(k)=1/m/X0(k);
 end
 for k=1:s
     xsy_s(k)=1/s/Y0(k);
 end
 f=[zeros(1,n+1) -1*xsx_s zeros(1,s) 1];
 A=[];
 b=[];
 LB=zeros(n+m+s+1,1);
 UB=[];
 LB(n+m+s+2)=-inf;
 Aeq=[X zeros(m,1) eye(m)  zeros(m,s)  -X0
     Y zeros(s,1) zeros(s,m) -eye(s) -Y0
     d1*ones(1,n) d1*d2*(-1)^d3 zeros(1,m+s+1)
     zeros(1,n+1+m) xsy_s 1];
 beq=[zeros(m,1)
     zeros(s,1)
     d1
     1];
 [C,tao(i)]=linprog(f,A,b,Aeq,beq,LB,UB);
 nta(:,i)=C(1:n+1);
 s_minus(:,i)=C(n+2:n+m+1);
 s_plus(:,i)=C(n+m+2:n+m+s+1);
end
```

在上述算法中 X 和 Y 为决策单元的投入产出数据, tao 为各个决策单元的效率值, nta 为与最优效率值对应的各个 λ 的取值, s_minus 和 s_plus 为与最优效率值对应的各个松弛变量和剩余变量的取值.

例如取定表 2.3 中的投入产出数据及 d1=0, d2=0, d3=0 后, 将上述算法保

存到当前工作目录, 并命名为 zhdea_sbm, 在命令窗口中输入

　　　`[tao,nta,s_minus,s_plus]=zhdea_sbm(0,0,0,X,Y)`

即可计算获得的各个决策单元的效率值相关数据如下.

```
tao =
    0.3056    1.0000    1.0000    0.5833    1.0000
nta =
         0         0         0         0         0
         0    1.0000         0         0         0
         0         0    1.0000         0         0
         0         0         0         0         0
    0.3333         0         0    1.3333    1.0000
         0         0         0         0         0
s_minus =
    2.6667         0         0    6.6667         0
    2.0000         0         0         0         0
s_plus =
         0         0         0         0         0
```

参 考 文 献

[1] 匡海波. 基于超效率 CCR-DEA 的中国港口上市公司成本效率评价研究[J]. 中国管理科学, 2007, 15(3): 142-148.

[2] 迟国泰, 隋聪, 齐菲. 基于超效率 DEA 的科学技术评价模型及其实证[J]. 科研管理, 2010, 31(2): 94-104.

[3] 吴杰, 梁樑. 一种考虑所有权重信息的区间交叉效率排序方法[J]. 系统工程与电子技术, 2008, 30(10): 1890-1894.

[4] 吴杰, 梁樑. 交叉效率评价方法中新单元导入的保序性[J]. 系统工程, 2006, 24(7): 111-115.

[5] 孙立成, 周德群, 李群. 基于非径向 DEA 模型的区域环境绩效评价研究[J]. 统计与信息论坛, 2009, 24(7): 67-71.

[6] 王美强, 梁樑. 具有三角模糊要素的非径向 DEA 模型[J]. 系统工程, 2008, 26(1): 91-95.

第 7 章 网络数据包络分析模型及 Malmquist 指数

传统的 DEA 模型在评价投入与产出效率情况时将投入转化为产出的过程看作 "黑箱", 但 "黑箱" 的存在会对效率分析产生影响. 要更清晰地研究投入产出转化效率就需要将 "黑箱" 打开, 深入分析每一环节对最终效率值的影响, 这意味着需要对可能存在的中间产品进行分析. Färe 和 Grosskopf 为了解开 "黑箱" 提出了网络 DEA 模型, 自此 "黑箱" 不再神秘, 学者们对投入产出转化过程的研究也日渐完善.

7.1 两阶段网络 DEA 模型及其算法

两阶段网络 DEA 在传统 DEA 模型中增加一种中间产物. 模型可以分为两类: 一类为所有投入全部用于第一阶段, 第一阶段得到的产出全部为第二阶段投入, 第二阶段产出为最终产出; 另一类为第二阶段投入不仅包含第一阶段产出, 还包含一部分新增投入[1,2]. 如果我们假定第一类中的中间新增投入为零, 则通过第二类模型的求解算法也可以求得第一类模型的最终结果.

7.1.1 面向投入两阶段网络 CCR 原模型

在初始投入全部用于第一阶段的 DEA 模型中, n 个决策单元中 $\mathrm{DMU}_j(j=1,2,\cdots,n)$ 的初始投入 $\mathbf{X}_j = (x_{1j}, x_{2j}, \cdots, x_{mj})^\mathrm{T}$, 全部投入到第一阶段中得到中间产物 $\mathbf{Z}_j = (z_{1j}, z_{2j}, \cdots, z_{kj})^\mathrm{T}$, $\mathbf{Z\_plus}_j = (z_{1j}^+, z_{2j}^+, \cdots, z_{kj}^+)^\mathrm{T}$ 为第二阶段的新增投入. 中间产物全部投入到第二阶段中, 并有了新增的投入, 最终获得第二阶段的产出为 $\mathbf{Y}_j = (y_{1j}, y_{2j}, \cdots, y_{sj})^\mathrm{T}$.

在评价 $\mathrm{DMU}_q(q \in \{1,2,\cdots,n\})$ 面向投入的 CCR 原模型效率时第一阶段模型为

$$E_q^1 = \max \mathbf{v}^\mathrm{T} \mathbf{Z}_q,$$

$$\begin{cases} \text{s.t.} & \boldsymbol{\omega}^\mathrm{T} \mathbf{X}_j - \mathbf{v}^\mathrm{T} \mathbf{Z}_j \geqq 0, j = 1, 2, \cdots, n, \\ & \boldsymbol{\omega}^\mathrm{T} \mathbf{X}_q = 1, \\ & \boldsymbol{\omega} \geqq \mathbf{0}, \mathbf{v} \geqq \mathbf{0} \end{cases} \quad (7.1)$$

其中权重 $\boldsymbol{\omega} = (\omega_1, \omega_2, \cdots, \omega_m)^\mathrm{T}$, $\mathbf{v} = (v_1, v_2, \cdots, v_k)^\mathrm{T}$ 为变量, E_q^1 为第一阶段效率值.

第一阶段产出 $\mathbf{Z}_j$ 全部用作第二阶段投入，且有新增投入 $\mathbf{Z\_plus}_j$. 此时面向投入 CCR 原模型第二阶段的评价模型为

$$E_q^2 = \max \mu^T \mathbf{Y}_q,$$
$$\text{s.t.} \begin{cases} \mathbf{u}^T(\mathbf{Z}_j + \mathbf{Z\_plus}_j) - \mu^T\mathbf{Y}_j \geqq 0, j = 1, 2, \cdots, n, \\ \mathbf{u}^T(\mathbf{Z}_q + \mathbf{Z\_plus}_q) = 1, \\ \mu \geqq 0, \mathbf{u} \geqq 0 \end{cases} \quad (7.2)$$

其中权重 $\mu = (\mu_1, \mu_2, \cdots, \mu_m)^T$, $\mathbf{u} = (u_1, u_2, \cdots, u_k)^T$ 为变量, E_q^2 为第二阶段效率值.

在面向投入两阶段网络 DEA 原模型中将上述两个阶段整合为如下一个模型对其进行评价:

$$E_q = \max \mu^T \mathbf{Y}_q,$$
$$\text{s.t.} \begin{cases} \omega^T\mathbf{X}_j - \mu^T\mathbf{Y}_j \geqq 0, j = 1, 2, \cdots, n, \\ \omega^T\mathbf{X}_j - \mathbf{v}^T\mathbf{Z}_j \geqq 0, j = 1, 2, \cdots, n, \\ \mathbf{v}^T(\mathbf{Z}_j + \mathbf{Z\_plus}_j) - \mu^T\mathbf{Y}_j \geqq 0, j = 1, 2, \cdots, n, \\ \omega^T\mathbf{X}_q = 1, \\ \mu \geqq 0, \omega \geqq 0, \mathbf{v} \geqq 0 \end{cases} \quad (7.3)$$

7.1.2 面向投入两阶段网络 BCC 原模型

面向投入的两阶段网络 BCC 原模型如下

$$E_q = \max \mu^T \mathbf{Y}_q - \mu_0,$$
$$\text{s.t.} \begin{cases} \omega^T\mathbf{X}_j - \mu^T\mathbf{Y}_j + \mu_0 \geqq 0, j = 1, 2, \cdots, n, \\ \omega^T\mathbf{X}_j - \mathbf{v}^T\mathbf{Z}_j + \mu_0 \geqq 0, j = 1, 2, \cdots, n, \\ \mathbf{v}^T(\mathbf{Z}_j + \mathbf{Z\_plus}_j) - \mu^T\mathbf{Y}_j + \mu_0 \geqq 0, j = 1, 2, \cdots, n, \\ \omega^T\mathbf{X}_q = 1, \\ \mu \geqq 0, \omega \geqq 0, \mathbf{v} \geqq 0, \mu_0 \in E^1 \end{cases} \quad (7.4)$$

7.2 两阶段网络 DEA 原模型 MATLAB 算法

7.2.1 面向投入两阶段网络 CCR 原模型 MATLAB 求解算法

面向投入两阶段网络 CCR 原模型的 MATLAB 求解算法如算法 7.1 所示.

7.2 两阶段网络 DEA 原模型 MATLAB 算法

(算法 7.1——面向投入两阶段网络 CCR 原模型算法)

```
function xl=CCR_OR_net(X,Y,Z,Z_plus)
%X 第一阶段投入,Y 第二阶段产出,Z 第一阶段产出也是第二阶段投入
%Z_plus 第二阶段增加投入,可省略,省略时按没有增加投入计算
if nargin==3
    Z_plus=zeros(size(Z));
end
n=size(X',1);
m=size(X,1);
s=size(Y,1);
for i=1:length(X(1,:))
    X0=X(:,i);
    Y0=Y(:,i);
    f=[-Y0;zeros(m,1);zeros(length(Z(:,1)),1)];
    A=[Y' -X' zeros(length(Z(1,:)),length(Z(:,1)))
        zeros(length(Y(1,:)),length(Y(:,1))) -X' Z'
        Y' zeros(length(X(1,:)),length(X(:,1))) -(Z+Z_plus)'];
    b=zeros(3*n,1);
    LB=zeros(m+s+length(Z(:,1)),1);
    UB=[];
    Aeq=[zeros(1,s) X0' zeros(1,length(Z(:,1)))];
    beq=1;
    [uw(:,i),xl(i)]=linprog(f,A,b,Aeq,beq,LB,UB);
end
 xl=xl*-1;
```

7.2.2 面向投入两阶段网络 BCC 原模型 MATLAB 求解算法

面向投入两阶段网络 BCC 原模型 MATLAB 求解算法如算法 7.2 所示.

(算法 7.2——面向投入两阶段网络 BCC 原模型算法)

```
function xl=BCC_OR_net(X,Y,Z,Z_plus)
%X 第一阶段投入,Y 第二阶段产出,Z 第一阶段产出也是第二阶段投入
%Z_plus 第二阶段增加投入,可省略,省略时按没有增加投入计算
if nargin==3
    Z_plus=zeros(size(Z));
end
n=size(X',1);
m=size(X,1);
s=size(Y,1);
```

```
k=size(Z,1);
for i=1:length(X(1,:))
    X0=X(:,i);
    Y0=Y(:,i);
    f=[-Y0;zeros(m,1);zeros(length(Z(:,1)),1);1];
    A=[Y' -X' zeros(length(Z(1,:)),length(Z(:,1))) -1*ones(n,1)...
        zeros(length(Y(1,:)),length(Y(:,1))) -X' Z' -1*ones(n,1)...
      Y' zeros(length(X(1,:)),length(X(:,1))) -(Z+Z_plus)'...
        -1*ones(n,1)];
    b=zeros(3*n,1);
    LB=[zeros(m+s+length(Z(:,1)),1);-inf];
    UB=[];
    Aeq=[zeros(1,s) X0' zeros(1,length(Z(:,1))) 0];
    beq=1;
    [uw(:,i),xl(i)]=linprog(f,A,b,Aeq,beq,LB,UB);
end
 xl=xl*-1;
```

7.2.3 面向投入两阶段网络 DEA 模型实例

例 7.1 表 7.1 中给出了具有第一阶段两个投入、两个产出和第二阶段两个产出的两阶段网络 CCR 模型和 BCC 模型的效率. 另外, 如果第二阶段有额外的增加投入, 试重新评价各决策单元.

表 7.1 两阶段网络 DEA 模型投入产出数据

	DMU_1	DMU_2	DMU_3	DMU_4	DMU_5
第一阶段投入 1	3	2	9	8	1
第一阶段投入 2	4	3	6	8	6
第一阶段产出 1	1	2	5	4	3
第一阶段产出 2	4	1	3	2	1
第二阶段产出 1	2	3	4	1	2
第二阶段产出 2	4	3	2	1	3
第二阶段增加投入 1	1	3	3	1	1
第二阶段增加投入 2	2	3	2	1	3

解 首先将算法 7.1 和算法 7.2 保存到当前工作目录下, 其次在命令窗口中输入如下算法:

```
clear
X=[3 2 9 8 1;4 3 6 8 6];
Y=[2 3 4 1 2;4 3 2 1 3];
Z=[1 2 5 4 3;4 1 3 2 1];
```

7.3 Malmquist 指数

```
Z_plus=[1  3  3  1  1;2  3  2  1  3];
effi1=CCR_OR_net(X,Y,Z);
effi2=CCR_OR_net(X,Y,Z,Z_plus);
effi3=BCC_OR_net(X,Y,Z);
effi4=BCC_OR_net(X,Y,Z,Z_plus);
effi=[effi1;effi2;effi3;effi4]
```

则计算获得各决策单元在 CCR 模型及 BCC 模型中不考虑增加投入和考虑增加投入时的效率值, 具体效率如下.

```
effi =
    0.9700    1.0000    0.5283    0.1131    0.9091
    1.0000    1.0000    0.6667    0.1250    1.0000
    1.0000    1.0000    1.0000    0.1875    1.0000
    1.0000    1.0000    1.0000    0.2961    1.0000
```

7.3 Malmquist 指数

7.3.1 模型含义

Malmquist 指数最初由 Malmquist 于 1953 年提出, Caves 等于 1982 年开始将这一指数应用于生产效率变化的测算. 直到 1994 年, RolfFäre 等将这一理论的一种非参数线性规划法与 DEA 理论相结合, 它是一种动态分析方法, 通过与 DEA 相结合能够实现对动态效率变化的描述. 通过本期到下期生产率的变化, 测算 Malmquist 全要素生产率指数 (tfpch). 全要素生产率指数可以分解为技术效率变化指数 (effch) 和技术进步指数 (techch) 两个部分. 同时它可以反映多个样本期间的综合效率、技术效率和全要素生产率指数变动之间的关系, 动态反映不同时间序列的样本数据效率值变动情况. 现今, 这一方法与 DEA 的结合已被广泛应用于金融、工业、医疗等部门生产效率的测算[3,4].

7.3.2 Malmquist 指数定义

假设存在 n 个决策单元, 每个决策单元在 t 期用 m 种投入获得了 s 种产出. $x_j^t = (x_{1}^t, x_{2}^t, \cdots, x_{mj}^t)^T$ 表示第 j 个决策单元在 t 期的投入指标值; $y_j^t = (y_{1}^t, y_{2}^t, \cdots, y_{sj}^t)^T$ 表示第 j 个决策单元在 t 期的产出指标值, 并且它们均为正数, $t = 1, 2, \cdots, T$.

在规模报酬不变情况下, 令 (x_0^t, y_0^t) 在 t 期的距离函数为 $D_C^t(x_0^t, y_0^t)$, 在 $t+1$ 期的距离函数为 $D_C^{t+1}(x_0^t, y_0^t)$; (x_0^{t+1}, y_0^{t+1}) 在 t 期的距离函数为 $D_C^t(x_0^{t+1}, y_0^{t+1})$, 在 $t+1$ 期的距离函数为 $D_C^{t+1}(x_0^{t+1}, y_0^{t+1})$.

在规模报酬可变情况下,令 (x_0^t, y_0^t) 在 t 期的距离函数为 $D_V^t(x_0^t, y_0^t)$,在 $t+1$ 期的距离函数为 $D_V^{t+1}(x_0^t, y_0^t)$;(x_0^{t+1}, y_0^{t+1}) 在 t 期的距离函数为 $D_V^t(x_0^{t+1}, y_0^{t+1})$,在 $t+1$ 期的距离函数为 $D_V^{t+1}(x_0^{t+1}, y_0^{t+1})$.

在 t 期技术条件下,从 t 期到 $t+1$ 期技术效率的变化值为

$$M^t = \frac{D_C^t(x_0^{t+1}, y_0^{t+1})}{D_C^t(x_0^t, y_0^t)}$$

在 $t+1$ 期技术条件下,从 t 期到 $t+1$ 期技术效率的变化值为

$$M^{t+1} = \frac{D_C^{t+1}(x_0^{t+1}, y_0^{t+1})}{D_C^{t+1}(x_0^t, y_0^t)}$$

t 期到 $t+1$ 期生产率的变化则可以通过计算以上两个 Malmquist 生产率指数的几何平均值得到

$$M(x_0^t, y_0^t, x_0^{t+1}, y_0^{t+1}) = (M^t \times M^{t+1})^{\frac{1}{2}} = \left[\frac{D_C^t(x_0^{t+1}, y_0^{t+1})}{D_C^t(x_0^t, y_0^t)} \times \frac{D_C^{t+1}(x_0^{t+1}, y_0^{t+1})}{D_C^{t+1}(x_0^t, y_0^t)}\right]^{\frac{1}{2}}$$

目前学者们常用的 Malmquist 指数分解方法存在以下两种.

(1) 将 Malmquist 指数分解为两个部分. 分别为技术效率变化 (EC) 以及技术变化 (TC). 具体公式如下

$$\mathrm{MI} = \underbrace{\left[\frac{D_C^{t+1}(x_0^{t+1}, y_0^{t+1})}{D_C^t(x_0^t, y_0^t)}\right]}_{\mathrm{EC}} \cdot \underbrace{\left[\frac{D_C^t(x_0^t, y_0^t)}{D_C^{t+1}(x_0^t, y_0^t)} \times \frac{D_C^t(x_0^{t+1}, y_0^{t+1})}{D_C^{t+1}(x_0^{t+1}, y_0^{t+1})}\right]^{\frac{1}{2}}}_{\mathrm{TC}}$$

(2) 将 Malmquist 指数分解为三个部分. 分别为纯技术效率变化 (pure efficiency change, PECH)、技术变化 (technical change, TECH) 和规模效率变化 (scale efficiency change, SECH) 三部分. 具体公式如下

$$\mathrm{MI}_{RD} = \underbrace{\left[\frac{D_V^{t+1}(x_0^{t+1}, y_0^{t+1})}{D_V^{t+1}(x_0^t, y_0^t)}\right]}_{\mathrm{PECH}} \cdot \underbrace{\left[\frac{D_V^t(x_0^{t+1}, y_0^{t+1})}{D_V^{t+1}(x_0^{t+1}, y_0^{t+1})} \times \frac{D_V^t(x_0^t, y_0^t)}{D_V^{t+1}(x_0^t, y_0^t)}\right]^{\frac{1}{2}}}_{\mathrm{TECH}}$$

$$\cdot \underbrace{\left[\frac{D_C^t(x_0^{t+1}, y_0^{t+1})/D_V^t(x_0^{t+1}, y_0^{t+1})}{D_C^t(x_0^t, y_0^t)/D_V^t(x_0^t, y_0^t)} \times \frac{D_C^{t+1}(x_0^{t+1}, y_0^{t+1})/D_V^{t+1}(x_0^{t+1}, y_0^{t+1})}{D_C^{t+1}(x_0^t, y_0^t)/D_V^{t+1}(x_0^t, y_0^t)}\right]^{\frac{1}{2}}}_{\mathrm{SECH}}$$

其中, PECH 为纯技术效率变化; TECH 反映生产前沿面的移动对 MI_{RD} 的贡献程度; SECH 为规模效率变化, 表明规模经济对 MI_{RD} 的影响. PECH×SECH 为综合技术效率变化 (efficiency change, EFFCH), 反映技术效率变化对 MI_{RD} 的贡献程度. $\mathrm{MI}_{RD} > 1$, 说明全要素生产率呈上升趋势; $\mathrm{MI}_{RD} = 1$, 说明全要素生产率无变化; $\mathrm{MI}_{RD} < 1$, 说明全要素生产率呈下降趋势. TECH > 1, 说明技术进步; TECH $= 1$, 说明技术不变; TECH < 1, 说明技术衰退. EFFCH > 1, 表示相对于在 t 期与 t 期前沿面的距离, DMU 在 $t+1$ 期与 $t+1$ 期前沿面的距离较近, 相对技术效率提高; EFFCH $= 1$, 表示技术效率不变; EFFCH < 1, 表示技术效率下降.

7.3.3 Malmquist 指数 MATLAB 求解算法与实例

由于 Malmquist 指数中的各个距离对应的是广义 CCR 模型和广义 BCC 模型的效率值, 因此, 我们可以利用第 2, 3 章相关算法及第 5 章相关算法计算获得相关效率值. 其具体算法如算法 7.3 所示.

(算法 7.3——Malmquist 指数求解算法)

```
function [EC,TC,EFFCH,PECH,TECH,SECH,MI]=Malmquist(X1,Y1,X2,Y2)
%每个决策单元放在一列中
theta1=CCR_DUAL(X1,Y1);
theta2=CCR_DUAL(X2,Y2);
theta3=BCC_DUAL(X1,Y1);
theta4=BCC_DUAL(X2,Y2);
for i=1:length(X1(1,:))
    xl=gydea_dual(0,0,0,X1(:,i),Y1(:,i),X2,Y2);
    if length(xl)==0
        theta5(i)=0;
    else
        theta5(i)=xl;
    end
    xl=gydea_dual(0,0,0,X2(:,i),Y2(:,i),X1,Y1);
    if length(xl)==0
        theta6(i)=0;
    else
        theta6(i)=xl;
    end
    xl=gydea_dual(1,0,0,X1(:,i),Y1(:,i),X2,Y2);
    if length(xl)==0
        theta7(i)=0;
    else
```

```
            theta7(i)=x1;
        end
        x1=gydea_dual(1,0,0,X2(:,i),Y2(:,i),X1,Y1);
        if length(x1)==0
            theta8(i)=0;
        else
            theta8(i)=x1;
        end
end
EC=theta2./theta1;
TC=sqrt(theta1./theta5.*theta6./theta2);
PECH=theta4./theta7;
TECH=sqrt((theta8.*theta3)./(theta4.*theta7));
SECH=sqrt((theta6./theta8)./(theta1./theta3).*(theta2./theta4)./...
    (theta5./theta7));
EFFCH=PECH.*SECH;
MI=sqrt((theta6./theta1).*(theta2./theta5));
```

例 7.2 试利用 Malmquist 指数求解算法求解如表 7.2 中所示的具有两个投入一个产出的 6 个决策单元.

表 7.2　前一期和后一期 6 个决策单元投入产出数据

	DMU_1	DMU_2	DMU_3	DMU_4	DMU_5	DMU_6
前一期投入 1	2	1	2	4	3	2
前一期投入 2	3	4	4	4	1	5
前一期产出 1	1	5	3	5	1	3
后一期投入 1	1	1	5	1	2	3
后一期投入 2	5	4	5	2	5	5
后一期产出 1	1	2	1	1	5	3

解　首先将算法 7.3 保存到当前工作目录并取名为 Malmquist, 在命令窗口中输入如下算法

```
X1=[2 1 2 4 3 2;3 4 4 4 1 5];
Y1=[1 5 3 5 1 3];
X2=[1 1 5 1 2 3;5 4 5 2 5 5];
Y2=[1 2 1 1 5 3];
[EC,TC,EFFCH,PECH,TECH,SECH,MI]=Malmquist(X1,Y1,X2,Y2)
```

即可计算获得如表 7.3 所示的相关数据.

表 7.3　Malmquist 指数相关数据

	DMU_1	DMU_2	DMU_3	DMU_4	DMU_5	DMU_6
EC	1.5000	0.8000	0.3333	0.5000	1.2500	1.2500
TC	0.6325	0.5000	0.8000	0.8000	0.8000	0.8000
EFFCH	1.1124	0.2828	0.2409	0.2854	0.7906	1.0647
PECH	1.5000	0.5000	0.4571	0.8000	0.5000	0.9545
TECH	1.1726	0.7071	0.9939	1.1212	0.6325	0.8806
SECH	0.7416	0.5657	0.5270	0.3568	1.5811	1.1154
MI	0.9487	0.4000	0.2667	0.4000	1.0000	1.0000

注　Malmquist 算法有时会计算获得 NaN 结果, 这是因为在某些情况下广义 BCC 模型不存在可行解的原因.

参 考 文 献

[1] 魏权龄. 评价相对有效性的数据包络分析模型:DEA 和网络 DEA[M]. 北京: 中国人民大学出版社, 2012.

[2] 安庆贤, 陈晓红, 余亚飞, 等. 基于 DEA 的两阶段系统中间产品公平设定研究[J]. 管理科学学报, 2017, 20(1): 32-40.

[3] 陈磊, 王应明, 王亮. 两阶段 DEA 分析框架下的环境效率测度与分解[J]. 系统工程理论与实践, 2016, 36(3): 642-649.

[4] 章祥荪, 贵斌威. 中国全要素生产率分析: Malmquist 指数法评述与应用[J]. 数量经济技术经济研究, 2008, 25(6): 111-122.

第 8 章 基于偏序集理论的数据包络分析方法及其 MATLAB 算法

数据包络分析 (data envelopment analysis, DEA) 方法是用于评价具有多投入多产出决策单元效率的方法. 在过去四十年间, DEA 方法得到了快速的发展与应用.

早期, 学者们从不同角度提出了适合不同规模收益情形下的 DEA 模型——CCR, BCC, FG 及 ST 模型, 并将其汇总成了综合 DEA 模型. 然而, 这些模型依然不适用于众多实际问题的评价与决策, 从而又分别提出了随机 DEA 模型、模糊 DEA 模型、区间 DEA 模型、超效率 DEA 模型、广义 DEA 模型、网络 DEA 模型及多阶段 DEA 模型等. 同时在模型的推广及应用方面, 研究工作者们近期又展开了进一步的研究. 不难发现这些研究在决策单元投影、决策单元关系的深入挖掘、决策单元的分类与排序、决策单元真实有效的投影方式及逐步改进方式方面的研究依然存在一定的缺陷[1].

基于建立决策单元特殊关系的目的, 早期由马占新[2-5]首次提出基于偏序集理论的数据包络分析方法, 并由木仁[6-8]等共同对其进行了推广. 通过建立决策单元之间的特殊关系, 进一步完善了决策单元的投影理论. 然而, 在这些方法中, 仅对规模收益不变、规模收益递减及规模收益递增的三种常见 CCR, FG 及 ST 模型引进了决策单元之间的偏序关系, 并通过相关定理及其性质, 揭示了这一偏序关系的特性, 最终通过相关算法给出了决策单元之间的偏序关系矩阵及偏序关系图的获取方法[9]. 这一偏序关系矩阵及其偏序关系图不仅为决策者提供了决策单元的逐步改进方式, 也为决策单元的分类及决策单元关系的确定提供了新的依据, 也为规模收益可变 DEA 模型中决策单元特殊关系的建立提供了相关依据.

8.1 基本数据与定义

假设 CCR, ST 及 FG 模型中的 DMU_i 和 DMU_j 的投入产出数据表示为

$$\mathbf{X}_i = (x_{1i}, x_{2i}, \cdots, x_{mi})^T, \quad \mathbf{Y}_i = (y_{1i}, y_{2i}, \cdots, y_{si})^T$$

$$\mathbf{X}_j = (x_{1j}, x_{2j}, \cdots, x_{mj})^T, \quad \mathbf{Y}_j = (y_{1j}, y_{2j}, \cdots, y_{sj})^T$$

8.1 基本数据与定义

假定投入产出的每个分量都大于零, 如果存在零或负的投入产出分量, 则对所有投入产出数据同时加上某一正数保障所有数据都大于零即可. 此时存在

$$a_p\,(p=1,2,\cdots,m),\quad b_h\,(h=1,2,\cdots,s)$$

使得

$$x_{pi}=a_p x_{pj},\quad y_{hi}=b_h y_{hj}$$

如果令

$$k_{ij}=\min\{a_1,a_2,\cdots,a_m\},\quad r_{ij}=\max\{b_1,b_2,\cdots,b_s\}$$

则

$$x_{pi}\geqq k_{ij}x_{pj},\quad y_{hi}\leqq r_{ij}y_{hj}$$

注 在上述数据中如果对 a_p, b_h 没有约束, 则所研究结论将适合于 CCR 模型; 如果 $a_p \geqq 1$ 且 $b_h \geqq 1$, 则所研究结论适合于 ST 模型; 如果 $a_p \leqq 1$ 且 $b_h \leqq 1$, 则所研究结论适合于 FG 模型. 在文中后续部分我们不再进行相关叙述.

定义 8.1 如果 $a_1=a_2=\cdots=a_m=b_1=b_2=\cdots=b_s$, 则称 CCR, ST 及 FG 模型中的 DMU_i 和 DMU_j 是**等价的**, 记为 $\text{DMU}_i \sim \text{DMU}_j$.

定义 8.2 如果 $k_{ij} \geqq r_{ij}$, 则称 CCR, ST 及 FG 模型中的 DMU_i 和 DMU_j 存在**序关系** "$\prec$", 将其记为 $\text{DMU}_i \prec \text{DMU}_j$.

定义 8.3 如果 $k_{ij} > r_{ij}$ 且 $k_{ji} > r_{ji}$, 则称 CCR, ST 及 FG 模型中的 DMU_i 和 DMU_j 存在**严格序关系** "$\prec\prec$", 将其记为 $\text{DMU}_i \prec\prec \text{DMU}_j$.

定义 8.4 如果 $k_{ij} < r_{ij}$, 则称 CCR, ST 及 FG 模型中的 DMU_i 和 DMU_j 不存在序关系.

定义 8.5 设 $(P, \prec)$ 是一偏序集, $x \in P$, 如果对任意的 $y \in P$, 若 $x \prec y$, 则必有 $y=x$, 称 x 为偏序集 $(P,\prec)$ 的**极大元**.

例 8.1 偏序集与全序集实例.

解 图 8.1 中给出了偏序集与全序集实例. 图 8.1(a) 中的各个节点将构成全

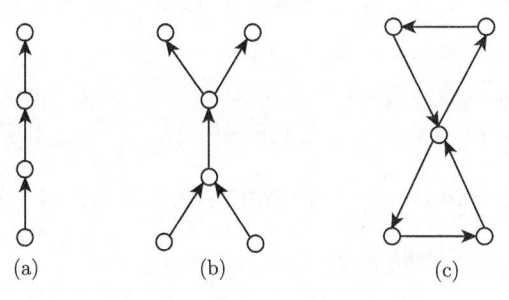

图 8.1 偏序集与全序集实例图

序集; 图 8.1(b) 将构成偏序集, 其中最上面两个点为极大元, 最下面两个点为极小元; 图 8.1(c) 中的各个节点既构不成全序集也构不成偏序集.

8.2 决策单元偏序关系相关定理及其性质

定理 8.1 定义 8.2 中引进的 CCR, ST 及 FG 模型中序关系 "$\prec$" 构成一个偏序集.

证明 根据偏序集定义, 对任意的 $\mathrm{DMU}_i, \mathrm{DMU}_j, \mathrm{DMU}_l$ ($i, j, l = 1, 2, \cdots, n$), 需证明自反性、反对称性及传递性.

自反性 根据序关系 "$\prec$" 的相关定义可知 $\mathrm{DMU}_i \prec \mathrm{DMU}_i$ 显然是成立的.

反对称性 假定 $\mathrm{DMU}_i \prec \mathrm{DMU}_j$ 且 $\mathrm{DMU}_j \prec \mathrm{DMU}_i$, 需证明 $\mathrm{DMU}_i = \mathrm{DMU}_j$.

对于 $x_{pi} = a_p x_{pj}, y_{hi} = b_h y_{hj}, k_{ij}, r_{ij}$ 及在 a_p, b_h 相应的约束下有

$$k_{ij} \geq r_{ij}$$

对于 $x_{pj} = \bar{a}_p x_{pi}, y_{hj} = \bar{b}_h y_{hi}$ 和 $k_{ji} = \min\{\bar{a}_1, \bar{a}_2, \cdots, \bar{a}_m\}, r_{ji} = \max\{\bar{b}_1, \bar{b}_2, \cdots, \bar{b}_s\}$ 及在相应约束下有

$$k_{ji} \geq r_{ji}$$

易知, $\bar{a}_p = 1/a_p, \bar{b}_p = 1/b_p$. 从而

$$k_{ji} = \min\{1/a_1, 1/a_2, \cdots, 1/a_m\} = \max\{a_1, a_2, \cdots, a_m\}$$

$$r_{ji} = \max\{1/b_1, 1/b_2, \cdots, 1/b_s\} = \min\{b_1, b_2, \cdots, b_s\}$$

$$x_{pi} \geq k_{ij} x_{pj} = \min\{a_1, a_2, \cdots, a_m\} x_{pj}$$

$$\geq \min\{a_1, a_2, \cdots, a_m\} \max\{a_1, a_2, \cdots, a_m\} x_{pi}$$

$$y_{hi} \leq \max\{b_1, b_2, \cdots, b_s\} y_{hj} \leq \max\{b_1, b_2, \cdots, b_s\} \min\{b_1, b_2, \cdots, b_s\} y_{hi}$$

于是

$$\min\{a_1, a_2, \cdots, a_m\} \max\{a_1, a_2, \cdots, a_m\} \leq 1$$

$$\max\{b_1, b_2, \cdots, b_s\} \min\{b_1, b_2, \cdots, b_s\} \geq 1$$

由 $k_{ij} \geq r_{ij}$ 及 $k_{ji} \geq r_{ji}$ 得知 $k_{ij} k_{ji} \geq r_{ij} r_{ji}$, 即

$$\min\{a_1, a_2, \cdots, a_m\} \max\{a_1, a_2, \cdots, a_m\} \geq \max\{b_1, b_2, \cdots, b_s\} \min\{b_1, b_2, \cdots, b_s\}$$

8.2 决策单元偏序关系相关定理及其性质

于是

$$\min\{a_1, a_2, \cdots, a_m\} \max\{a_1, a_2, \cdots, a_m\} = 1$$

$$\max\{b_1, b_2, \cdots, b_s\} \min\{b_1, b_2, \cdots, b_s\} = 1$$

这表明 $x_{pi} = k_{ij} x_{pj}$, $y_{pi} = r_{ij} y_{pj}$, 若 $k_{ij} > r_{ij}$, 即 $\min\{a_1, a_2, \cdots, a_m\} > \max\{b_1, b_2, \cdots, b_s\}$, 则

$$\max\{a_1, a_2, \cdots, a_m\} < \min\{b_1, b_2, \cdots, b_s\}$$

即 $k_{ji} < r_{ji}$, 矛盾. 这表明

$$k_{ij} = r_{ij}$$

这就证明了 $\mathrm{DMU}_i = \mathrm{DMU}_j$.

传递性 如果 $\mathrm{DMU}_i \prec \mathrm{DMU}_j$ 成立且 $\mathrm{DMU}_j \prec \mathrm{DMU}_l$, 则需要证明 $\mathrm{DMU}_i \prec \mathrm{DMU}_l$.

对于 $x_{pi} = a_p x_{pj}$, $y_{hi} = b_h y_{hj}$, k_{ij}, r_{ij} 及在 a_p, b_h 相应的约束下有

$$k_{ij} \geqq r_{ij}$$

对于 $x_{pj} = \bar{a}_p x_{pl}$, $y_{hj} = \bar{b}_h y_{hl}$ 和 $k_{jl} = \min\{\bar{a}_1, \bar{a}_2, \cdots, \bar{a}_m\}$ $r_{jl} = \max\{\bar{b}_1, \bar{b}_2, \cdots, \bar{b}_s\}$ 及在相应约束下有

$$k_{jl} \geqq r_{jl}$$

于是

$$x_{pi} = a_p x_{pj} = a_p \bar{a}_p x_{pl} \Rightarrow x_{pi} \geqq k_{ij} x_{pj} \geqq k_{ij} k_{jl} x_{pl}$$

$$y_{hi} = b_h y_{hj} = b_h \bar{b}_h y_{hl} \Rightarrow y_{hi} \leqq r_{ij} y_{hj} \leqq r_{ij} r_{jl} y_{hl}$$

令 $k_{il} = k_{ij} k_{jl}$, $r_{il} = r_{ij} r_{jl}$, 则

$$k_{il} \geqq r_{il}$$

这表明

$$\mathrm{DMU}_i \prec \mathrm{DMU}_l$$

证毕.

定理 8.2 CCR, ST 及 FG 模型中的 DMU_i 是有效的, 则 DMU_i 必是 CCR, ST 及 FG 模型中的极大元.

证明 假设 DMU_i 是有效的, 但 DMU_i 不是极大元, 则存在 $\mathrm{DMU}_j \neq \mathrm{DMU}_i$ 使得

$$\mathrm{DMU}_j \prec \mathrm{DMU}_i$$

对于 k_{ij}, r_{ij}, 有
$$k_{ij} \geqq r_{ij}$$
此时
$$x_{pi} \geqq k_{ij}x_{pj}, \quad y_{hi} \leqq r_{ij}y_{hj}$$

(1) 如果 $k_{ij} > r_{ij}$, 则 $x_{pi} \geqq k_{ij}x_{pj}$, $y_{hi} < k_{ij}y_{hj}$, 对于 $\forall \mathbf{u}, \mathbf{v} > \mathbf{0}$, 均有
$$\frac{\mathbf{u}^T \mathbf{Y}_i}{\mathbf{v}^T \mathbf{X}_i} < \frac{\mathbf{u}^T \mathbf{Y}_j}{\mathbf{v}^T \mathbf{X}_j}$$

这说明 DMU_j 的效率值要大于 DMU_i 的效率值. 从而 DMU_i 的效率值小于 1, 这与 DMU_i 有效矛盾.

(2) 如果 $k_{ij} = r_{ij}$, 则 $x_{pi} \geqq k_{ij}x_{pj}$, $y_{hi} \leqq k_{ij}y_{hj}$, 此时由 $\mathrm{DMU}_i \neq \mathrm{DMU}_j$ 得知必存在 p_0 或 h_0 使得
$$x_{p_0 i} > k_{ij}x_{p_0 j} \quad \text{或} \quad y_{h_0 i} < k_{ij}y_{h_0 j}$$
从而
$$\frac{\mathbf{u}^T \mathbf{Y}_i}{\mathbf{v}^T \mathbf{X}_i} < \frac{\mathbf{u}^T \mathbf{Y}_j}{\mathbf{v}^T \mathbf{X}_j}$$

这也与 DMU_i 有效矛盾.

定理 8.3 CCR, ST 及 FG 模型中如果 $\mathrm{DMU}_i \prec\prec \mathrm{DMU}_j$, 则 DMU_i 必是无效的.

证明 如果存在一个 DMU_j, 使得
$$\mathrm{DMU}_i \prec\prec \mathrm{DMU}_j$$
则对于 $x_{pi} \geqq k_{ij}x_{pj}$, $y_{hi} \leqq r_{ij}y_{hj}$, 由于 $k_{ij} > r_{ij}$, 故
$$x_{pi} \geqq k_{ij}x_{pj}, \quad y_{hi} < k_{ij}y_{hj}$$
此时 $\forall \mathbf{u}, \mathbf{v} > \mathbf{0}$, 均有
$$\frac{\mathbf{u}^T \mathbf{Y}_i}{\mathbf{v}^T \mathbf{X}_i} < \frac{\mathbf{u}^T \mathbf{Y}_j}{\mathbf{v}^T \mathbf{X}_j}$$

即 DMU_i 是无效的.

反之, 如果 DMU_i 是无效的, 则不一定存在 DMU_j, 使得 $\mathrm{DMU}_i \prec\prec \mathrm{DMU}_j$.

定理 8.4 CCR, ST 及 FG 模型中 $\mathrm{DMU}_i \prec \mathrm{DMU}_j$, 且 DMU_i 与 DMU_j 不等价, 则 DMU_i 至多是弱有效的.

8.2 决策单元偏序关系相关定理及其性质

证明 如果 $\mathrm{DMU}_i \prec \mathrm{DMU}_j$, 则 k_{ij}, r_{ij} 有

$$k_{ij} \geqq r_{ij}$$

从而

$$x_{pi} \geqq k_{ij} x_{pj}, \quad y_{hi} \leqq r_{ij} y_{hj}$$

如果 $k_{ij} > r_{ij}$, 则

$$\mathrm{DMU}_i \prec\prec \mathrm{DMU}_j$$

根据定理 8.3, DMU_i 是无效的. 如果 $k_{ij} = r_{ij}$, 则

$$x_{pi} \geqq k_{ij} x_{pj}, \quad y_{hi} \leqq r_{ij} y_{hj}$$

因 $\mathrm{DMU}_i \neq \mathrm{DMU}_j$, 故必存在 p_0 或 h_0 使得

$$x_{p_0 i} \geqq k_{ij} x_{p_0 j} \text{ 或 } y_{h_0 i} \leqq r_{ij} y_{h_0 j}$$

从而, 对 $\forall \mathbf{u}, \mathbf{v} > \mathbf{0}$, 必有

$$\frac{\mathbf{u}^\mathrm{T} \mathbf{Y}_i}{\mathbf{v}^\mathrm{T} \mathbf{X}_i} < \frac{\mathbf{u}^\mathrm{T} k_{ij} \mathbf{Y}_j}{\mathbf{v}^\mathrm{T} k_{ij} \mathbf{X}_j} = \frac{\mathbf{u}^\mathrm{T} \mathbf{Y}_j}{\mathbf{v}^\mathrm{T} \mathbf{X}_j}$$

这说明 DMU_i 不是有效的, 但如果对任意给定的 $\mathbf{u}, \mathbf{v} > \mathbf{0}$, 我们可通过将某些权重设为零就有可能满足

$$\frac{\mathbf{u}^\mathrm{T} \mathbf{Y}_i}{\mathbf{v}^\mathrm{T} \mathbf{X}_i} \leq \frac{\mathbf{u}^\mathrm{T} k_{ij} \mathbf{Y}_j}{\mathbf{v}^\mathrm{T} k_{ij} \mathbf{X}_j} = \frac{\mathbf{u}^\mathrm{T} \mathbf{Y}_j}{\mathbf{v}^\mathrm{T} \mathbf{X}_j}$$

这表明 DMU_i 可能是弱有效的.

定理 8.2 说明了 CCR, ST 及 FG 模型中极大元不一定是有效的, 那么极大元满足什么条件时必是有效的? 以下对 CCR, ST 及 FG 模型中的决策单元的相关性质进一步展开分析.

定理 8.5 CCR, ST 及 FG 模型中如果两个决策单元 DMU_i 及 DMU_j 之间不存在序关系 "$\prec$", 则存在某两组权重 $\mathbf{u}_1, \mathbf{v}_1 \geqq \mathbf{0}$ 及 $\mathbf{u}_2, \mathbf{v}_2 \geqq \mathbf{0}$ 使得

$$\frac{\mathbf{u}_1^\mathrm{T} \mathbf{Y}_i}{\mathbf{v}_1^\mathrm{T} \mathbf{X}_i} < \frac{\mathbf{u}_1^\mathrm{T} \mathbf{Y}_j}{\mathbf{v}_1^\mathrm{T} \mathbf{X}_j}, \quad \frac{\mathbf{u}_2^\mathrm{T} \mathbf{Y}_i}{\mathbf{v}_2^\mathrm{T} \mathbf{X}_i} < \frac{\mathbf{u}_2^\mathrm{T} \mathbf{Y}_j}{\mathbf{v}_2^\mathrm{T} \mathbf{X}_j}$$

证明 对于

$$x_{pi} = a_p x_{pj}, \quad y_{hi} = b_h y_{hj}, \quad k_{ij}, \quad r_{ij}, \quad k_{ji}, \quad r_{ji}$$

及满足相应约束的变量有

$$x_{pi} \geqq k_{ij}x_{pj}, \quad y_{hi} \leqq r_{ij}y_{hj}$$

$$x_{pj} \geqq k_{ji}x_{pi}, \quad y_{hj} \leqq r_{ji}y_{hi}$$

成立. 因 DMU_i 及 DMU_j 之间不存在序关系 "$\prec$", 故 $DMU_i \prec DMU_j$ 及 $DMU_j \prec DMU_i$ 均不成立. 从而

$$k_{ij} < r_{ij}, \quad k_{ji} < r_{ji}$$

于是

$$x_{pi} > r_{ij}x_{pj}, \quad y_{hi} \leqq r_{ij}y_{hj}$$

$$x_{pj} > r_{ji}x_{pi}, \quad y_{hj} \leqq r_{ji}y_{hi}$$

此时 $\mathbf{u}_1^T$ 取定为第 h 个分量为 1, 而其余分量全为 0 的向量, $\mathbf{v}_1^T$ 取定为第 p 个分量为 1, 而其余分量全为 0 的向量.

$$\frac{\mathbf{u}_1^T \mathbf{Y}_i}{\mathbf{v}_1^T \mathbf{X}_i} = \frac{y_{hi}}{x_{pi}} < \frac{r_{ij}y_{hj}}{r_{ij}x_{pj}} = \frac{\mathbf{u}_1^T \mathbf{Y}_j}{\mathbf{v}_1^T \mathbf{X}_j}$$

同理也可取定 $\mathbf{u}_2, \mathbf{v}_2 \geqq 0$ 使得

$$\frac{\mathbf{u}_2^T \mathbf{Y}_j}{\mathbf{v}_2^T \mathbf{X}_j} = \frac{y_{hj}}{x_{pj}} < \frac{r_{ji}y_{hi}}{r_{ji}x_{pi}} = \frac{\mathbf{u}_2^T \mathbf{Y}_i}{\mathbf{v}_2^T \mathbf{X}_i}$$

定理 8.5 表明, 对于不存在偏序关系的两个决策单元存在某一组权重使得一个决策单元的效率值低于另一个决策单元的效率值.

进一步通过定义 8.3 及定理 8.5 不难发现, CCR, ST 及 FG 模型中的极大元本质上是没有任何决策单元的效率值能够在任何权重下大于等于该决策单元. 那么, 为什么该极大元有时会是无效的? 这是因为决策单元对于其他决策单元的相对优势并不一定能够转化为对所有决策单元的绝对优势. 定理 8.6 对其进行了进一步的说明.

定理 8.6 CCR, ST 及 FG 模型中如果 DMU_i 是一极大元, 但不是有效的, 则对任意满足条件

$$\frac{\mathbf{u}^T \mathbf{Y}_j}{\mathbf{v}^T \mathbf{X}_j} \leqq \frac{\mathbf{u}^T \mathbf{Y}_i}{\mathbf{v}^T \mathbf{X}_i}$$

的 $\mathbf{u}, \mathbf{v} > 0$, 总存在 DMU_l, 使得在该组权重下

$$\frac{\mathbf{u}^T \mathbf{Y}_i}{\mathbf{v}^T \mathbf{X}_i} < \frac{\mathbf{u}^T \mathbf{Y}_l}{\mathbf{v}^T \mathbf{X}_l}$$

证明　采用反证法, 如果对任意满足条件

$$\frac{\mathbf{u}^\mathrm{T}\mathbf{Y}_j}{\mathbf{v}^\mathrm{T}\mathbf{X}_j} \leq \frac{\mathbf{u}^\mathrm{T}\mathbf{Y}_i}{\mathbf{v}^\mathrm{T}\mathbf{X}_i}$$

的 $\mathbf{u},\mathbf{v} > 0$, 不存在 DMU_l 使得

$$\frac{\mathbf{u}^\mathrm{T}\mathbf{Y}_i}{\mathbf{v}^\mathrm{T}\mathbf{X}_i} < \frac{\mathbf{u}^\mathrm{T}\mathbf{Y}_l}{\mathbf{v}^\mathrm{T}\mathbf{X}_l}$$

则在该组权重下对任意的决策单元 DMU_k 均有

$$\frac{\mathbf{u}^\mathrm{T}\mathbf{Y}_k}{\mathbf{v}^\mathrm{T}\mathbf{X}_k} \leq \frac{\mathbf{u}^\mathrm{T}\mathbf{Y}_i}{\mathbf{v}^\mathrm{T}\mathbf{X}_i}$$

成立, 这表明 DMU_i 是有效的, 矛盾.

定理 8.6 说明, 如果 DMU_i 是一极大元, 但不是有效的, 则在任何一组权重下 DMU_i 均不能够建立与其他决策单元的绝对优势.

定理 8.7　CCR, ST 及 FG 模型中如果 DMU_i 是一极大元, 且存在一组权重 $\mathbf{u},\mathbf{v} > 0$, 使得对任意的 DMU_l, 总有

$$\frac{\mathbf{u}^\mathrm{T}\mathbf{Y}_j}{\mathbf{v}^\mathrm{T}\mathbf{X}_j} \leq \frac{\mathbf{u}^\mathrm{T}\mathbf{Y}_i}{\mathbf{v}^\mathrm{T}\mathbf{X}_i}$$

成立, 则 DMU_i 是有效的.

证明　根据定理 8.6 立即得到证明.

定理 8.7 表明 CCR, ST 及 FG 模型中极大元有效的充分必要条件是该决策单元相对其他所有决策单元具备绝对优势.

8.3　决策单元偏序关系确定算法及决策单元偏序关系图的绘制

通过定理 8.3 得知, 在 CCR, ST 及 FG 模型中有效的决策单元本质上是相应偏序集理论的极大元. 为了更加直观地观察出各个决策单元的偏序关系, 我们以各个决策单元的效率值为竖轴, 以各个决策单元经单位化处理后的平均投入和平均产出数据为横轴和纵轴给出了决策单元偏序关系图绘制算法. 算法具体步骤如下:

步骤 1, 对投入产出数据做无量纲化处理;

步骤 2, 选定具体模型, 并根据定义 8.2、定义 8.3 及算法给出各个决策单元之间的偏序关系及严格偏序关系;

步骤 3, 计算各个决策单元的效率值;

步骤 4, 计算各个决策单元的平均投入数据及产出数据;

步骤 5, 以各个决策单元的效率值为竖轴, 以各个决策单元的平均投入数据及平均产出数据为横轴和纵轴画出各个决策单元的分布图;

步骤 6, 连接具有偏序关系的各个决策单元, 对于具有严格偏序关系的决策单元利用不同直线连接, 对于通过传递性可以获取偏序关系的决策单元, 不再直接通过直线进行连接.

8.4 基于偏序集理论的数据包络分析方法 MATLAB 算法

算法 8.1 中提供了基于偏序集理论的数据包络分析方法 MATLAB 算法.

(算法 8.1——偏序关系确定算法)

```
function [compare_dmu,e_value]=pxgx(X,Y,mx)
%mx=1--->CCR,mx=2--->FG,mx=3--->ST
max_x=max(X')';
max_y=max(Y')';
n=size(X',1);
m=size(X,1);
s=size(Y,1);
xlz=0.999999;
grid off
wc=10^-6;
compare_dmu=zeros(n,n);
for i=1:m
   for j=1:n
       X(i,j)=X(i,j)/max_x(i);
   end
end
for i=1:s
   for j=1:n
       Y(i,j)=Y(i,j)/max_y(i);
   end
end
for i=1:n
   sum_x=0;
   sum_y=0;
   for j=1:m
     sum_x=sum_x+X(j,i);
```

```
        end
        for k=1:s
            sum_y=sum_y+Y(k,i);
        end
        average_x(i)=sum_x/m;
        average_y(i)=sum_y/s;
end
if mx==1
    e_value=zhdea_or(0,0,0,X,Y);
    e_valuew=zhdea_dual(0,0,0,X,Y);
end
if mx==2
    e_value=zhdea_or(1,1,0,X,Y);
    e_valuew=zhdea_dual(1,1,0,X,Y);
end
if mx==3
    e_value=zhdea_or(1,1,1,X,Y);
    e_valuew=zhdea_dual(1,1,1,X,Y);
end
for i=1:n
    for j=1:n
        if i~=j
            for o=1:m
                a(o)=X(o,i)/X(o,j);
            end
            for p=1:s
                b(p)=Y(p,i)/Y(p,j);
            end
            k=min(a);
            r=max(b);
            if mx==1
              if k>=r
                compare_dmu(i,j)=1+k-r;
              end
            end
            if mx==2
              if k>=r&k<=1-wc
                compare_dmu(i,j)=1+k-r;
              end
            end
```

```matlab
            if mx==3
              if k>=r&r>=1-wc
                compare_dmu(i,j)=1+k-r;
              end
            end
          end
       end
end
hold on
grid on
for i=1:n
    for j=1:n
        if compare_dmu(i,j)==1
            flag1=0;
            for o=1:n
                if compare_dmu(i,o)==1&compare_dmu(o,j)==...
                    1&(o~=i)&(o~=j)
                    flag1=1;
                end
            end
            if flag1==0
                x1=[average_x(j) average_x(i)];
                y1=[average_y(j) average_y(i)];
                z1=[e_value(j) e_value(i)];
                if i<=n&j<=n
                   quiver3(x1(2),y1(2),z1(2),x1(1)-x1(2),...
                       y1(1)-y1(2),z1(1)-z1(2),'Color','m');
                else
                   quiver3(x1(2),y1(2),z1(2),x1(1)-x1(2),...
                       y1(1)-y1(2),z1(1)-z1(2),'Color','r');
                end
            end
         end
        if compare_dmu(i,j)>1
            flag2=0;
            for o=1:n
                if (compare_dmu(i,o)>1&compare_dmu(o,j)>1)|...
                    (compare_dmu(i,o)>1&compare_dmu(o,j)==1)| ...
                       (compare_dmu(i,o)==1&compare_dmu(o,j)>1)
                    flag2=1;
```

```
                end
            end
            if flag2==0
                x1=[average_x(j) average_x(i)];
                y1=[average_y(j) average_y(i)];
                z1=[e_value(j) e_value(i)];
                if i<=n&j<=n
                  quiver3(x1(2),y1(2),z1(2),x1(1)-x1(2),...
                      y1(1)-y1(2),z1(1)-z1(2),'Color','b');
                else
                  quiver3(x1(2),y1(2),z1(2),x1(1)-x1(2),...
                      y1(1)-y1(2),z1(1)-z1(2),'Color','m');
                end
            end
        end
        if compare_dmu(i,j)==1&compare_dmu(j,i)==1
            x1=[average_x(i) average_x(j)];
            y1=[average_y(i) average_y(j)];
            z1=[e_value(i) e_value(j)];
            if i<n&j<n
               quiver3(x1(2),y1(2),z1(2),x1(1)-x1(2),...
                   y1(1)-y1(2),z1(1)-z1(2),'Color','c');
            else
               quiver3(x1(2),y1(2),z1(2),x1(1)-x1(2),...
                   y1(1)-y1(2),z1(1)-z1(2),'Color','m');
            end
        end
        if compare_dmu(i,j)>0&compare_dmu(i,j)<1
            x1=[average_x(i) average_x(j)];
            y1=[average_y(i) average_y(j)];
            z1=[e_value(i) e_value(j)];
            if i<=n&j<=n
               quiver3(x1(1),y1(1),z1(1),x1(2)-x1(1),...
                   y1(2)-y1(1),z1(2)-z1(1),'Color','m');
            else
               quiver3(x1(1),y1(1),z1(1),x1(2)-x1(1),...
                   y1(2)-y1(1),z1(2)-z1(1),'Color','r');
            end
        end
    end
end
```

```
end
for i=1:n
    if e_value(i)>=xlz&e_valuew(i)>=xlz
        text(average_x(i)+0.005,average_y(i)+0.005,e_value(i),...
            num2str(i));
        plot3(average_x(i),average_y(i),e_value(i),'r*',...
            'MarkerSize',5);
    end
    if e_value(i)>=xlz&e_valuew(i)<xlz
        text(average_x(i)+0.005,average_y(i)+0.005,e_value(i),...
            num2str(i));
        plot3(average_x(i),average_y(i),e_value(i),'gp',...
            'MarkerSize',5);
    end
    if e_value(i)<xlz
        text(average_x(i)+0.005,average_y(i)+0.005,e_value(i),...
            num2str(i));
        plot3(average_x(i),average_y(i),e_value(i),'k.',...
            'MarkerSize',5);
    end
end
```

在上述算法中 X 和 Y 为决策单元的投入产出数据, mx 为所要采用的 DEA 模型, compare_dmu 为各决策单元之间的偏序关系矩阵, e_value 为各决策单元的效率值. 例如取定表 2.3 中的投入产出数据 X = [3 2 9 8 1;4 3 6 8 6], Y = [1 2 5 4 3] 及 mx = 1 后, 将上述算法保存到当前工作目录, 并命名为 pxgx, 在命令窗口中输入

```
[compare_dmu,e_value]=pxgx(X,Y,1)
```

即可计算获得各个决策单元的效率值, 相关数据如下.

```
compare_dmu =
         0    1.8333    1.1333    1.1250    1.3333
         0         0         0         0         0
         0         0         0         0         0
         0    1.6667    1.0889         0         0
         0         0         0         0         0
e_value =
    0.3659    1.0000    1.0000    0.6818    1.0000
```

在图 8.2 中决策单元 1 与所有其他决策单元均存在偏序关系, 但因通过传递

性可以推得决策单元 1 小于决策单元 2 和决策单元 3, 故在图中并未对其进行直接的连接. 决策单元 4 小于决策单元 2 和决策单元 3.

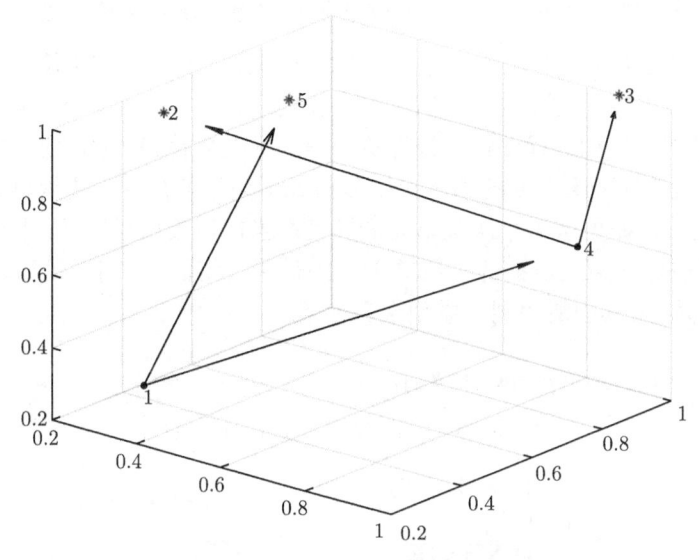

图 8.2 各决策单元之间的偏序关系图

注 基于偏序集理论的 DEA 方法 MATLAB 算法中使用了综合 DEA 原模型与对偶模型的算法 zhdea_or, zhdea_dual 和 gydea_dual.

8.5 决策单元无效性成因分析

导致一个决策单元无效的成因众多, 其中通过分析不难发现具有偏序关系的两个决策单元中, 较差的那一决策单元至多是弱有效的. 可以认为因存在一个较强的决策单元与较弱决策单元产生了直接的偏序关系而导致这一决策单元是弱有效的或者是无效的. 因此, 基于偏序集理论的数据包络分析方法能够有效判断决策单元弱有效或无效的直接成因. 然而, 根据定理 8.2 我们发现, 虽然有效的决策单元必是对应偏序集中的极大元, 但极大元未必是有效的这一情况我们又没有了合理的解释. 从决策单元角度出发, 虽然我们能够发现没有任何一个决策单元能够完全优于当前决策单元, 但当前决策单元又是如何变成无效的呢? 为此我们从管理实践出发分析得知, 虽然当前决策单元具有相对于其他任何一个决策单元的某一优势, 但当多个决策单元进行联合时这种优势可能不一定存在了, 即当前决策单元的弱有效性或无效性很有可能是由多个决策单元的线性组合所导致的.

在得知有些决策单元的弱有效性或无效性是由多个决策单元的线性组合而导致的这一结论后,我们自然要考虑如下三个问题.

1. 最少选择哪几个有效决策单元就能够使得当前决策单元无效

因我们无法实现至少选择哪几个有效决策单元才能使当前决策单元无效的模型的撰写,故我们采取了如下的策略. 假定我们选择 t 个决策单元,那么在选择的 t 个决策单元中,我们寻找使得在被评价决策单元效率值最大化的追求下,能够使得被评价决策单元效率最低的那 t 个决策单元即为当前被评价决策单元的最强竞争组合. 特别地,如果这 t 个决策单元能够使得当前决策单元无效,则这 t 个选定的决策单元被定义为当前被评价决策单元的最少包络面,其对应的效率值定义为最少包络面效率. 其中所用到的模型定义如下

$$\min_{k_j}\{\max \mu^T Y_0\},$$
$$\text{s.t.} \begin{cases} \omega^T X_j - \mu^T Y_j \geqq (k_j - 1) \cdot M, \\ \omega^T X_0 = 1, \\ \sum_{j=1}^{n} k_j = t, \\ \omega^T \geqq \mathbf{0}, \mu^T \geqq \mathbf{0}, k_j = 0 \text{ 或 } 1 \end{cases}$$

在上述模型中 M 为充分大的正实数.

2. 当前决策单元的效率值最少选择哪些有效决策单元才能确定

因目前我们尚未能够写出确定当前决策单元的效率值时最少选择哪些有效决策单元的相关模型,故我们采用穷举法的形式逐步获取到对应的有效决策单元选取方案. 其核心思想是从有效的决策单元中任意选取 t 个决策单元,并计算出在当前选定的 t 个决策单元约束下被评价决策单元的最高效率值. 如果计算获得的最高效率值恰好就是被评价决策单元在所有决策单元约束下的最高效率值,则这 t 个决策单元即为当前被评价决策单元的效率面.

3. 决策单元的竞争力如何度量

对于无效的决策单元而言,必存在由若干个有效决策单元组成的效率面. 因此,无效决策单元在这些有效决策单元的合作下效率将会低于 1, 故无效决策单元的竞争力可以定义为 0, 即它不能够让任何有效决策单元变得无效. 而对于有效的决策单元而言,它很有可能是无效决策单元的效率面中的一员或者是最少包络面中的一员,为此我们可将有效决策单元的竞争力定义为在效率面和最少包络面中出现的次数.

8.5 决策单元无效性成因分析

针对上述的三个问题我们将展开相关的研究, 并提供相关的理论与算法.

例 8.2 试利用相关算法分析表 8.1 中 40 家网络公司的最少包络面、效率面及其决策单元的重要性.

表 8.1 具有三个投入、两个产出 40 家网络公司的投入产出数据

序号	投入 1	投入 2	投入 3	产出 1	产出 2
1	60	16321	39926	199	1743
2	41	14675	15795	904	2060
3	120	36275	57668	1416	33864
4	81	18196	19784	322	6899
5	7600	896400	2471551	14812	1639839
6	416	62850	75764	13113	22027
7	200	20150	29852	1220	10658
8	1237	165273	679518	5401	202567
9	300	67821	242081	13116	26962
10	230	121498	119606	2378	596848
11	537	150679	118802	6654	147189
12	671	125878	1230311	10587	112345
13	1212	170509	969825	14032	224724
14	45	8158	37739	182	4731
15	560	190305	129130	1858	541208
16	43	10668	43541	346	3690
17	349	39073	48465	187	35338
18	317	54200	129512	6928	26809
19	73	26575	165400	438	1044
20	297	60223	118281	2175	21841
21	396	123062	312748	3707	36576
22	185	66910	99720	4845	9431
23	90	45192	76857	7034	14019
24	535	109065	161519	8470	48865
25	294	34188	222781	607	6362
26	202	77324	156855	3367	24935
27	335	32843	65010	6528	34487
28	190	55380	71374	2434	5769
29	635	115154	2494096	2174	36100
30	101	51375	32720	7755	3767
31	453	83908	271461	5572	60278
32	52	14990	12195	2577	8304
33	220	62464	138843	5564	18641
34	1172	230098	804669	4223	105303
35	253	43530	143550	962	14316
36	84	44563	9639	3479	64187
37	281	45827	79266	2749	204925
38	157	46773	42816	8821	10392
39	277	88216	172539	4256	30023
40	1992	440647	1520129	39569	591786

解 首先,编写如下筛选出有效决策单元的算法 8.2.

(算法 8.2——有效决策单元筛选算法)

```
function [dataxe,dataye,bh,theta]=zhdea_dual_efficient(d1,d2,d3,X,Y)
%d1=0-->CCR    d1=1,d2=0-->BCC    d1=1,d2=1,d3=0-->FG
%    d1=1,d2=1,d3=1-->ST
wc=10^-6;
for i=1:length(X(1,:))
  X0=X(:,i);
  Y0=Y(:,i);
n=size(X',1);
m=size(X,1);
s=size(Y,1);
epsilon=10^-5;
f=[zeros(1,n+1) -epsilon*ones(1,m+s) 1];
A=[];
b=[];
LB=zeros(n+m+s+1,1);
UB=[];
LB(n+m+s+2)=-inf;
Aeq=[X zeros(m,1) eye(m)   zeros(m,s)  -X0
     Y zeros(s,1) zeros(s,m) -eye(s) zeros(s,1)
     d1*ones(1,n) d1*d2*(-1)^d3 zeros(1,m+s+1)];
beq=[zeros(m,1)
     Y0
     d1];
[C,theta(i)]=linprog(f,A,b,Aeq,beq,LB,UB);
end
sum1=1;
wc=10^-6;
bh=[];
for j=1:length(theta)
    if theta(j)>1-wc
        dataxe(:,sum1)=X(:,j);
        dataye(:,sum1)=Y(:,j);
        bh=[bh j];
        sum1=sum1+1;
    end
end
```

其次,编写如下算法并起名为 cx81.

8.5 决策单元无效性成因分析

```
clear all
data=[60      16321     39926    199    1743
      41      14675     15795    904    2060
      120     36275     57668    1416   33864
      81      18196     19784    322    6899
      7600    896400    2471551  14812  1639839
      416     62850     75764    13113  22027
      200     20150     29852    1220   10658
      1237    165273    679518   5401   202567
      300     67821     242081   13116  26962
      230     121498    119606   2378   596848
      537     150679    118802   6654   147189
      671     125878    1230311  10587  112345
      1212    170509    969825   14032  224724
      45      8158      37739    182    4731
      560     190305    129130   1858   541208
      43      10668     43541    346    3690
      349     39073     48465    187    35338
      317     54200     129512   6928   26809
      73      26575     165400   438    1044
      297     60223     118281   2175   21841
      396     123062    312748   3707   36576
      185     66910     99720    4845   9431
      90      45192     76857    7034   14019
      535     109065    161519   8470   48865
      294     34188     222781   607    6362
      202     77324     156855   3367   24935
      335     32843     65010    6528   34487
      190     55380     71374    2434   5769
      635     115154    2494096  2174   36100
      101     51375     32720    7755   3767
      453     83908     271461   5572   60278
      52      14990     12195    2577   8304
      220     62464     138843   5564   18641
      1172    230098    804669   4223   105303
      253     43530     143550   962    14316
      84      44563     9639     3479   64187
      281     45827     79266    2749   204925
      157     46773     42816    8821   10392
      277     88216     172539   4256   30023
```

```matlab
         1992    440647   1520129   39569    591786];
for i=1:5
    data(:,i)=data(:,i)/max(data(:,i));
end
X=data(:,1:3);
X=X';
Y=data(:,4:5);
Y=Y';
d1=0;
d2=0;
d3=0;
n=length(X);
m=length(X(:,1));
s=length(Y(:,1));
ep=10^-4;
[compare_dmu,e_value]=pxgx(X,Y,1);
[X1,Y1,yxbh,theta]=zhdea_dual_efficient(d1,d2,d3,X,Y);
sum1=1;
for i=1:n
    if sum(i==yxbh)==0
        wxbh(sum1)=i;
        sum1=sum1+1;
    end
end
xd_dmu_zh=[];
for i=1:length(yxbh)
    x=nchoosek(1:length(yxbh),i);
    for j=1:length(x(:,1))
        for k=1:i
            xx(j,k)=yxbh(x(j,k));
        end
    end
    xd_dmu_zh=[[xd_dmu_zh zeros(length(xd_dmu_zh),1)];xx];
end
sum2=1;
flag1=zeros(length(wxbh),1);
flag2=zeros(length(wxbh),1);
for i=1:length(wxbh)
    for j=1:length(xd_dmu_zh)
        x1=X(:,wxbh(i));
```

8.5 决策单元无效性成因分析

```
            y1=Y(:,wxbh(i));
            for k=1:sum(xd_dmu_zh(j,:)~=0)
                x1=[x1 X(:,xd_dmu_zh(j,k))];
                y1=[y1 Y(:,xd_dmu_zh(j,k))];
            end
            data_all(sum2,1)=wxbh(i);
            data_all(sum2,2)=gydea_dual(d1,d2,d3,X(:,wxbh(i)),Y(:,...
                wxbh(i)),x1,y1);
            data_all(sum2,3:3+k-1)=xd_dmu_zh(j,1:k);
            if flag1(i)==0&(data_all(sum2,2)-theta(wxbh(i)))<ep
                blm_wx(i,1:k+2)=[i wxbh(i) xd_dmu_zh(j,1:k)];
                flag1(i)=1;
            end
            if flag2(i)==0&data_all(sum2,2)<1-ep
                blm_wx_1(i,1:k+2)=[wxbh(i) data_all(sum2,2)...
                    xd_dmu_zh(j,1:k)];
                l_k=k;
                flag2(i)=1;
            end
            if flag2(i)==1&data_all(sum2,2)<blm_wx_1(i,2)&...
                sum(xd_dmu_zh(j,1:k)~=0)==l_k
                blm_wx_1(i,1:k+2)=[wxbh(i) data_all(sum2,2)...
                    xd_dmu_zh(j,1:k)];
            end
            sum2=sum2+1;
        end
    end
sum1=0;
for i=1:n
    if sum(i==blm_wx_1(:,1))~=0
        zsblm(i,1)=blm_wx_1(i-sum1,2);
        zsblm(i,2:length(blm_wx_1(1,:))-1)=blm_wx_1(i-sum1,3:end);
        xlm(i,1)=blm_wx(i-sum1,2);
        xlm(i,2:length(blm_wx(1,:))-1)=blm_wx(i-sum1,3:end);
    else
        sum1=sum1+1;
        zsblm(i,1)=1;
        zsblm(i,2)=0;
        xlm(i,1)=i;
    end
```

```
end
fyhzs=[xlm(:,2:end) zsblm(:,2:end)];
fyhzs=fyhzs(:);
yhzs=zeros(n,1);
for i=1:length(fyhzs)
    if fyhzs(i)~=0
        yhzs(fyhzs(i))=yhzs(fyhzs(i))+1;
    end
end
```

最后, 在命令窗口中输入 cx81 即可获得决策单元之间的偏序关系图如图 8.3 及其表 8.2 所示的各家企业相关评价数据. 在命令窗口中计算获得的变量名称介绍如下: compare_dmu 表示决策单元之间的偏序关系矩阵; e_value 表示决策单元的效率值; xlm 表示每个决策单元对应的效率面决策单元; zsblm 中的第一列为最少包络面效率, 后方的数值代表最少包络面对应的决策单元序号; yhzs 为决策单元的竞争力评价结果.

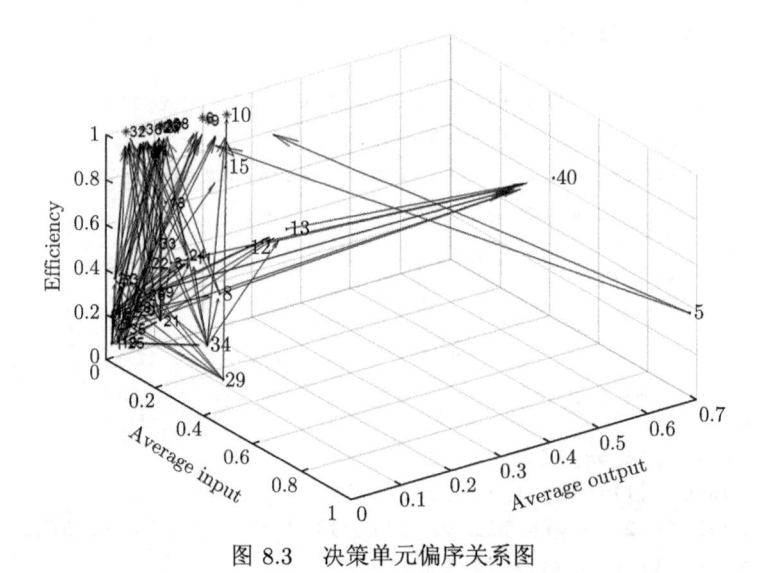

图 8.3　决策单元偏序关系图

表 8.2　CCR 模型中 40 家网络公司的效率面、最少包络面效率、最少包络及竞争力

序号	效率值	效率面 DMU	最少包络面效率	最少包络 DMU	DMU 竞争力
1	0.0790	9,10,38	0.1562	36	0
2	0.3626	10,23,30,38	0.4449	32	0
3	0.3591	6,9,10,38	0.6481	36	0
4	0.1504	6,10,32	0.2632	36	0

8.5 决策单元无效性成因分析

续表

序号	效率值	效率面 DMU	最少包络面效率	最少包络 DMU	DMU 竞争力
5	0.3920	10,37	0.4091	37	0
6	1.0000	—	—	6	18
7	0.3551	6,27,37	0.6730	27	0
8	0.3414	27,37	0.5448	37	0
9	1.0000	—	—	9	11
10	1.0000	—	—	10	29
11	0.4300	10,32,36	0.6782	36	0
12	0.5418	6,10,37	0.5426	6,10	0
13	0.5789	6,27,37	0.5867	6,37	0
14	0.1996	6,10,37	0.4026	36	0
15	0.8057	10,36	0.8399	10	0
16	0.2174	6,9,10	0.4154	36	0
17	0.1866	10,37	0.2445	10	0
18	0.6715	6,9,10	0.8929	32	0
19	0.0971	10,23,38	0.1211	32	0
20	0.2320	6,9,10	0.4626	36	0
21	0.2052	9,10,38	0.3859	36	0
22	0.4207	10,23,38	0.5285	32	0
23	1.0000	—	—	23	4
24	0.4458	6,9,10,38	0.8088	32	0
25	0.1062	6,27,37	0.2102	27	0
26	0.2965	10,23,38	0.5578	36	0
27	1.0000	—	—	27	6
28	0.2410	9,10,38	0.2585	32	0
29	0.1397	6,10,37	0.2418	36	0
30	1.0000	—	—	30	1
31	0.4293	6,10,37	0.8506	36	0
32	1.0000	—	—	32	9
33	0.5007	9,10,38	0.5387	32	0
34	0.1629	6,10,37	0.3177	36	0
35	0.1560	6,10,37	0.2831	36	0
36	1.0000	—	—	36	16
37	1.0000	—	—	37	16
38	1.0000	—	—	38	12
39	0.3069	9,10,38	0.6180	36	0
40	0.6581	6,9,10	0.6685	37,38	0

8.6 基于格理论的数据包络分析方法

本节通过引进决策单元之间的交并运算及距离的概念, 首次建立了数据包络分析方法与格理论之间的特殊关系. 该方法为数据包络分析领域提供了新的数学理论支撑. 在此过程中首先建立的决策单元之间的偏序关系, 不仅为决策者提供了具有较大参考价值的决策信息, 也为传统决策单元的投影方式提供了最新思路. 这种投影方法所投影到的是一现存的决策单元, 而传统投影方式不具备这种性质. 基于不同距离的决策单元之间的并运算的引进为企业的合作、各种团队的建设提供了可能理想投入产出模式, 而交运算的引进为企业的竞争、各种团队的建设提供了可能最差投入产出模式[10-12]. 与此同时, 基于格理论的数据包络分析方法中的零元与单位元给出了今后所有决策单元改进或变坏时的最优及最差情形, 而决策单元之间的偏序关系图及格理论关系图的引进使得众多决策者可以直观地观察出各个决策单元的相关信息, 从而为今后的决策提供更可靠的决策依据.

8.6.1 基本数据与定义

本节将简要介绍决策单元数据及其常用变量定义、偏序集与格的定义等概念.

假设某部门或单位具有 n 个决策单元 (DMU), 每个决策单元有 m 种类型的 "投入" (表示对 "资源" 的耗费) 及 s 种类型的 "产出" (消耗 "资源" 之后, 表明 "成效" 的一些指标). 第 i $(i=1,2,\cdots,n)$ 个决策单元的投入产出向量表示为 $(\mathbf{X}_i, \mathbf{Y}_i)$, 其中 $\mathbf{X}_i = (x_{1i}, x_{2i}, \cdots, x_{mi})^\mathrm{T}$, $\mathbf{Y}_i = (y_{1i}, y_{2i}, \cdots, y_{si})^\mathrm{T}$, 取产出指标权重 $\mathbf{u} = (u_1, u_2, \cdots, u_s)^\mathrm{T}$、投入指标权重 $\mathbf{v} = (v_1, v_2, \cdots, v_m)^\mathrm{T}$.

定义 8.6 若集合 P 上的一个二元关系 $\succ$ 满足自反性、反对称性和传递性, 则称二元关系 $\succ$ 为一个**偏序关系**. 定义了偏序关系的集合 P 称为**偏序集**, 记为 $(P, \succ)$.

定义 8.7 偏序集 $(P, \succ)$ 称为**格**, 如果对任意 $a, b \in P$, $\mathrm{Sup}\{a,b\}$ 及 $\mathrm{Inf}(a,b)$ 都存在. 通常将 $\mathrm{Sup}\{a,b\}$ 和 $\mathrm{Inf}(a,b)$ 记为 $a \vee b, a \wedge b$, 并读作 a 与 b 的并和交. 因此, 所谓格就是任意两个元都存在交、并运算的偏序集. 为了加以区别, 将格记为 $L = (L, \vee, \wedge)$.

8.6.2 决策单元最新偏序关系的定义

为了建立决策单元之间的特殊关系, 本节将引进决策单元之间的偏序关系概念.

定义 8.8 (决策单元之间的偏序关系引进) 两个决策单元 $\mathrm{DMU}_i(\mathbf{X}_i, \mathbf{Y}_i)$ 及 $\mathrm{DMU}_j(\mathbf{X}_j, \mathbf{Y}_j)$ 存在偏序关系, 如果下述两个条件中有一个成立:

(1) $\mathbf{X}_i \geqslant \mathbf{X}_j, \mathbf{Y}_i \leqslant \mathbf{Y}_j$, 则将其记为 $\mathrm{DMU}_i \prec \mathrm{DMU}_j$, 特别如果 $\mathbf{X}_i > \mathbf{X}_j, \mathbf{Y}_i \leqslant \mathbf{Y}_j$ 或 $\mathbf{X}_i \geqslant \mathbf{X}_j, \mathbf{Y}_i < \mathbf{Y}_j$, 则称决策单元 DMU_i 小于决策单元 DMU_j, 并将其记

为 $\mathrm{DMU}_i < \mathrm{DMU}_j$;

(2) $\mathbf{X}_i \leqslant \mathbf{X}_j, \mathbf{Y}_i \geqslant \mathbf{Y}_j$, 则将其记为 $\mathrm{DMU}_i \succ \mathrm{DMU}_j$, 特别如果 $\mathbf{X}_i < \mathbf{X}_j, \mathbf{Y}_i \geqslant \mathbf{Y}_j$ 或 $\mathbf{X}_i \leqslant \mathbf{X}_j, \mathbf{Y}_i > \mathbf{Y}_j$, 则称决策单元 DMU_i 大于决策单元 DMU_j, 并将其记为 $\mathrm{DMU}_i > \mathrm{DMU}_j$.

8.6.3 决策单元交并运算的引进

本节将引进决策单元之间的交并运算概念及零元与单位元的概念.

定义 8.9(决策单元之间的交并运算的引进) 决策单元 $\mathrm{DMU}_i(\mathbf{X}_i, \mathbf{Y}_i)$ 及 $\mathrm{DMU}_j(\mathbf{X}_j, \mathbf{Y}_j)$ 的**交并运算**定义如下

$$\mathrm{DMU}_i \vee \mathrm{DMU}_j = (\mathbf{X}_i, \mathbf{Y}_i) \vee (\mathbf{X}_j, \mathbf{Y}_j) = (\mathbf{X}_i \vee \mathbf{X}_j, \mathbf{Y}_i \vee \mathbf{Y}_j)$$
$$= (x_{1i} \vee_1 x_{1j}, x_{2i} \vee_2 x_{2j}, \cdots, x_{mi} \vee_m x_{mj}, y_{1i} \vee_{11} y_{1j}, y_{2i} \vee_{22} y_{2j},$$
$$\cdots, y_{si} \vee_{ss} y_{sj})$$

$$\mathrm{DMU}_i \wedge \mathrm{DMU}_j = (\mathbf{X}_i, \mathbf{Y}_i) \wedge (\mathbf{X}_j, \mathbf{Y}_j) = (\mathbf{X}_i \wedge \mathbf{X}_j, \mathbf{Y}_i \wedge \mathbf{Y}_j)$$
$$= (x_{1i} \wedge_1 x_{1j}, x_{2i} \wedge_2 x_{2j}, \cdots, x_{mi} \wedge_m x_{mj}, y_{1i} \wedge_{11} y_{1j}, y_{2i} \wedge_{22} y_{2j},$$
$$\cdots, y_{si} \wedge_{ss} y_{sj})$$

在上面的定义中 $\vee_*$ 或 $\wedge_*$ 表示不同的交并运算, 是根据实际问题所确定下来的运算.

定义 8.10(DEA 方法中引进交并运算后的零元与单位元) 决策单元 DMU_i 称为**零元**, 如果对任意的 DMU_j 均有 $\mathrm{DMU}_i \wedge \mathrm{DMU}_j = \mathrm{DMU}_i$; 决策单元 DMU_i 称为**单位元**, 如果对任意的 DMU_j 均有 $\mathrm{DMU}_i \vee \mathrm{DMU}_j = \mathrm{DMU}_i$.

8.6.4 决策单元投影改进方式汇总

1. 传统决策单元投影改进方式

传统数据包络分析方法中我们通过面向投入、面向产出或面向投入产出的投影方式将一个无效的决策单元投影为有效的决策单元. 然而, 在一些实际问题中利用给定的决策单元来构造生产前沿面的方式是缺乏科学依据的. 因此, 决策单元所投影到的有效决策单元在现实问题中未必适用. 从而, 传统数据包络分析方法中决策单元的投影依然需要科学的依据.

2. 基于距离理论的决策单元投影改进方式

基于偏序集理论的数据包络分析方法为决策单元的投影改进方式提供了新的决策依据. 然而, 在一些情况下决策单元之间因所存在的偏序关系较少而无

法完成有效改进. 虽然学者们也曾提供了诸如 "标杆" 理论的决策单元投影改进理论, 但在投影科学性与合理性方面仍有待改进. 其中一种可行的改进理论就是根据各个决策单元的距离对其展开改进. 其中较为常用的距离度量方式如表 8.3 所示.

表 8.3 决策单元不同距离度量方式表

距离	公式
绝对值距离	$d_{pq} = \sum_{i=1}^{m} |x_{ip}^* - x_{iq}^*| + \sum_{r=1}^{s} |y_{rp}^* - y_{rq}^*|$
欧几里得距离	$d_{pq} = \sqrt{\sum_{i=1}^{m}(x_{ip}^* - x_{iq}^*)^2 + \sum_{r=1}^{s}(y_{rp}^* - y_{rq}^*)^2}$
标准欧几里得距离	$d_{pq} = \sqrt{\sum_{i=1}^{m}\left(\frac{x_{ip}^* - x_{iq}^*}{s_i}\right)^2 + \sum_{r=1}^{s}\left(\frac{y_{rp}^* - y_{rq}^*}{s_r}\right)^2}$
切比雪夫距离	$d_{pq} = \max\{\max(x_{ip}^* - x_{iq}^*), \max(y_{rp}^* - y_{rq}^*)\}$
闵可夫斯基距离	$d_{pq} = \left(\sum_{i=1}^{m}(x_{ip}^* - x_{iq}^*)^a + \sum_{r=1}^{s}(y_{rp}^* - y_{rq}^*)^a\right)^{\frac{1}{a}}$
马氏距离	$d_{pq}^2(M) = (\boldsymbol{X}_p - \boldsymbol{X}_q)\boldsymbol{\Sigma}^{-1}(\boldsymbol{X}_p - \boldsymbol{X}_q)^{\mathrm{T}}$
兰氏距离	$d_{pq} = \frac{1}{m+s}\sum_{a=1}^{m+s}\frac{|x_{pa} - x_{qa}|}{x_{pa} + x_{qa}}$
最小距离	$D_{pq} = \min\{d_{ij}\}, p \neq q$
最大距离	$D_{pq} = \max\{d_{ij}\}, p \neq q$
重心度量法	$D_{pq} = (\bar{\boldsymbol{X}}^{(p)} - \bar{\boldsymbol{X}}^{(q)})^{\mathrm{T}} = (\bar{\boldsymbol{X}}^{(p)} - \bar{\boldsymbol{X}}^{(q)}) = d^2(\bar{\boldsymbol{X}}^{(p)}, \bar{\boldsymbol{X}}^{(q)})$
类平均度量法	$D_{pq}^2 = \frac{1}{N_p N_q}\sum_{i\in G_p}\sum_{j\in G_q} d_{ij}^2$

在实际决策问题中我们可以选择某种距离, 并通过计算投入及产出指标之间的距离对决策单元进行投影和改进.

例 8.3 根据表 8.4 中的投入产出数据, 试提供在 CCR 模型中各个决策单元的基于某种距离度量方式下的改进方案.

如果我们选取街道距离及相关算法可以获得各决策单元之间的距离, 如表 8.5 及图 8.4 所示. 根据表 8.5 及图 8.4, 决策单元 5 和决策单元 8 可以改进为决策单元 7, 而决策单元 6 又可以改进为决策单元 2.

8.6 基于格理论的数据包络分析方法

表 8.4 决策单元投入产出数据表

	DMU$_1$	DMU$_2$	DMU$_3$	DMU$_4$	DMU$_5$	DMU$_6$	DMU$_7$	DMU$_8$	DMU$_9$	DMU$_{10}$
投入 1	3	6	4	7	4	9	6	9	3	4
投入 2	1	9	2	4	7	8	7	6	5	6
投入 3	7	5	6	1	8	4	2	6	9	4
产出 1	6	4	4	6	7	7	7	6	6	9
产出 2	7	6	4	7	5	9	5	4	8	9
产出 3	4	8	6	5	2	8	2	2	7	1

表 8.5 决策单元之间的距离

	1	2	3	4	5	6	7	8
DMU$_i$	5	7	5	1	1	2	4	5
DMU$_j$	7	8	8	3	9	6	7	10
距离	0.889	1.1112	1.1112	1.139	1.1528	1.2223	1.2639	1.3472

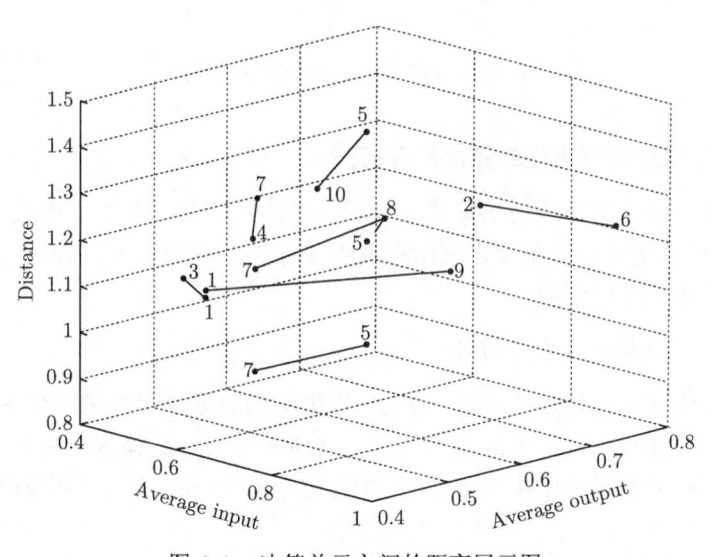

图 8.4 决策单元之间的距离展示图

3. 基于偏序集理论的决策单元改进方式

在实际问题中我们虽然可以根据决策单元之间的距离对决策单元进行投影改进, 但在大部分情况下这种改进是不可能实现或者是没有意义的. 而基于偏序集理论的决策单元改进理论是根据决策单元之间所存在的偏序关系进行改进的. 显然, 这种改进存在着理论支撑与实践意义. 例如在表 8.4 中的各个决策单元之间存在且仅存在一个偏序关系 DMU$_4 \succ$ DMU$_8$, 如图 8.5 所示. 故决策单元 8 可以改进为决策单元 4. 然而无效决策单元 5 和无效决策单元 6 却没有基于偏序关系的改进方法, 故可根据表 8.5 中的距离加以改进.

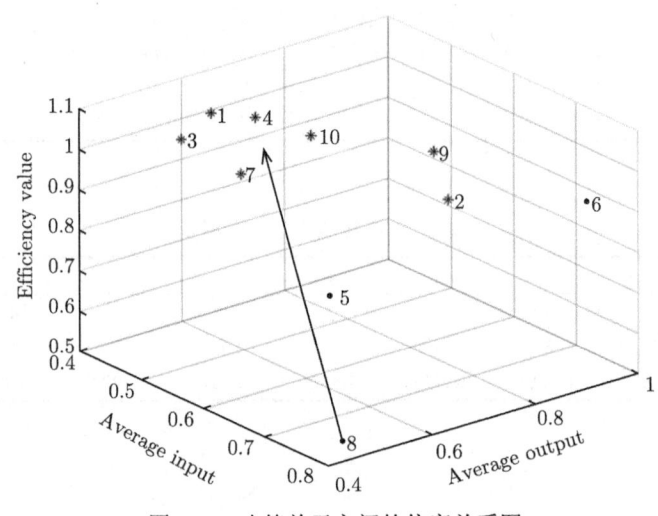

图 8.5　决策单元之间的偏序关系图

8.6.5　基于格理论的决策单元合并方式探讨

虽然基于偏序集理论的决策单元投影方法为决策单元的改进提供了合理的建议, 但在某些情况下决策单元之间所存在的偏序关系相对较少, 从而一些无效的决策单元就缺少了改进依据.

1. 相近式决策单元合并方法

本方法为相近式格论关系建立方法, 根据初始数据求得其偏序关系表, 按照某种距离度量方式找出其中差异最小的两个决策单元后形成该两个决策单元之间进行交并运算后的新增两个决策单元, 并重复进行此项操作, 直至不会新增任何决策单元为止.

2. 交叉互补式决策单元合并方法

交叉互补式决策单元合并方法的基本思想是对具有一定相似性 (交叉) 也具有某些方面的差异 (互补性) 的决策单元进行合并的理论.

3. 互补式决策单元合并方法

互补式决策单元的合并方法的基本思想是指在某种距离度量方式下对差异最大的两个决策单元进行合并的理论.

8.6.6 基于格理论的数据包络分析方法典型性质

为深入了解引进交并运算后建立起的决策单元格关系后的基于格理论的数据包络分析方法, 下面将给出相关定理及其证明.

定理 8.8 基于格理论的数据包络分析方法中仅存在唯一的单位元与零元, 且有效的决策单元是唯一的.

证明 根据零元与单位元的定义容易得知它们必是唯一的. 以下证明只有单位元是有效的. 事实上, 假定 DMU_i 是单位元, 因对任意的 DMU_j 均有 $\mathrm{DMU}_i \vee \mathrm{DMU}_j = \mathrm{DMU}_i$, 从而 $\mathrm{DMU}_i \succ \mathrm{DMU}_j$, 即 $\mathbf{X}_i \leqslant \mathbf{X}_j, \mathbf{Y}_i \geqslant \mathbf{Y}_j$, 因此, 只要 $\mathrm{DMU}_j \neq \mathrm{DMU}_i$, 则必存在 x_{ki}, x_{kj} 或 y_{ti}, y_{tj} 使得 $x_{ki} < x_{kj}$ 或 $y_{ti} > y_{tj}$. 从而, 如果存在其他有效的决策单元 DMU_j, 则在使得该决策单元有效的最优权重下, 因每个权重都大于 0, 故 DMU_i 的效率值将大于 1, 矛盾!

定理 8.9 如果 $\mathrm{DMU}_i \prec \mathrm{DMU}_j, \mathrm{DMU}_i \neq \mathrm{DMU}_j$, 则 DMU_i 至多是弱有效的; 如果 $\mathrm{DMU}_i < \mathrm{DMU}_j, \mathrm{DMU}_i \neq \mathrm{DMU}_j$, 则 DMU_i 必是无效的.

证明 如果 $\mathrm{DMU}_i \prec \mathrm{DMU}_j, \mathrm{DMU}_i \neq \mathrm{DMU}_j$, 则必存在 x_{ki}, x_{kj} 或 y_{ti}, y_{tj} 使得 $x_{ki} > x_{kj}$ 或 $y_{ti} < y_{tj}$. 从而, DMU_i 的效率值将小于等于 DMU_j 的效率值, 且只有将那些所有使得 $x_{ki} > x_{kj}$ 和 $y_{ti} < y_{tj}$ 的权系数设为 0 才能保证这两个决策单元的效率值是相等的. 在此情况下如果 DMU_j 是有效的, 则 DMU_i 至多是弱有效的; 如果 DMU_j 是弱有效的, 则 DMU_i 至多是弱有效的; 如果 DMU_j 是无效的, 则 DMU_i 必是无效的.

如果 $\mathrm{DMU}_i < \mathrm{DMU}_j$, 则 $\mathbf{X}_i > \mathbf{X}_j, \mathbf{Y}_i \leqslant \mathbf{Y}_j$ 或 $\mathbf{X}_i \geqslant \mathbf{X}_j, \mathbf{Y}_i < \mathbf{Y}_j$, 因此在任何一组权重 $\mathbf{u}^\mathrm{T}, \mathbf{v}^\mathrm{T}$ 下, 均有

$$\frac{\mathbf{u}^\mathrm{T}\mathbf{Y}_i}{\mathbf{v}^\mathrm{T}\mathbf{X}_i} < \frac{\mathbf{u}^\mathrm{T}c\mathbf{Y}_i}{\mathbf{v}^\mathrm{T}c\mathbf{X}_i} = \frac{\mathbf{u}^\mathrm{T}\mathbf{Y}_j}{\mathbf{v}^\mathrm{T}\mathbf{X}_j}$$

即决策单元 DMU_i 的效率值小于决策单元 DMU_j 的效率值, 从而 DMU_i 的效率值必小于 1, 表明 DMU_i 是无效的, 证毕!

定理 8.10 如果 $\mathrm{DMU}_i \wedge \mathrm{DMU}_j = \mathrm{DMU}_i$, 则 $\mathrm{DMU}_i \prec \mathrm{DMU}_j$; 如果 $\mathrm{DMU}_i \vee \mathrm{DMU}_j = \mathrm{DMU}_i$, 则 $\mathrm{DMU}_i \succ \mathrm{DMU}_j$.

证明 如果 $\mathrm{DMU}_i \wedge \mathrm{DMU}_j = \mathrm{DMU}_i$, 则

$$\mathrm{DMU}_i \wedge \mathrm{DMU}_j = (\mathbf{X}_i, \mathbf{Y}_i) \wedge (\mathbf{X}_j, \mathbf{Y}_j) = (\mathbf{X}_i, \mathbf{Y}_i)$$

这表明 $\mathbf{X}_i \geqslant \mathbf{X}_j, \mathbf{Y}_i \leqslant \mathbf{Y}_j$, 即 $\mathrm{DMU}_i \prec \mathrm{DMU}_j$. 类似可以证明如果 $\mathrm{DMU}_i \vee \mathrm{DMU}_j = \mathrm{DMU}_i$, 则 $\mathrm{DMU}_i \succ \mathrm{DMU}_j$.

定理 8.11 如果 $\text{DMU}_i \wedge \text{DMU}_j \neq \text{DMU}_i$ 且 $\text{DMU}_i \wedge \text{DMU}_j \neq \text{DMU}_j$，则 DMU_i 与 DMU_j 互不可比，且存在某两组权重使得其中一个决策单元的效率值大于另一个决策单元的效率值.

证明 由于 $\text{DMU}_i \wedge \text{DMU}_j \neq \text{DMU}_i$ 且 $\text{DMU}_i \wedge \text{DMU}_j \neq \text{DMU}_j$，故根据定理 8.10 可知 DMU_i 与 DMU_j 互不可比，从而 $\mathbf{X}_i \geqslant \mathbf{X}_j, \mathbf{Y}_i \leqslant \mathbf{Y}_j$ 及 $\mathbf{X}_i \leqslant \mathbf{X}_j, \mathbf{Y}_i \geqslant \mathbf{Y}_j$ 均不成立. 此时必存在 $x_{ki}, x_{kj}, y_{ti}, y_{tj}$ 使得 $x_{ki} < x_{kj}, y_{ti} \geqslant y_{tj}$. 从而可找到一组权重使得 DMU_i 的效率值大于 DMU_j 的效率值. 同时也存在 $x_{ki}, x_{kj}, y_{ti}, y_{tj}$ 使得 $x_{ki} \geqslant x_{kj}, y_{ti} < y_{tj}$，这样也能够找到一组权重使得 DMU_j 的效率值大于 DMU_i 的效率值.

定理 8.12 任意一个具有多投入多产出的决策问题中通过构造合理的决策单元, 可建立决策单元之间的格论关系.

证明 事实上, 根据决策单元之间的交并运算的定义, 只要我们在原决策问题中再重新增加新引进的经交并运算后获得的决策单元 (称为样本决策单元) 就能够建立起决策单元之间的格论关系.

8.6.7 基于格理论的数据包络分析方法及其 MATLAB 算法

根据决策单元偏序关系的定义, 可以确定决策单元之间的偏序关系. 然而, 当决策单元个数较多时, 如果采用人工计算的方法不仅速度较慢且准确率也并不高, 因此, 首先, 需要提供计算决策单元之间偏序关系的相关算法. 其次, 为了计算出各个决策单元之间的交并运算也需要提供相关算法. 最后, 为了将决策单元之间的格论关系图精确地绘制出来需要对各个决策单元进行相关数据处理并获得最终效果图. 以下是算法的具体步骤:

步骤 1, 对决策单元的投入产出数据进行处理, 并选定决策单元之间所用距离;

步骤 2, 计算出所有决策单元中距离最小的两个决策单元, 并生成这两个决策单元的交并运算后的决策单元;

步骤 3, 判断是否已构造出零元或单位元, 如果没有则返回步骤 2, 否则转向步骤 4;

步骤 4, 根据定义确定由步骤 3 所获得的所有决策单元之间的偏序关系;

步骤 5, 计算所有决策单元的效率值及弱有效效率值;

步骤 6, 计算由步骤 3 获得的所有决策单元的经单位化后的平均投入数据及产出数据;

步骤 7, 以各决策单元的经单位化后的平均投入数据及产出数据为横纵轴, 以决策单元的效率值为竖轴在空间中绘制各个决策单元, 无效、有效及弱有效的决策单元用不同的符号来绘制;

步骤 8, 绘制各个决策单元之间的偏序关系图, 原有决策单元的偏序关系及新增决策单元之间的偏序关系将以不同的线段进行连接,最终将会生成决策单元之间的格论关系 Hasse 图.

8.6.8 实例演示

例 8.4 以某市几个典型的快递公司为例,试分析快递公司进行合并后的投入产出数据及其效率变化情况. 相关快递公司的投入产出数据如表 8.6 所示.

表 8.6 七家快递公司配送数据投入产出数据表

	EMS	全峰	顺丰	天天	圆通	宅急送	中通
日均派件数量/件	4533	692	7747	2379	58682	1222	35092
日均收件数量/件	2715	376	5335	1438	10970	699	6574
日均收入/元	38796	5904	76616	15642	124202	6929	73702
点部数量/件	30	20	28	24	20	21	47
点部管理成本/元	18219	3125	16546	6473	34351	3602	33580
人员数量/人	45	21	52	38	320	21	270
配送成本/元	14496	3765	36591	7301	69231	4421	36521

解 利用相关算法计算获得各决策单元经极差归一化处理后的距离结果如表 8.7 所示.

表 8.7 七家快递公司之间的距离及其 CCR 效率值

	EMS	全峰	顺丰	天天	圆通	宅急送	中通	CCR 效率值
EMS	0.000	1.663	1.111	1.085	5.078	1.552	3.397	1
全峰	1.663	0.000	2.519	0.578	6.000	0.111	5.060	0.665
顺丰	1.111	2.519	0.000	1.941	4.074	2.408	2.593	1
天天	1.085	0.578	1.941	0.000	5.718	0.467	4.482	1
圆通	5.078	6.000	4.074	5.718	0.000	5.963	2.940	1
宅急送	1.552	0.111	2.408	0.467	5.963	0.000	4.949	0.837
中通	3.397	5.060	2.593	4.482	2.940	4.949	0.000	1
单位产值/(元/件)	0.839	−0.923	1.795	0.489	0.296	−0.560	0.086	

表注:单位产值定义 =(日均收入 − 点部管理成本 − 配送成本)/(日均派件数量 + 日均收件数量).

1. 基于相近式的决策单元合并方式

按照相近式原则将最为相近的两个决策单元全峰和宅急送合并为新的决策单元,经合并后的新决策单元的产出数据将进行累加,变为 (1914, 1075, 12833),而投入数据将会得到一定的改变. 首先可以将较近的点部进行合并,删减部分点部使得点部的分布更加合理,同时点部的管理成本也将得到相应的改变,在人员数量方面也做出对应的调整. 经过合理化的处理后这两个决策单元的合并投入数据转变

为 (30, 4521, 35, 6234), 则合并后的决策单元效率值增加至 0.9724, 两家公司由原来的亏损走向了盈利.

2. 互补式的决策单元合并方式

互补式决策单元的合并理念是对决策单元之间距离最大的两个决策单元进行合并. 在上面的例子中要对全峰和圆通进行合并, 这样处于亏损状态的全峰被合并后就能够继续生存了. 同样宅急送也可以并入圆通. 相关合并结果在这里不再被详细叙述.

3. 交叉互补式的决策单元合并方式

交叉互补式决策单元的合并理念是在选定交叉和互补的投入产出数据后再选定指定的两个决策单元进行合并. 例如对收派件规模较为接近 EMS 和顺丰进行合并.

4. 决策单元的分裂

除了亏损的全峰和宅急送外, 中通快递的单位产值最低. 这可能是由于规模过大而引起了管理效率低下. 为此考虑将中通快递分裂为两个规模差不多的决策单元. 此时将产出均等化地分为两部分, 每个决策单元选定高效的点部位置并将那些效率较低的点部去掉后构成新的决策单元. 则圆通快递的单位产值就能够有效得到提高, 同时因企业内部的竞争关系也能够有效地拉动员工们的劳动积极性.

参 考 文 献

[1] 马占新. 数据包络分析方法的研究进展 [J]. 系统工程与电子技术, 2002, 24(3): 42-46.
[2] 马占新. 偏序集理论在 DEA 相关理论中的应用研究 [J]. 系统工程学报, 2002, 17(3): 193-198, 235.
[3] 马占新. 数据包络分析模型与方法 [M]. 北京: 科学出版社, 2010.
[4] 马占新, 唐焕文, 戴仰山. 偏序集理论在数据包络分析中的应用研究 [J]. 系统工程学报, 2002, 17(1): 19-25.
[5] 马占新. 基于偏序集理论的数据包络分析方法研究 [J]. 系统工程理论与实践, 2003, 23(4): 11-16.
[6] 木仁, 马占新, 崔巍. 基于偏序集理论的数据包络分析方法 [J]. 系统工程与电子技术, 2013, 35(2): 350-356.
[7] 木仁, 李蒙, 马占新. 数据包络分析方法中一种新偏序关系确定方法 [J]. 内蒙古大学学报 (自然版), 2016, 47(1): 1-7.
[8] 木仁, 马占新, 文宗川. 数据包络分析方法中决策单元偏序关系的建立 [J]. 中国管理科学, 2016(11): 103-108.
[9] 木仁, 马占新. 决策单元特殊关系的挖掘与建立 [J]. 控制与决策, 2015, 30(2): 335-342.

[10] 木仁, 马占新, 长青. 基于格理论的数据包络分析方法 [J]. 系统工程与电子技术, 2014, 36(9): 1782-1787.
[11] 马占新. 样本数据包络面的研究与应用 [J]. 系统工程理论与实践, 2003, 23(12): 32-37.
[12] 马占新, 唐焕文. DEA 有效单元的特征及 SEA 方法 [J]. 大连理工大学学报, 1999, 39(4): 577-582.

第 9 章 基于博弈理论的数据包络分析方法

9.1 博弈理论背景下的数据包络分析方法及其 MATLAB 算法

基于效率的博弈问题广泛存在于经济社会的各个领域,因此针对这一问题的研究具有重要的意义[1]. 在大数据与信息时代来临之际,在众多评价与决策领域,DEA 方法逐渐成为人们必不可少的效率分析工具,在复杂的合作与竞争问题中陆续体现出优势.

9.1.1 单方决策条件下的合作伙伴选择模型

在一些复杂的管理问题中,最终的决策方案往往是由少数人制定的. 一个好的领导者应该提出一个有利于每个成员发展的决策方案. 在实践中,一些领导者与一些成员组成利益联盟,打击他们的竞争对手;另一方面,受打击的成员也会组成联盟来保护自己[2]. 针对这些问题. 以下是对 DMU 如何面对竞争压力和如何选择合作伙伴的建议.

假设有 n 个 DMU, 各 DMU 具有 m 种输入和 s 种输出, DMU_i 的输入输出向量为 $(\mathbf{X}_i, \mathbf{Y}_i)$, 其中 $\mathbf{X}_i = (x_{1i}, x_{2i}, \cdots, x_{mi})^T$, $\mathbf{Y}_i = (y_{1i}, y_{2i}, \cdots, y_{si})^T$, 输出指标权重为 $\mu = (\mu_1, \mu_2, \cdots, \mu_s)^T$, 输入指标权重为 $\omega = (\omega_1, \omega_2, \cdots, \omega_m)^T$.

假设 DMU_i 是具有决策权的唯一决策者, DMU_j 为其竞争者, 它们的结构关系如图 9.1 所示.

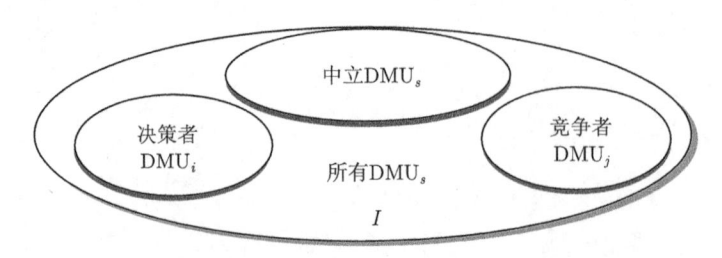

图 9.1 决策者、竞争者和中立 DMU 之间的结构

DMU_i 的目标是希望在自身效率值最大的情况下,选定适合的权重,使 DMU_j 的效率下降幅度最大. 以下以 $P_{C^2R}^I$ 模型为例进行讨论[3].

首先, 应用下列模型可以分别获得 DMU_i 和 DMU_j 的效率值 E_i 和 E_j.

$$\text{P}_{\text{C}^2\text{R}}^{\text{I}} \begin{cases} E_i = \max \mu^{\text{T}} \mathbf{Y}_i, \\ \text{s.t.} \ \ \omega^{\text{T}} \mathbf{X}_s - \mu^{\text{T}} \mathbf{Y}_s \geqq 0, \ s=1,2,\cdots,n, \\ \omega^{\text{T}} \mathbf{X}_i = 1, \\ \omega \geqq \mathbf{0}, \mu \geqq \mathbf{0} \end{cases} \tag{9.1}$$

然后, 应用以下 $\text{P}_{\text{GAME-CD1}}^{\text{I}}$ 模型求得在 DMU_i 的效率值最大的情况下, DMU_j 的最低效率值 $E_{j(i)}$.

$$\text{P}_{\text{GAME-CD1}}^{\text{I}} \begin{cases} E_{j(i)} = \min \mu^{\text{T}} \mathbf{Y}_j, \\ \text{s.t.} \ \ \omega^{\text{T}} \mathbf{X}_s - \mu^{\text{T}} \mathbf{Y}_s \geqq 0, \ s=1,2,\cdots,n, \\ \omega^{\text{T}} \mathbf{X}_j = 1, \\ \mu^{\text{T}} \mathbf{Y}_i - E_i \omega^{\text{T}} \mathbf{X}_i \geqq 0, \\ \omega \geqq \mathbf{0}, \mu \geqq \mathbf{0} \end{cases} \tag{9.2}$$

这样可以给出决策者 DMU_i 对竞争对手 DMU_j 的打击程度定义.

定义 9.1 若 E_j 是 $\text{P}_{\text{C}^2\text{R}}^{\text{I}}$ 模型的 DMU_j 的最优解, $E_{j(i)}$ 是 $\text{P}_{\text{GAME-CD1}}^{\text{I}}$ 模型的最优解, 则定义 $\text{hit}_{j(i)} = E_j - E_{j(i)}$ 为决策者 DMU_i 对竞争对手 DMU_j 的打击度.

不难发现, $\text{hit}_{j(i)}$ 值越大表明 DMU_j 越容易受到 DMU_i 的打击. 如果 $\text{hit}_{j(i)} = 0$, 则意味着 DMU_i 无法实现对 DMU_j 的有效打击, 但这也并不意味着 DMU_j 相对 DMU_i 存在优势, 也可能是 DMU_j 的效率值已经达到了最低值, 再施加打击效率值也不会变小了.

定义 9.2 将所有决策单元对 DMU_j 打击度的平均值

$$H_j = \frac{1}{n} \sum_{i=1}^{n} \text{hit}_{j(i)} = \frac{1}{n} \sum_{i=1}^{n} (E_j - E_{j(i)})$$

定义为 DMU_j 的平均受打击度.

容易发现 DMU_j 的平均受打击度越小, 意味着其他决策单元对 DMU_j 的平均影响能力越小, 因此, DMU_j 相对其他决策单元的干扰越具有稳定性. 平均受打击度可以作为决策单元排序的一种新方式.

定义 9.3 对于 DMU_j,

$$A_j = E_j - H_j$$

定义为 DMU_j 的抗打击能力.

DMU$_j$ 的抗打击能力表示 DMU$_j$ 在承受所有决策单元的平均打击后,还可以承受的最大打击度.

定义 9.4 对于 DMU$_i$, 若

$$\text{hit}_{k(i)} = \max_{j \in \{1,2,\cdots,n\}} \text{hit}_{j(i)}$$

则称 DMU$_k$ 为 DMU$_i$ 的最强打击者.

对 DMU$_i$ 而言, 总存在一个 DMU$_k$ 对它的打击效果最大.

下面通过例 9.1 对以上定义加以说明.

例 9.1 假设一个地区或组织中有 5 个决策单元, 指标数据如表 9.1 所示, 分析决策单元的效率状况、平均受打击度、抗打击能力以及最强打击者情况.

表 9.1 5 个决策单元输入输出数据

	DMU$_1$	DMU$_2$	DMU$_3$	DMU$_4$	DMU$_5$
投入 1	3	2	9	8	1
投入 2	4	3	6	8	6
产出 1	1	2	5	4	3

解 通过相关算法整理获得各决策单元抗打击能力及排序结果如表 9.2 所示.

表 9.2 DMU$_1$ 具有单方决策权条件下各决策单元抗打击能力及其排序

	DMU$_1$	DMU$_2$	DMU$_3$	DMU$_4$	DMU$_5$
效率值 E_j	0.3659	1	1	0.6818	1
平均受打击度 H_j	0.0653	0.1733	0.1865	0.1272	0.1506
抗打击能力 A_j	0.3006	0.8267	0.8135	0.5546	0.8494
排序	5	2	3	4	1
最强打击者	DMU$_5$	DMU$_5$	DMU$_5$	DMU$_5$	DMU$_3$

以下探讨单方决策条件下, 决策单元的合作伙伴选择问题. 假设所有决策单元的集合为 $S=\{\text{DMU}_1, \text{DMU}_2, \cdots, \text{DMU}_n\}$, 其中 DMU$_i$ 和 DMU$_j$ 分别为 S 中的决策者和竞争者, 其中 DMU$_j$ 为了缓解来自决策单元 DMU$_i$ 的不利影响, 准备与 S 中的其他决策单元形成联盟体来提升团体效率和整体抗打击能力.

基于效率为目标的联盟, 是指竞争者 DMU$_j$ 在 S 中寻找合作伙伴, 以使联盟体的规模和效率均得到提高, 从而对抗来自外部的压力.

令 $I=\{1, 2, \cdots, n\}$, 可以构造以下模型

9.1 博弈理论背景下的数据包络分析方法及其 MATLAB 算法

$$\mathrm{P}_{\mathrm{GAME-CD2}}^{\mathrm{I}}\begin{cases} E_{j\bar{k}} = \max\limits_{k \in I \setminus \{j,i\}} \max\limits_{\omega,\mu} \mu^{\mathrm{T}}(\mathbf{Y}_j + \mathbf{Y}_k), \\ \text{s.t.} \ \omega^{\mathrm{T}}\mathbf{X}_s - \mu^{\mathrm{T}}\mathbf{Y}_s \geqq 0, \ s \in I \setminus \{j,k\}, \\ \quad \omega^{\mathrm{T}}(\mathbf{X}_j + \mathbf{X}_k) - \mu^{\mathrm{T}}(\mathbf{Y}_j + \mathbf{Y}_k) \geqq 0, \\ \quad \omega^{\mathrm{T}}(\mathbf{X}_j + \mathbf{X}_k) = 1, \\ \quad \omega \geqq \mathbf{0}, \mu \geqq \mathbf{0} \end{cases} \quad (9.3)$$

其中, I 是所有决策单元下标的集合.

定义 9.5 假设 $E_{j\bar{k}}$ 为 $\mathrm{P}_{\mathrm{GAME-CD2}}^{\mathrm{I}}$ 模型的最优解, 则称 $\mathrm{DMU}_{\bar{k}}$ 为 DMU_j 的在 DMU_i 打击下的最优效率合作伙伴.

可以看出, DMU_j 与 $\mathrm{DMU}_{\bar{k}}$ 合作后, 联盟体的效率是最高的.

基于抗打击度为目标的联盟是指竞争者 DMU_j 在 S 中寻找合作伙伴, 以使联盟体的规模和抗打击能力均得到提高, 从而对抗来自外部的压力.

$$\mathrm{P}_{\mathrm{GAME-CD3}}^{\mathrm{I}}\begin{cases} H_{j\bar{k}} = \max\limits_{k \in I \setminus \{j,i\}} \min\limits_{\omega,\mu} \mu^{\mathrm{T}}(\mathbf{Y}_j + \mathbf{Y}_k), \\ \text{s.t.} \ \omega^{\mathrm{T}}\mathbf{X}_s - \mu^{\mathrm{T}}\mathbf{Y}_s \geqq 0, \ s \in I \setminus \{j,k\}, \\ \quad \omega^{\mathrm{T}}(\mathbf{X}_j + \mathbf{X}_k) - \mu^{\mathrm{T}}(\mathbf{Y}_j + \mathbf{Y}_k) \geqq 0, \\ \quad \omega^{\mathrm{T}}(\mathbf{X}_j + \mathbf{X}_k) = 1, \\ \quad \mu^{\mathrm{T}}\mathbf{Y}_i - E_i \omega^{\mathrm{T}}\mathbf{X}_i \geqq 0, \\ \quad \omega \geqq \mathbf{0}, \mu \geqq \mathbf{0} \end{cases} \quad (9.4)$$

定义 9.6 设 $H_{j\bar{k}}$ 为模型 $\mathrm{P}_{\mathrm{GAME-CD3}}^{\mathrm{I}}$ 的最优解, 则称 $\mathrm{DMU}_{\bar{k}}$ 为 DMU_j 的最优抗压力合作伙伴.

可以看出 DMU_j 与 $\mathrm{DMU}_{\bar{k}}$ 合作后, 联盟体的抗压度是最强的.

例 9.2 求解表 9.1 中各决策单元在不同决策单元打击下的最优抗压力合作伙伴.

解 利用 MATLAB 软件计算获得 DMU_3, DMU_4, DMU_5 与 DMU_1 合作后受 DMU_2 打击的效率值分别为 0.7105, 0.5556, 0.6522. 因此 DMU_3 是 DMU_2 的打击下的 DMU_1 的最优抗压力合作伙伴. 表 9.3 中的第三行第二列的 "$\mathbf{DMU}_3$" 表示在 DMU_2 的打击下 DMU_1 的最优抗压力合作伙伴为 DMU_3. 表 9.3 中其他位置的决策单元的解释相同, 故不再逐个解释.

通过以上分析得知 DMU_j 虽然能够找到单方决策条件下的最优合作伙伴, 但对方未必愿意与之合作, 这种合作可能只是一厢情愿的. 因此, 以下进一步探讨单方决策条件下其他决策单元与 DMU$_j$ 联盟意愿, 例如 P$^{\mathrm{I}}_{\mathrm{GAME\text{-}CD4}}$ 模型和 P$^{\mathrm{I}}_{\mathrm{GAME\text{-}CD5}}$ 模型.

$$\mathrm{P}^{\mathrm{I}}_{\mathrm{GAME\text{-}CD4}} \begin{cases} E_{jk} = \max \mu^{\mathrm{T}}(\mathbf{Y}_j + \mathbf{Y}_k), \\ \text{s.t. } \omega^{\mathrm{T}}\mathbf{X}_s - \mu^{\mathrm{T}}\mathbf{Y}_s \geqq 0, \ s \in I\backslash\{j,k\}, \\ \qquad \omega^{\mathrm{T}}(\mathbf{X}_j + \mathbf{X}_k) - \mu^{\mathrm{T}}(\mathbf{Y}_j + \mathbf{Y}_k) \geqq 0, \\ \qquad \omega^{\mathrm{T}}(\mathbf{X}_j + \mathbf{X}_k) = 1, \\ \qquad \omega \geqq \mathbf{0}, \mu \geqq \mathbf{0} \end{cases} \quad (9.5)$$

$$\mathrm{P}^{\mathrm{I}}_{\mathrm{GAME\text{-}CD5}} \begin{cases} H_{jk} = \min \mu^{\mathrm{T}}(\mathbf{Y}_j + \mathbf{Y}_k), \\ \text{s.t. } \omega^{\mathrm{T}}\mathbf{X}_s - \mu^{\mathrm{T}}\mathbf{Y}_s \geqq 0, \ s \in I\backslash\{j,k\}, \\ \qquad \omega^{\mathrm{T}}(\mathbf{X}_j + \mathbf{X}_k) - \mu^{\mathrm{T}}(\mathbf{Y}_j + \mathbf{Y}_k) \geqq 0, \\ \qquad \omega^{\mathrm{T}}(\mathbf{X}_j + \mathbf{X}_k) = 1, \\ \qquad \mu^{\mathrm{T}}\mathbf{Y}_i - E_i \omega^{\mathrm{T}}\mathbf{X}_i \geqq 0, \\ \qquad \omega \geqq \mathbf{0}, \mu \geqq \mathbf{0} \end{cases} \quad (9.6)$$

表 9.3　在不同决策单元打击下各决策单元的最优抗压力合作伙伴

	DMU$_1$	DMU$_2$	DMU$_3$	DMU$_4$	DMU$_5$
DMU$_1$	—	DMU$_3$	DMU$_2$	DMU$_3$	DMU$_2$
DMU$_2$	**DMU$_3$**	—	DMU$_5$	DMU$_3$	DMU$_3$
DMU$_3$	DMU$_2$	DMU$_5$	—	DMU$_2$	DMU$_2$
DMU$_4$	DMU$_3$	DMU$_3$	DMU$_2$	—	DMU$_2$
DMU$_5$	DMU$_3$	DMU$_3$	DMU$_2$	DMU$_3$	—

定义 9.7　(1) 若 $E_{jk} \geqq E_{j(i)}, E_{jk} \geqq E_{k(i)}, 2E_{jk} > E_{j(i)} + E_{k(i)}$, 则称 DMU$_k$ 为 DMU$_j$ 的优先合作伙伴.

(2) 若 $\max\{E_{j(i)}, E_{k(i)}\} \geqq E_{jk} \geqq (E_{j(i)} + E_{k(i)})/2$, 则称 DMU$_k$ 为 DMU$_j$ 的潜在合作伙伴.

(3) 若 $E_{jk} < (E_{j(i)} + E_{k(i)})/2$, 则称 DMU$_k$ 为 DMU$_j$ 的不可行合作伙伴.

定义 9.7 表明 DMU$_j$ 的优先合作伙伴是那些合作后双方抗打击能力均得到提高的决策单元. DMU$_j$ 的潜在合作伙伴是指那些与被打击决策单元合并后尽管双方的抗打击能力没有得到同时提高, 但组合体的抗打击能力强于二者的平均水平. 不可行合作伙伴是指那些合并后双方整体抗打击能力下降的决策单元.

例 9.3 求解表 9.1 中 5 个决策单元的不同类型合作伙伴.

解 通过编写相关 MATLAB 算法, 计算可得各个决策单元在单人打击下的不同类型合作伙伴如表 9.4 所示.

表 9.4 各个决策单元在单人打击下的合作伙伴分类结果

	DMU$_1$	DMU$_2$	DMU$_3$	DMU$_4$	DMU$_5$
DMU$_1$	—	(-), (3, 4, 5), (-)	(-), (4, 5), (2)	(-), (3, 5), (2)	(-), (3, 4), (2)
DMU$_2$	(-), (3), (4, 5)	—	(-), (-), (1, 4, 5)	(-), (-), (1, 3, 5)	(-), (-), (1, 3, 4)
DMU$_3$	**(-), (2, 5), (4)**	(5), (1), (4)	—	(5), (1), (2)	(4), (1), (2)
DMU$_4$	(-), (-), (2, 3, 5)	(-), (1), (3, 5)	(5), (1), (2)	—	(3), (1), (2)
DMU$_5$	(-), (3), (2, 4)	(3), (1), (4)	(4), (1), (2)	(3), (1), (2)	—

在表 9.4 中, "**(-), (2, 5), (4)**" 中 "(-)" 表示在 DMU$_3$ 的打击下 DMU$_1$ 没有最优合作伙伴, "(2, 5)" 表示在 DMU$_3$ 的打击下 DMU$_1$ 的潜在合作伙伴为 DMU$_2$ 和 DMU$_5$, "(4)" 表示在 DMU$_3$ 的打击下 DMU$_1$ 的不可行合作伙伴是 DMU$_4$. 表 9.4 中其他位置数据表示的意义类同, 不再赘述.

9.1.2 联盟决策条件下的最优伙伴选择模型

很多现实博弈问题中拥有决策权的主体可能并不止一个, 以下进一步探讨多人合作博弈条件下的决策单元合作伙伴与最优策略的选择问题[4]. 联盟、竞争对手、中立 DMU 的结构关系如图 9.2 所示.

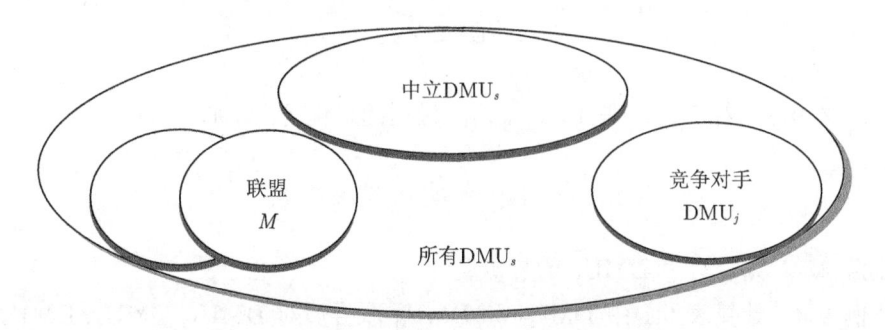

图 9.2 联盟、竞争对手和中立 DMU 的结构

以下主要考虑当多个决策单元形成具有决策权的联盟, 并在联盟效率最大的情况下, 联盟者选定适合的权重使竞争者的效率值尽可能降低.

设 M 是形成联盟的决策单元的下标集合, $M \subseteq I$, 则有以下模型:

$$P^{I}_{\text{GAME-CD6}} \begin{cases} E_M = \max \mu^{\text{T}} \left(\sum_{i \in M} \mathbf{Y}_i \right), \\ \text{s.t.} \ \omega^{\text{T}} \mathbf{X}_s - \mu^{\text{T}} \mathbf{Y}_s \geqq 0, \ s \in I \backslash M, \\ \quad \omega^{\text{T}} \left(\sum_{i \in M} \mathbf{X}_i \right) - \mu^{\text{T}} \left(\sum_{i \in M} \mathbf{Y}_i \right) \geqq 0, \\ \quad \omega^{\text{T}} \left(\sum_{i \in M} \mathbf{X}_i \right) = 1, \\ \quad \omega \geqq \mathbf{0}, \mu \geqq \mathbf{0} \end{cases} \quad (9.7)$$

其中 E_M 是联盟 M 的效率.

形成联盟 M 后应用 $P^{I}_{\text{GAME-CD6}}$ 模型可以计算出其他非联盟成员 DMU_j 的效率 $\tilde{E}_j, j \in I \backslash M$. 具有决策权的联盟 M 在保证联盟效率不变的情况下对 DMU_j 的最不利权重确定模型如下

$$P^{I}_{\text{GAME-CD7}} \begin{cases} E_{j(M)} = \min \mu^{\text{T}} \mathbf{Y}_j, \\ \text{s.t.} \ \omega^{\text{T}} \mathbf{X}_s - \mu^{\text{T}} \mathbf{Y}_s \geqq 0, \ s \in I \backslash M, \\ \quad \omega^{\text{T}} \mathbf{X}_j = 1, \\ \quad \mu^{\text{T}} \left(\sum_{i \in M} \mathbf{Y}_i \right)_i - E_i \omega^{\text{T}} \left(\sum_{i \in M} \mathbf{X}_i \right) \geqq 0, \\ \quad \omega \geqq \mathbf{0}, \mu \geqq \mathbf{0} \end{cases} \quad (9.8)$$

定义 9.8 若 $E_{j(M)}$ 是 $P^{I}_{\text{GAME-CD7}}$ 模型的最优解, 则称

$$\text{hit}_{j(M)} = \tilde{E}_j - E_{j(M)}$$

为联盟 M 对竞争对手 DMU_j 的打击度.

例 9.4 计算表 9.1 中 DMU_2 和 DMU_3 联合后对 $\text{DMU}_1, \text{DMU}_4, \text{DMU}_5$ 的打击能力.

解 通过编写相关 MATLAB 算法计算, 获得 DMU_2 和 DMU_3 联合后对 $\text{DMU}_1, \text{DMU}_4, \text{DMU}_5$ 的打击度分别为 0.6522, 0.6818, 0.8824.

在联盟 M 拥有决策权的条件下, 非联盟成员 $\text{DMU}_j, j \in I \backslash M$ 在非联盟成员中寻找最优联盟伙伴可由以下模型确定:

9.1 博弈理论背景下的数据包络分析方法及其 MATLAB 算法

$$\mathrm{P}^{\mathrm{I}}_{\text{GAME-CD8}} \begin{cases} E^M_{j\bar{k}} = \max\limits_{k \in I \setminus (M \cup \{j\})} \min\limits_{\omega,\mu} \mu^{\mathrm{T}}(\mathbf{Y}_j + \mathbf{Y}_k), \\ \text{s.t. } \omega^{\mathrm{T}}\mathbf{X}_s - \mu^{\mathrm{T}}\mathbf{Y}_s \geqq 0, \ s \in I \setminus (M \cup \{j,k\}), \\ \quad \omega^{\mathrm{T}}(\mathbf{X}_j + \mathbf{X}_k) - \mu^{\mathrm{T}}(\mathbf{Y}_j + \mathbf{Y}_k) \geqq 0, \\ \quad \omega^{\mathrm{T}}(\mathbf{X}_j + \mathbf{X}_k) = 1, \\ \quad \mu^{\mathrm{T}}\left(\sum\limits_{i \in M}\mathbf{Y}_i\right)_i - E_M \omega^{\mathrm{T}}\left(\sum\limits_{i \in M}\mathbf{X}_i\right) \geqq 0, \\ \quad \omega \geqq \mathbf{0}, \mu \geqq \mathbf{0} \end{cases} \quad (9.9)$$

定义 9.9 设 $E^M_{j\bar{k}}$ 为 $\mathrm{P}^{\mathrm{I}}_{\text{GAME-CD8}}$ 模型的最优解, 则称 $\mathrm{DMU}_{\bar{k}}$ 为 DMU_j 的最优抗压力合作伙伴.

例 9.5 求解表 9.1 中在 DMU_2 和 DMU_3 决策单元的联合打击下的 DMU_1 的最优抗压力合作伙伴.

解 利用 MATLAB 算法计算获得 DMU_4 和 DMU_5 与 DMU_1 合作后受 DMU_2 和 DMU_3 联合打击后的效率值分别为 0.5814, 0.6522. 因此, DMU_5 是 DMU_1 在 DMU_2 和 DMU_3 联合打击下的最优抗压力合作伙伴. 通过决策单元的合并可以有效地提高决策单元的抗多人打击能力.

在联盟 M 拥有决策权的条件下, DMU_j 虽然能够寻找最优合作伙伴, 但对方未必愿意与之合作. 其他非联盟单元与 DMU_j 联盟的意愿问题可由下列模型给出.

$$\mathrm{P}^{\mathrm{I}}_{\text{GAME-CD9}} \begin{cases} E^M_{jk} = \min \mu^{\mathrm{T}}(\mathbf{Y}_j + \mathbf{Y}_k), \\ \text{s.t. } \omega^{\mathrm{T}}\mathbf{X}_s - \mu^{\mathrm{T}}\mathbf{Y}_s \geqq 0, \ s \in I \setminus (M \cup \{j,k\}), \\ \quad \omega^{\mathrm{T}}(\mathbf{X}_j + \mathbf{X}_k) - \mu^{\mathrm{T}}(\mathbf{Y}_j + \mathbf{Y}_k) \geqq 0, \\ \quad \omega^{\mathrm{T}}(\mathbf{X}_j + \mathbf{X}_k) = 1, \\ \quad \mu^{\mathrm{T}}\left(\sum\limits_{i \in M}\mathbf{Y}_i\right)_i - E_M \omega^{\mathrm{T}}\left(\sum\limits_{i \in M}\mathbf{X}_i\right) \geqq 0, \\ \quad \omega \geqq \mathbf{0}, \mu \geqq \mathbf{0} \end{cases} \quad (9.10)$$

定义 9.10 (1) 若 $E^M_{jk} \geqq E_{j(M)}, E^M_{jk} \geqq E_{k(M)}, 2E^M_{jk} > E_{j(M)} + E_{k(M)}$, 则称 DMU_k 为 DMU_j 的优先合作伙伴.

(2) 若 $\max\{E_{j(M)}, E_{k(M)}\} \geqq E^M_{jk} \geqq (E_{j(M)} + E_{k(M)})/2$, 则称 DMU_k 为 DMU_j 的潜在合作伙伴.

(3) 若 $E^M_{jk} < (E_{j(M)} + E_{k(M)})/2$, 则称 DMU_k 为 DMU_j 的不可行合作伙伴.

例 9.6 求解表 9.1 中在 DMU_2 和 DMU_3 联合打击下 DMU_5 的不同类型合作伙伴.

解 利用相关 MATLAB 算法计算获得 DMU_4, DMU_5 与 DMU_1 合作后受 DMU_2 和 DMU_3 决策单元联合打击后的效率值分别为 0.5814, 0.6552.

DMU_1, DMU_4 及 DMU_5 受 DMU_2, DMU_3 联合后的决策单元打击效率值分别为 0.3659, 0.6818 及 0.8824. 计算得知 DMU_4 和 DMU_5 是 DMU_1 在 DMU_2 和 DMU_3 联合打击下的潜在合作伙伴.

9.1.3 基于博弈理论的 DEA 模型相关算法

1. 决策单元抗打击能力及最新排序算法

通过算法 9.1 可计算获得决策单元的效率值、平均受打击度、抗打击能力、最新排序方法及最强打击者.

(算法 9.1——决策单元抗打击能力及最新排序算法)

```
function  data_all=rank_new(X,Y)
n=size(X',1);
m=size(X,1);
s=size(Y,1);
[theta,lambda,s_minus,s_plus,ty]=zhdea_dual(0,0,0,X,Y);
data_all(1,:)=theta;
for j=1:n
    x=X(:,j);
    y=Y(:,j);
 for i=1:n
   if i~=j
    f=[Y(:,i);zeros(m,1)];
    A=[Y' -X'
       -y' theta(j)*x'];
    b=zeros(n+1,1);
    LB=zeros(m+s,1);
    UB=[];
    Aeq=[zeros(1,s) X(:,i)'];
    beq=[1];
    [uw,xlsdj(i,j)]=linprog(f,A,b,Aeq,beq,LB,UB);
    xlsdj(i,j)=theta(i)-xlsdj(i,j);
   end
 end
end
```

```
for i=1:n
    for j=1:n
        if xlsdj(i,j)==max(xlsdj(i,:))
            data_all(5,i)=j;
        end
    end
end
xlsdj=xlsdj';
data_all(2,:)=sum(xlsdj)/n;
data_all(3,:)=data_all(1,:)-data_all(2,:);
t=[1:n;data_all(3,:)]';
t=sortrows(t,-2);
for i=1:n
    data_all(4,t(i,1))=i;
end
```

例如表 9.2 中的结果可通过将上述 MATLAB 算法保存到当前工作目录下并取名为 rank_new, 在命令窗口中分别输入 X=[3 2 9 8 1;4 3 6 8 6]; Y=[1 2 5 4 3], 并运行函数 data_all=rank_new(X,Y) 后即可获得相关结果. 其间用到了第 4 章的 zhdea_dual 算法.

```
data_all =
    0.3659    1.0000    1.0000    0.6818    1.0000
    0.0653    0.1733    0.1865    0.1272    0.1506
    0.3006    0.8267    0.8135    0.5546    0.8494
    5.0000    2.0000    3.0000    4.0000    1.0000
    5.0000    5.0000    5.0000    5.0000    3.0000
```

2. 单个或多个决策单元打击下的最优合作伙伴确定算法

通过算法 9.2 可计算获得单个或多个决策单元打击下的最优合作伙伴确定算法. 其中 hzhb 表示最终的最优合作伙伴, xl_sort 为对应的效率值.

(算法 9.2——联盟打击下最优合作伙伴确定算法)

```
function [hzhb,xl_sort]=zyhzhb(X,Y,S)
%S为合作单元序号集合,也称为打击联盟
n=size(X',1);
m=size(X,1);
s=size(Y,1);
x=X(:,S(1));
y=Y(:,S(1));
```

```
for i=2:length(S)
    x=x+X(:,S(i));
    y=y+Y(:,S(i));
end
[theta0,lambda,s_minus,s_plus,ty]=gydea_dual(0,0,0,x,y,X,Y);
for i=1:n
    for j=1:n
        if i~=j&sum(i==S)==0&sum(j==S)==0
            X1=X;
            Y1=Y;
            X0=X(:,i)+X(:,j);
            Y0=Y(:,i)+Y(:,j);
            X1(:,i)=X0;
            Y1(:,i)=Y0;
            f=[Y0;zeros(m,1)];
            A=[Y1' -X1'
               -y' theta0*x'];
            b=zeros(n+1,1);
            LB=zeros(m+s,1);
            UB=[];
            Aeq=[zeros(1,s) X0'];
            beq=[1];
            [uw,xl_sort(i,j)]=linprog(f,A,b,Aeq,beq,LB,UB);
        end
    end
end
for i=1:n
    if sum(i==S)==0
        for j=1:n
            if sum(j==S)==0&xl_sort(i,j)==max(xl_sort(i,:))
                hzhb(i,1)=j;
            end
        end
    end
end
```

例如将上述算法保存到当前工作目录下并取名为 zyhzhb, 在命令窗口中输入如下的代码:

```
X=[3 2 9 8 1;4 3 6 8 6];Y=[1 2 5 4 3];
[hzhb,xl_sort]=zyhzhb(X,Y,[2,3]);
```

9.1 博弈理论背景下的数据包络分析方法及其 MATLAB 算法

即可获得在决策单元 2 和决策单元 3 的联合打击下不同决策单元的最优合作伙伴结果. 其间用到了第 5 章的 gydea_dual 算法. 其输出结果如下.

```
hzhb =
     5
     0
     0
     5
     4
xl_sort =
          0         0         0    0.5814    0.6522
          0         0         0         0         0
          0         0         0         0         0
     0.5814         0         0         0    0.7554
     0.6522         0         0    0.7554         0
```

上述结果表示在决策单元 2 和决策单元 3 的打击下, 决策单元 1 的最优合作伙伴为决策单元 5, 决策单元 4 的最优合作伙伴为决策单元 5, 决策单元 5 的最优合作伙伴为决策单元 4, 其对应的最优效率分别为 0.6522, 0.7554 和 0.7554.

3. 单个或多个决策单元打击下的合作伙伴分类算法

在单个或多个决策单元打击下各决策单元的合作伙伴可分为优先合作伙伴、潜在合作伙伴和不可行合作伙伴[5]. 通过算法 9.3 可完成具体的合作伙伴分类.

(算法 9.3——联盟打击下合作伙伴分类算法)

```
function[hzhb,xl_sort,xlsdj,hzhb_opt,hzhb_qz,hzhb_bkx]=hzhbfl(X,Y,S)
%S为单个或多个打击单元序号集合
n=size(X',1);
m=size(X,1);
s=size(Y,1);
x=X(:,S(1));
y=Y(:,S(1));
if length(S)>1
 for i=2:length(S)
    x=x+X(:,S(i));
    y=y+Y(:,S(i));
 end
end
[theta0,lambda,s_minus,s_plus,ty]=gydea_dual(0,0,0,x,y,X,Y);
for i=1:n
```

```
            f=[Y(:,i);zeros(m,1)];
            A=[Y' -X'
               -y' theta0*x'];
            b=zeros(n+1,1);
            LB=zeros(m+s,1);
            UB=[];
            Aeq=[zeros(1,s) X(:,i)'];
            beq=[1];
            [uw,xlsdj(i)]=linprog(f,A,b,Aeq,beq,LB,UB);
end
for i=1:n
    for j=1:n
        if i~=j&sum(i==S)==0&sum(j==S)==0
            X1=X;
            Y1=Y;
            X0=X(:,i)+X(:,j);
            Y0=Y(:,i)+Y(:,j);
            X1(:,i)=X0;
            Y1(:,i)=Y0;
            f=[Y0;zeros(m,1)];
            A=[Y1' -X1'
               -y' theta0*x'];
               b=zeros(n+1,1);
            LB=zeros(m+s,1);
            UB=[];
            Aeq=[zeros(1,s) X0'];
            beq=[1];
            [uw,xl_sort(i,j)]=linprog(f,A,b,Aeq,beq,LB,UB);
        end
    end
end
hzhb_opt=[];
hzhb_qz=[];
hzhb_bkx=[];
for i=1:n
    sum1=[0 0 0];
    if sum(i==S)==0
        for j=1:n
            if sum(j==S)==0
            if xl_sort(i,j)==max(xl_sort(i,:))
```

9.1 博弈理论背景下的数据包络分析方法及其 MATLAB 算法

```
                hzhb(i,1)=j;
            end
            if xl_sort(i,j)>=xlsdj(i)&xl_sort(i,j)>=xlsdj(j)
                sum1(1)=sum1(1)+1;
                hzhb_opt(i,sum1(1))=j;
            else if xl_sort(i,j)*2>xlsdj(i)+xlsdj(j)
                    sum1(2)=sum1(2)+1;
                    hzhb_qz(i,sum1(2))=j;
                else
                    sum1(3)=sum1(3)+1;
                    hzhb_bkx(i,sum1(3))=j;
                end
            end
          end
        end
      end
    end
  end
end
```

例如将上述算法保存到当前工作目录下并取名为 hzhbfl, 在命令窗口中输入如下的算法:

```
X=[3 2 9 8 1;4 3 6 8 6];Y=[1 2 5 4 3];
[hzhb,xl_sort,xlsdj,hzhb_opt,hzhb_qz,hzhb_bkx]=hzhbfl(X,Y,[2 3])
```

即可获得如下结果.

```
hzhb =
     5
     0
     0
     5
     4
xl_sort =
          0         0         0    0.5814    0.6522
          0         0         0         0         0
          0         0         0         0         0
     0.5814         0         0         0    0.7554
     0.6522         0         0    0.7554         0
xlsdj =
     0.3659    1.0000    1.0000    0.6818    0.8824
hzhb_opt =
```

```
            []
hzhb_qz =
        4    5
        0    0
        0    0
        1    0
        1    0
hzhb_bkx =
        1    0
        0    0
        0    0
        4    5
        4    5
```

上述结果表明在决策单元 2 和决策单元 3 的联合打击下决策单元 1、决策单元 4 及决策单元 5 不存在优先合作伙伴; 决策单元 4 和决策单元 5 是决策单元 1 的潜在合作伙伴、决策单元 1 是决策单元 4 和决策单元 5 的潜在合作伙伴; 在决策单元 2 和决策单元 3 的联合打击下决策单元 4 和决策单元 5 的合作是不可行的.

9.2 基于博弈理论的广义模糊数据包络分析方法及其 MATLAB 算法

模糊数据包络分析 (DEA) 模型中未考虑决策单元集和样本单元集的选择问题. 对此木仁等于 2012 年首次提出了广义模糊数据包络分析方法, 并进一步完善了模糊决策单元中特殊点的选取方式. 在此基础之上, 木仁等[6] 于 2014 年再次提出了基于向量形式的广义模糊 DEA 方法的最新评价方法. 虽然广义模糊 DEA 方法极大地拓展了 DEA 方法的应用领域, 但在评价那些决策单元之间存在合作与竞争的决策问题时适用度依然不高.

9.2.1 传统模糊 DEA 模型

传统模糊 DEA 模型是通过将原始 DEA 模型中的精确投入产出数据更改为模糊投入产出数据而得到的[7]. 其中的模糊 CCR 模型如模型 (9.11) 所示

$$\text{FCCR}_P \begin{cases} \max & \mu^T \tilde{Y}_0, \\ \text{s.t.} & \omega^T \tilde{X}_j - \mu^T \tilde{Y}_j \geqq 0, j = 1, 2, \cdots, n, \\ & \omega^T \tilde{X}_0 = 1, \\ & \omega \geqq 0, \mu \geqq 0 \end{cases} \quad (9.11)$$

其中 n 为决策单元个数, 每个决策单元都有 m 种类型的投入以及 s 种类型的产出. 第 i 个决策单元的模糊投入产出向量为 $(\tilde{\mathbf{X}}_i, \tilde{\mathbf{Y}}_i)$, 其中

$$\tilde{\mathbf{X}}_i = (\tilde{x}_{1i}, \tilde{x}_{2i}, \cdots, \tilde{x}_{mi})^{\mathrm{T}}, \quad \tilde{\mathbf{Y}}_i = (\tilde{y}_{1i}, \tilde{y}_{2i}, \cdots, \tilde{y}_{si})^{\mathrm{T}}$$

$(\tilde{\mathbf{X}}_0, \tilde{\mathbf{Y}}_0)$ 为被评价的决策单元, 它是 $(\tilde{\mathbf{X}}_i, \tilde{\mathbf{Y}}_i)$ 中的某一个决策单元. $\mu = (\mu_1, \mu_2, \cdots, \mu_s)^{\mathrm{T}}$ 为待计算的产出指标的权重, $\omega = (\omega_1, \omega_2, \cdots, \omega_m)^{\mathrm{T}}$ 为待计算的投入指标的权重.

9.2.2 广义模糊 DEA 模型

在传统模糊 DEA 模型的基础之上进一步推广评价集和被评价决策单元可得到如下广义模糊 CCR 模型:

$$\mathrm{GFCCR_P} \begin{cases} \max & \mu^{\mathrm{T}} \tilde{\mathbf{Y}}_{S0}, \\ \mathrm{s.t.} & \omega^{\mathrm{T}} \tilde{\mathbf{X}}_{Si} - \mu^{\mathrm{T}} \tilde{\mathbf{Y}}_{Si} \geq 0, i = 1, 2, \cdots, k, \\ & \omega^{\mathrm{T}} \tilde{\mathbf{X}}_{S0} = 1, \\ & \omega \geq \mathbf{0}, \mu \geq \mathbf{0} \end{cases} \quad (9.12)$$

$(\tilde{\mathbf{X}}_{S0}, \tilde{\mathbf{Y}}_{S0})$ 为待评价的任意样本决策单元, 可能取与传统 DEA 模型一致的决策单元, 也可能是构造或选定的其他决策单元. $(\tilde{\mathbf{X}}_{Si}, \tilde{\mathbf{Y}}_{Si})$ 是选定的参照系, 它可能是原有的决策单元, 也可能是原有决策单元的一部分, 当然也有可能是其他具有科学选择依据的另类决策单元.

广义模糊 DEA 模型的引进进一步丰富了 DEA 模型的同时更进一步拓展了传统 DEA 模型的应用领域[8]. 不难发现广义 DEA 模型不仅包括了传统 DEA 模型还包括了超效率 DEA 模型, 同时与基于博弈理论的 DEA 模型也存在密不可分的关系.

9.2.3 合作导向下的广义模糊 DEA 模型

基于博弈理论的 DEA 模型中经常要研究决策单元之间的复杂竞争与合作关系[9]. 事实上基于博弈理论的 DEA 模型在现实的企业中是真实存在的. 例如以医院管理问题为例, 医院为了提高对病人的吸引力需要努力提高医院自身的各方面水平. 这种提高方式除了引进先进的设备, 更为重要的是需要通过与优秀医院人员的学习来提高医生的整体素质. 通常落后的医院与较高水平的医院存在着较强的合作意愿, 但处于领先地位的医院更愿意与落后医院展开竞争. 然而, 无论是多么强大的医院也不能够保证面面俱到和长盛不衰. 在利益分配机制合理的情况下有时进行适度的合作是完全有必要的.

针对 DEA 模型中决策单元的复杂合作与竞争问题,学者们展开了相关的研究,并将这一方法成功推广应用到基于博弈理论的广义 DEA 方法. 然而当这一方法应用于医院效率评价等具有模糊投入产出数据度量方式的问题中时,其适用性又受到了一定的限制. 为此引进基于博弈理论的广义模糊 DEA 方法是十分有必要的.

假设 $(\tilde{\mathbf{X}}_{S1}, \tilde{\mathbf{Y}}_{S1})$ 和 $(\tilde{\mathbf{X}}_{S2}, \tilde{\mathbf{Y}}_{S2})$ 是两个样本模糊决策单元. 此时记这两个决策单元合作后的决策单元如下

$$(\tilde{\mathbf{X}}_{SC}, \tilde{\mathbf{Y}}_{SC}) = (\tilde{\mathbf{X}}_{S1}, \tilde{\mathbf{Y}}_{S1}) \vee (\tilde{\mathbf{X}}_{S2}, \tilde{\mathbf{Y}}_{S2}) = (\tilde{\mathbf{X}}_{S1} \vee \tilde{\mathbf{X}}_{S2}, \tilde{\mathbf{Y}}_{S1} \vee \tilde{\mathbf{Y}}_{S2})$$

其中 $\vee$ 表示决策单元经合作后的投入产出数据的变化运算符. 在通常情况下两个样本决策单元合作后的投入会变得更小,而产出会变得更多.

定义 9.11(广义模糊样本决策单元合作效率) 基于 CCR 模型的两个广义模糊样本决策单元合作效率可用模型 (9.13) 计算.

$$\text{GFCCR}_{\text{PC}} \begin{cases} \max \quad \mu^{\mathrm{T}} \tilde{\mathbf{Y}}_{SC}, \\ \text{s.t.} \quad \omega^{\mathrm{T}} \tilde{\mathbf{X}}_{Si} - \mu^{\mathrm{T}} \tilde{\mathbf{Y}}_{Si} \geq 0, i = 1, 2, \cdots, k, \\ \omega^{\mathrm{T}} \tilde{\mathbf{X}}_{SC} = 1, \\ \omega \geq \mathbf{0}, \mu \geq \mathbf{0} \end{cases} \quad (9.13)$$

模型 (9.13) 是具有模糊数的区间或离散形式的线性规划模型,故需要根据模糊 DEA 模型中的决策单元评价方法展开评价.

定义 9.12(广义模糊样本决策单元的最佳合作伙伴) $(\tilde{\mathbf{X}}_{S1}, \tilde{\mathbf{Y}}_{S1})$ 为某一寻求合作伙伴的广义模糊样本决策单元. $(\tilde{\mathbf{X}}_{SHi}, \tilde{\mathbf{Y}}_{SHi}), i = 1, 2, \cdots, t$ 为 $(\tilde{\mathbf{X}}_{S1}, \tilde{\mathbf{Y}}_{S1})$ 潜在的合作伙伴, $(\tilde{\mathbf{X}}_{Si}, \tilde{\mathbf{Y}}_{Si})$ 是选定的参照系. $(\tilde{\mathbf{X}}_{SHi}, \tilde{\mathbf{Y}}_{SHi})$ 中的经过与 $(\tilde{\mathbf{X}}_{S1}, \tilde{\mathbf{Y}}_{S1})$ 合作后使 $(\tilde{\mathbf{X}}_{S1}, \tilde{\mathbf{Y}}_{S1})$ 的效率改进最优的决策单元 $(\tilde{\mathbf{X}}_{SC1}, \tilde{\mathbf{Y}}_{SC1})$ 被称为 $(\tilde{\mathbf{X}}_{S1}, \tilde{\mathbf{Y}}_{S1})$ 的最佳合作伙伴. 其中基于 CCR 模型的最佳合作伙伴的选取模型如模型 (9.14) 所示

$$\text{GFCCR}_{\text{PCopt}} \begin{cases} \max_{1 \leq i \leq t} \max \quad \mu^{\mathrm{T}} (\tilde{\mathbf{Y}}_{S1} \vee \tilde{\mathbf{Y}}_{SHi}), \\ \text{s.t.} \quad \omega^{\mathrm{T}} \tilde{\mathbf{X}}_{Si} - \mu^{\mathrm{T}} \tilde{\mathbf{Y}}_{Si} \geq 0, i = 1, 2, \cdots, k, \\ \omega^{\mathrm{T}} (\tilde{\mathbf{X}}_{S1} \vee \tilde{\mathbf{X}}_{SHi}) = 1, \\ \omega \geq \mathbf{0}, \mu \geq \mathbf{0} \end{cases} \quad (9.14)$$

定义 9.13(广义模糊样本决策单元最优合作效率) 两个广义模糊样本决策单元 $(\tilde{\mathbf{X}}_{S1}, \tilde{\mathbf{Y}}_{S1})$ 和 $(\tilde{\mathbf{X}}_{S2}, \tilde{\mathbf{Y}}_{S2})$ 的最优合作效率定义为 $(\tilde{\mathbf{X}}_{SC}, \tilde{\mathbf{Y}}_{SC})$,选择所有投入最小的和所有产出最大的那一决策单元时的效率值.

定义 9.14(广义模糊样本决策单元最差合作效率) 两个广义模糊样本决策单元 $(\tilde{\mathbf{X}}_{S1},\tilde{\mathbf{Y}}_{S1})$ 和 $(\tilde{\mathbf{X}}_{S2},\tilde{\mathbf{Y}}_{S2})$ 的最差合作效率定义为 $(\tilde{\mathbf{X}}_{SC},\tilde{\mathbf{Y}}_{SC})$, 选择所有投入最大的和所有产出最小的那一决策单元时的效率值.

9.2.4 竞争导向下的广义模糊 DEA 模型

决策单元 $(\tilde{\mathbf{X}}_{S1},\tilde{\mathbf{Y}}_{S1})$ 和 $(\tilde{\mathbf{X}}_{S2},\tilde{\mathbf{Y}}_{S2})$ 竞争后的决策单元如下

$$(\tilde{\mathbf{X}}_{SF},\tilde{\mathbf{Y}}_{SF}) = (\tilde{\mathbf{X}}_{S1},\tilde{\mathbf{Y}}_{S1}) \wedge (\tilde{\mathbf{X}}_{S2},\tilde{\mathbf{Y}}_{S2}) = (\tilde{\mathbf{X}}_{S1} \wedge \tilde{\mathbf{X}}_{S2}, \tilde{\mathbf{Y}}_{S1} \wedge \tilde{\mathbf{Y}}_{S2})$$

其中 $\wedge$ 表示决策单元经过竞争后的投入产出数据的变化运算符. 在通常情况下两个样本决策单元竞争可能会造成投入的增加和产出的减少.

定义 9.15(广义模糊样本决策单元竞争效率) 基于 CCR 模型下的两个广义模糊样本决策单元竞争效率可用模型 (9.15) 计算.

$$\text{GFCCR}_{\text{PF}} \begin{cases} \max & \mu^{\text{T}}\tilde{\mathbf{Y}}_{SF}, \\ \text{s.t.} & \omega^{\text{T}}\tilde{\mathbf{X}}_{Si} - \mu^{\text{T}}\tilde{\mathbf{Y}}_{Si} \geqq 0, i = 1,2,\cdots,k, \\ & \omega^{\text{T}}\tilde{\mathbf{X}}_{SF} = 1, \\ & \omega \geqq \mathbf{0}, \mu \geqq \mathbf{0} \end{cases} \quad (9.15)$$

定义 9.16(广义模糊样本决策单元的最强竞争对手) $(\tilde{\mathbf{X}}_{S1},\tilde{\mathbf{Y}}_{S1})$ 为某一处于竞争位置的广义模糊样本决策单元. $(\tilde{\mathbf{X}}_{SHi},\tilde{\mathbf{Y}}_{SHi}), i=1,2,\cdots,t$ 为 $(\tilde{\mathbf{X}}_{S1},\tilde{\mathbf{Y}}_{S1})$ 的潜在竞争对手, $(\tilde{\mathbf{X}}_{Si},\tilde{\mathbf{Y}}_{Si})$ 是选定的参照系. 经过与 $(\tilde{\mathbf{X}}_{Si},\tilde{\mathbf{Y}}_{Si})$ 竞争后使 $(\tilde{\mathbf{X}}_{S1},\tilde{\mathbf{Y}}_{S1})$ 的效率减少最快的决策单元 $(\tilde{\mathbf{X}}_{SC1},\tilde{\mathbf{Y}}_{SC1})$ 称为 $(\tilde{\mathbf{X}}_{S1},\tilde{\mathbf{Y}}_{S1})$ 的最强竞争对手. 其中基于 CCR 模型的最佳竞争对手的选取模型如模型 (9.16) 所示

$$\text{GFCCR}_{\text{PCom}} \begin{cases} \min_{1 \leqslant i \leqslant t} & \max \mu^{\text{T}}(\tilde{\mathbf{Y}}_{S1} \wedge \tilde{\mathbf{Y}}_{SHi}), \\ \text{s.t.} & \omega^{\text{T}}\tilde{\mathbf{X}}_{Si} - \mu^{\text{T}}\tilde{\mathbf{Y}}_{Si} \geqq 0, i=1,2,\cdots,k, \\ & \omega^{\text{T}}(\tilde{\mathbf{X}}_{S1} \wedge \tilde{\mathbf{X}}_{SHi}) = 1, \\ & \omega \geqq \mathbf{0}, \mu \geqq \mathbf{0} \end{cases} \quad (9.16)$$

与模型 (9.13) 和模型 (9.14) 类似, 模型 (9.15) 和模型 (9.16) 也是基于离散或区间数的线性规划模型, 我们依然需要通过引进合理的模型来展开评价.

定义 9.17(广义模糊样本决策单元最优竞争效率) 两个广义模糊样本决策单元 $(\tilde{\mathbf{X}}_{S1},\tilde{\mathbf{Y}}_{S1})$ 和 $(\tilde{\mathbf{X}}_{S2},\tilde{\mathbf{Y}}_{S2})$ 的最优竞争效率定义为 $(\tilde{\mathbf{X}}_{SF},\tilde{\mathbf{Y}}_{SF})$, 选择所有投入最小的和所有产出最大的那一决策单元时的效率值.

定义 9.18(广义模糊样本决策单元最差竞争效率) 两个广义模糊样本决策单元 $(\tilde{\mathbf{X}}_{S1},\tilde{\mathbf{Y}}_{S1})$ 和 $(\tilde{\mathbf{X}}_{S2},\tilde{\mathbf{Y}}_{S2})$ 的最差竞争效率定义为 $(\tilde{\mathbf{X}}_{SF},\tilde{\mathbf{Y}}_{SF})$, 选择所有投入最大的和所有产出最小的那一决策单元时的效率值.

例 9.7 下面以内蒙古自治区 14 所三甲医院的运营效率为例进行实证分析.

通过查阅内蒙古自治区卫生统计年鉴, 并结合实际调研得到了内蒙古自治区 14 所三甲医院 2013—2015 年的投入产出数据. 指标的选取参考了众多文献中的指标体系, 其中部分指标数据具有模糊性, 如表 9.5 所示.

表 9.5　内蒙古自治区 14 所三甲医院 2013—2015 年的投入产出数据

年份	指标	H1	H2	H3	H4	H5	H6	H7	H8	H9	H10	H11	H12	H13	H14
2013	职工总数/人	3017	3308	422	494	668	757	1106	2349	2415	433	1658	1057	1994	1633
	总床位数/张	1808	1950	400	1060	400	335	1416	1470	1412	512	1898	700	1380	1313
	固定资产/万元	68.5	99.9	18.6	14.9	6.6687	5.2	43.6	41.2	29.4	9.7	85	16.7	62.2	22.9
	总支出/万元	160.9	124.3	33.1	33.8	16.3607	28.4	61.2	46.7	82.2	13.7	90.6	39.1	71.6	41.5
	年门、急诊量/万人次	135.6	110.7	8.1	52.2	21.84	43.2	47.7	61.9	54.4	13.7	80.5	40.3	95.2	27.4
	出院人数/万人次	7.7	6.8	0.9	1.9	1.0376	1.7	3.7	3.6	4	0.9	5.6	2.7	3.9	2.7
	总收入/万元	162.8	138.8	35.9	31.4	17.8205	29.6	75.8	62.4	65.3	14.5	100.9	43	79.2	45.9
	社会评价	很好	较好	好	一般	差	好	一般	差	一般	好	一般	好	一般	好
2014	职工总数/人	3447	3718	416	518	652	755	1601	1788	2348	850	1786	1125	1971	1688
	总床位数/张	1807	2061	400	1073	400	370	1416	1459	1441	579	1945	780	1200	1314
	固定资产/万元	72	112.5	18.2	15.9	6.7	5.7	48.5	47.2	46	8	87.9	16.6	59	20.6
	总支出/万元	172	153.3	36	56.7	22	22.5	67.3	65.9	75.8	20	107.6	43	73.4	44.1
	年门、急诊量/万人次	143	132.8	9.1	49.5	25.7	46.8	49.5	67.9	53.8	14.2	87.7	43.3	95	29
	出院人数/万人次	7.9	7.1	1	2.2	1	1.9	3.9	3.5	4.3	0.9	5.9	2.8	4	2.5
	总收入/万元	175.9	157.9	38.7	59	20.4	26	80.4	61	76.6	20.8	110.5	48.1	80.6	47.5
	社会评价	较好	好	较好	好	好	较好	一般	一般	好	好	好	一般	一般	一般
2015	职工总数/人	2806	4258	423	570	561	852	1821	1930	2322	835	1914	1475	1859	1599
	总床位数/张	2561	2639	400	1174	511	370	1416	1500	1455	649	1962	770	1200	1077
	固定资产/万元	85	93.8	9	55.7	5.9	6	55.9	56.5	46.4	9.6	87.4	15.8	55	18
	总支出/万元	191	165.7	36.5	40.6	28.5	26.7	78.9	67	85	22.8	112.4	46.3	76.3	46.6
	年门、急诊量/万人次	147.4	152	9	55.7	28.6	45.9	51	91	55.2	16.5	89	42.8	95.4	29.9
	出院人数/万人次	8	7.7	1	2	1.1	1.6	3.9	3.6	4.7	1.1	6	2.7	3.8	2.4
	总收入/万元	193.9	167	39	42	24.6	27	84.6	60	90.8	22.8	120.4	51.5	79	44.8
	社会评价	好	较好	较好	较好	好	较好	一般	好	一般	一般	好	一般	好

第一, 将表 9.5 中的语言数据处理成精确数据, 将很好、较好、好、一般、差分别记为 5, 4, 3, 2, 1. 考虑到某些医院刚被评为三甲医院或在某一年份的投入特别多、产出特别少等因素, 如果只用某一年的数据描述一个医院的状态, 不具有客观性, 故以 2013—2015 年的数据作为一个整体来描述一个医院的某一种状态更加

9.2 基于博弈理论的广义模糊数据包络分析方法及其 MATLAB 算法

符合实际情况.

第二, 医院的各指标数据本身具有一定的模糊性, 如 2013 年医院 H1 的职工人数为 3017 人, 2013 年全年可能会存在人员的波动. 诸如在此年期间引进人才或者人才流失. 当把 2013—2015 年的职工人数看成该指标的一个状态时, 医院 H1 的职工人数在这三年内也呈现波动态势, 故把这种状态的职工人数看成一个模糊数据进行评价. 把这三年中某一指标最大和最小的数据分别取为这一模糊数据的区间端点, 并经过对数据进行整理如表 9.6 所示.

表 9.6 内蒙古自治区 14 所三甲医院各指标的区间值

指标	H1	H2	H3	H4	H5	H6	H7
职工总数/人	(2806,3447)	(3308,4258)	(416,423)	(494,570)	(561,668)	(755,852)	(1106,1821)
总床位数/张	(1807,2561)	(1950,2639)	(400,400)	(1060,1174)	(400,511)	(335,370)	(1416,1416)
固定资产/百元	(6850,8500)	(9380,11250)	(900,1860)	(1490,5570)	(590,670)	(520,600)	(4360,5590)
总支出/千元	(1609,1910)	(1243,1657)	(331,365)	(338,567)	(163.607,285)	(225,284)	(612,789)
年门急诊量/千人次	(1356,1474)	(1107,1520)	(81,91)	(522,557)	(218.4,286)	(432,468)	(477,510)
出院人数/百人次	(770,800)	(680,770)	(90,100)	(190,220)	(103.76,110)	(160,190)	(370,390)
总收入/千元	(1628,1939)	(1388,1670)	(359,390)	(314,590)	(178.205,246)	(270,296)	(758,846)
社会评价	(3,5)	(4,4)	(3,4)	(2,4)	(1,3)	(3,4)	(2,2)

指标	H8	H9	H10	H11	H12	H13	H14
职工总数/人	(1788,2349)	(2322,2415)	(433,850)	(1658,1914)	(1057,1475)	(1859,1994)	(1599,1688)
总床位数/张	(1459,1500)	(1412,1455)	(512,649)	(1898,1962)	(700,780)	(1200,1380)	(1077,1314)
固定资产/百元	(4120,5650)	(2940,4640)	(800,970)	(8500,8790)	(1580,1670)	(5500,6220)	(1800,2290)
总支出/千元	(467,670)	(758,850)	(137,228)	(906,1124)	(391,463)	(716,763)	(415,466)
年门急诊量/千人次	(619,910)	(544,552)	(137,165)	(805,890)	(403,433)	(952,954)	(274,299)
出院人数/百人次	(360,360)	(400,470)	(90,110)	(560,600)	(270,280)	(380,400)	(240,270)
总收入/千元	(600,624)	(653,908)	(145,228)	(1009,1204)	(430,515)	(790,806)	(448,475)
社会评价	(1,3)	(2,2)	(2,3)	(2,2)	(3,3)	(2,2)	(3,3)

下面对基于博弈理论的广义模糊 DEA 模型中所要用到的算法展开相关的介绍. 算法 9.4 中给出了两个决策单元最优合作效率确定算法.

(算法 9.4——两个决策单元最优合作效率确定算法)

```
function[xl,u,w]=zhdea_or_game_cooperate(d1,d2,d3,X,Y,X1,Y1,XS0,YS0)
%d1=0-->CCR d1=1,d2=0-->BCC d1=1,d2=1,d3=0-->FG d1=1,d2=1,d3=1-->ST
%X1,Y1及XS0、YS0为待合作的两个决策单元投入产出数据
%X,Y为参照系中各决策单元投入产出数据
```

```
n=size(X',1);
m=size(X,1);
s=size(Y,1);
for i=1:length(X1(1,:))
    x=[X1(:,i) XS0]';
    X0=min(x)';
    y=[Y1(:,i) YS0]';
    Y0=max(y)';
if d1*d2*(-1)^d3==1
        xs=-1;
else
        xs=1;
end
    f=[-Y0;zeros(m,1);xs*d1*ones(s,1)];
    A=[Y' -X' -d1*xs*ones(n,s)];
    b=zeros(n,1);
if d1*d2==1
        LB=[zeros(1,m+s+s)]';
else
        LB=[zeros(1,m+s) -inf*ones(1,s)]';
end
    UB=[];
    Aeq=[zeros(1,s) X0' zeros(1,s)];
    beq=[1];
    [uw(:,i),xl(i)]=linprog(f,A,b,Aeq,beq,LB,UB);
end
xl=xl*-1;
u=uw(1:s,:);
w=uw(s+1:m+s,:);
```

算法 9.5 中给出了两个决策单元最差合作效率确定算法.

(算法 9.5——两个决策单元最差合作效率确定算法)

```
function [xl,u,w]=zhdea_or_game_compete(d1,d2,d3,X,Y,X1,Y1,XS0,YS0)
%d1=0-->CCR d1=1,d2=0-->BCC d1=1,d2=1,d3=0-->FG  d1=1,d2=1,d3=1-->ST
%X1,Y1及XS0,YS0为待合作的两个决策单元投入产出数据
%X,Y为参照系中各决策单元投入产出数据
n=size(X',1);
m=size(X,1);
s=size(Y,1);
for i=1:length(X1(1,:))
```

9.2 基于博弈理论的广义模糊数据包络分析方法及其 MATLAB 算法

```
    x=[X1(:,i) XS0]';
    X0=max(x)';
    y=[Y1(:,i) YS0]';
    Y0=min(y)';
if d1*d2*(-1)^d3==1
        xs=-1;
else
        xs=1;
end
    f=[-Y0;zeros(m,1);xs*d1*ones(s,1)];
    A=[Y' -X' -d1*xs*ones(n,s)];
    b=zeros(n,1);
if d1*d2==1
        LB=[zeros(1,m+s+s)]';
else
        LB=[zeros(1,m+s) -inf*ones(1,s)]';
end
    UB=[];
    Aeq=[zeros(1,s) X0' zeros(1,s)];
    beq=[1];
    [uw(:,i),xl(i)]=linprog(f,A,b,Aeq,beq,LB,UB);
end
xl=xl*-1;
u=uw(1:s,:);
w=uw(s+1:m+s,:);
```

算法 9.6 中给出了决策单元聚类算法.

(算法 9.6——决策单元聚类算法)

```
function jljg=julei(x,ls,y)
%y是列的名称,ls是类的数量
jldgs=length(x);
if nargin==1
    ls=fix(jldgs/2);%默认类数定义
end
d=pdist(x,'euclidean'); %计算欧氏距离
z=linkage(d,'complete');  %按类平均法聚类
if nargin==3
 h=dendrogram(z,0,'orientation','right','Labels',y);  %画聚类图
else
 h=dendrogram(z,0,'orientation','right');%right为聚类图的方向
```

```
end
set(h,'Color','k','LineWidth',1.3);
    %把聚类图线的颜色改成黑色,线宽加粗
T=cluster(z,'maxclust',ls) ;  %把变量划分成ls类
for i=1:ls
    tm=find(T==i);   %求第i类的对象
    tm=reshape(tm,1,length(tm)); %变成行向量
    fprintf('第%d类的有%s\n',i,int2str(tm)); %显示分类结果
end
jl1=ones(ls,1);
for i=1:jldgs
    jljg(T(i),jl1(T(i)))=i;
    jl1(T(i))=jl1(T(i))+1;
end
```

例 9.7 的主函数如下.

```
clear all
X_av=[3090.00    3761.33    420.33    527.33    627.00    788.00 ...
      1509.33    2022.33    2361.67    706.00    1786.00    1219.00 ...
      1941.33    1640.00 ...
2058.67    2216.67    400.00    1102.33    437.00    358.33    1416.00 ...
      1476.33    1436.00    580.00    1935.00    750.00    1260.00 ...
      1234.67 ...
7516.67    10206.67    1526.67    2883.33    642.29    563.33    4933.33 ...
      4830.00    4060.00    910.00    8676.67    1636.67    5873.33 ...
      2050.00 ...
1746.33    1477.67    352.00    437.00    222.87    258.67    691.33 ...
      598.67    810.00    188.33    1035.33    428.00    737.67    440.67 ];
Y_av=[1420.00    1318.33    87.33    524.67    253.80    453.00    494.00 ...
      736.00    544.67    148.00    857.33    421.33    952.00    287.67 ...
786.67    720.00    96.67    203.33    104.59    173.33    383.33 ...
      356.67    433.33    96.67    583.33    273.33    390.00    253.33 ...
1775.33    1545.67    378.67    441.33    209.40    275.33    802.67 ...
      611.33    775.67    193.67    1106.00    475.33    796.00    460.67 ...
4.00    3.67    3.67    3.00    2.33    3.67    2.00    2.00 ...
      2.00    2.67    2.00    3.00    2.00    2.67 ];
X_min=[2806    3308    416    494    561    755    1106    1788    2322 ...
      433    1658    1057    1859    1599    1807    1950    400    1060    400 ...
      335    1416    1459    1412    512    1898    700    1200    1077 ...
6850    9380    900    1490    590    520    4360    4120    2940    800 ...
      8500    1580    5500    1800 ...
```

9.2 基于博弈理论的广义模糊数据包络分析方法及其 MATLAB 算法

```
    1609    1243    331   338   163.607   225    612    467    758   137    906 ...
        391    716  415];
X_max=[3447  4258     423  570  668   852   1821     2349      2415       850 ...
      1914  1475   1994   1688 ...
2561    2639    400  1174    511  370  1416    1500    1455    649  1962 ...
        780  1380      1314 ...
8500    11250    1860     5570    670  600  5590    5650    4640       970 ...
        8790    1670    6220    2290 ...
1910    1657     365  567  285  284  789  670  850  228  1124    463  763 ...
        466];
Y_min=[1356  1107    81   522  218.4    432  477  619  544  137  805  403 ...
        952  274 ...
770  680   90   190  103.76    160  370  360  400   90   560  270  380  240 ...
1628  1388   359   314   178.205   270     758   600   653   145   1009 ...
        430   790    448 ...
3   3   3   2   1   3   2   1   2   2   2   3   2   2];
Y_max=[1474     1520    91     557     286    468    510    910    552      165 ...
            890    433    954    299 ...
800    770    100   220    110    190   390    360   470    110    600    280 ...
        400    270 ...
1939    1670    390   590    246   296    846    624   908    228   1204       515 ...
        806    475 ...
5   4   4   4   3   4   2   3   2   3   2   3   2   3];
[theta,lambda,s_minus,s_plus,ty]=zhdea_dual(0,0,0,X_av,Y_av);
    %算法4.2
[theta1,lambda1,s_minus1,s_plus1]=super_dual(0,0,0,X_av,Y_av);
    %算法6.1
for i=1:14
    X0=X_max(:,i);
    Y0=Y_min(:,i);
    [theta0(i),lambda0,s_minus0,s_plus0,ty0]=gydea_dual(0,0,0,X0,...
        Y0,X_min,Y_max);%算法5.1
    X10=X_min(:,i);
    Y10=Y_max(:,i);
    [theta10(i),lambda10,s_minus10,s_plus10,ty10]=gydea_dual(0,0,...
        0,X10,Y10,X_max,Y_min);
end
for i=1:14
    XS0=X_max(:,i);
    YS0=Y_min(:,i);
```

```
        [xl1(i,:),u,w]=zhdea_or_game_cooperate (0,0,0,X_min,Y_max,...
            X_max,Y_min,XS0,YS0);
        for j=1:14
            if xl1(i,j)==max(xl1(i,:))
                hz_opt1(i)=j;
            end
        end
        XS10=X_min(:,i);
        YS10=Y_max(:,i);
        [xl10(i,:),u,w]=zhdea_or_game_cooperate(0,0,0,X_max,Y_min,...
            X_min,Y_max,XS10,YS10);
        for j=1:14
            if xl10(i,j)==max(xl10(i,:))
                hz_opt2(i)=j;
            end
        end
end
for i=1:14
    XSJZ0=X_max(:,i);
    YSJZ0=Y_min(:,i);
    [xljz1(i,:),u,w]=zhdea_or_game_compete(0,0,0,X_min,Y_max,...
        X_max,Y_min,XSJZ0,YSJZ0);
    for j=1:14
        if xljz1(i,j)==min(xljz1(i,:))
            hz_opt3(i)=j;
        end
    end
    XSJZ10=X_min(:,i);
    YSJZ10=Y_max(:,i);
    [xljz10(i,:),u,w]=zhdea_or_game_compete (0,0,0,X_max,Y_min,...
        X_min,Y_max,XSJZ10,YSJZ10);
    for j=1:14
        if xljz10(i,j)==min(xljz10(i,:))
            hz_opt4(i)=j;
        end
    end
end
xl_last=[theta;theta1;theta0;theta10]
hz_jz=[hz_opt1;hz_opt2;hz_opt3;hz_opt4]
data=[X_av;Y_av];
```

9.2 基于博弈理论的广义模糊数据包络分析方法及其 MATLAB 算法

```
jljg=julei(data',5)
```

运行结果如下.

```
xl_last =
1 列 至 9 列
  1.0000  0.9541  1.0000  1.0000  0.8713  1.0000  1.0000  0.9314  0.8579
  1.0801  0.9541  1.7936  1.8477  0.8713  2.1559  1.0619  0.9314  0.8579
  0.7527  0.6218  0.9165  0.8275  0.5590  0.8357  0.6910  0.6405  0.5996
  1.3885  1.3303  1.9487  2.3802  1.7348  1.6825  1.4523  1.3837  1.2266
10 列 至 14 列
  0.9992   1.0000    1.0000    0.9802    0.9325
  0.9992   1.1334    1.0128    0.9802    0.9325
  0.4716   0.8512    0.7044    0.7381    0.6299
  2.0708   1.4144    1.3625    1.1133    1.1805
hz_jz =
     3    3    1    1    1    1    3    3    1    3    1    3    1
    10   10    1    1    1   10   10   10    1   10    1   10    1
    10   10    1    2    2   10   10   10    2   10    2   10    2
    10   10    1    1    1    2   10    2   10    1   10    2   10    2
第 1 类 的 有 3    5    6    10
第 2 类 的 有 4    12   14
第 3 类 的 有 2
第 4 类 的 有 1    11
第 5 类 的 有 7    8    9    13
jljg =
     3    5    6   10
     4   12   14    0
     2    0    0    0
     1   11    0    0
     7    8    9   13
```

第三, 将内蒙古自治区 14 所三甲医院三年的各指标的平均值作为新决策单元的指标值, 利用广义数据包络分析方法得到 14 所三甲医院在平均状态下的效率值记为平均效率. 将某一医院某一指标三年的数据视作该指标的一种状态, 选取投入指标的最大值和产出指标的最小值作为决策单元的输入输出数据得到了内蒙古自治区 14 所三甲医院的最低效率值, 选取投入指标的最小值和产出指标的最大值作为决策单元的输入输出数据得到了内蒙古自治区 14 所三甲医院的最高效率值, 如表 9.7 所示.

表 9.7   内蒙古自治区 14 所三甲医院不同效率值比较

医院代码	H1	H2	H3	H4	H5	H6	H7
平均效率	1.000	0.909	1.000	1.000	0.870	1.000	1.000
最低效率	0.753	0.624	0.917	0.831	0.559	0.836	0.693
最高效率	1.390	1.333	1.950	2.382	1.736	1.683	1.453
医院代码	H8	H9	H10	H11	H12	H13	H14
平均效率	0.899	0.850	0.988	1.000	1.000	0.953	0.923
最低效率	0.643	0.600	0.472	0.852	0.705	0.740	0.630
最高效率	1.389	1.228	2.073	1.417	1.363	1.114	1.182

第四, 为了更加清晰地表现三种效率的差异, 绘制出三种效率值的折线图, 如图 9.3 所示. 从图 9.3 可知, 各医院的平均效率值在最高效率和最低效率值之间且效率值相对稳定. 其中最高效率可以作为医院 A 是否与医院 B 合作的标准, 若医院 A 与医院 B 进行合作后的效率高于医院 A 的最高效率, 那么医院 A 应该选择和医院 B 进行合作; 最低效率可以作为医院 A 是否与医院 B 竞争的标准, 若医院 A 与医院 B 进行竞争后的效率低于医院 A 的最低效率, 那么医院 A 可能会放弃和医院 B 进行竞争. 在实际应用过程中, 医院 A 与医院 B 进行竞争或者合作后的效率值与医院 A 的平均效率值并无显著性变化, 但能较大程度降低医院 B 或提高医院 B 的效率, 那么医院 A 与医院 B 是值得进行竞争或者合作的.

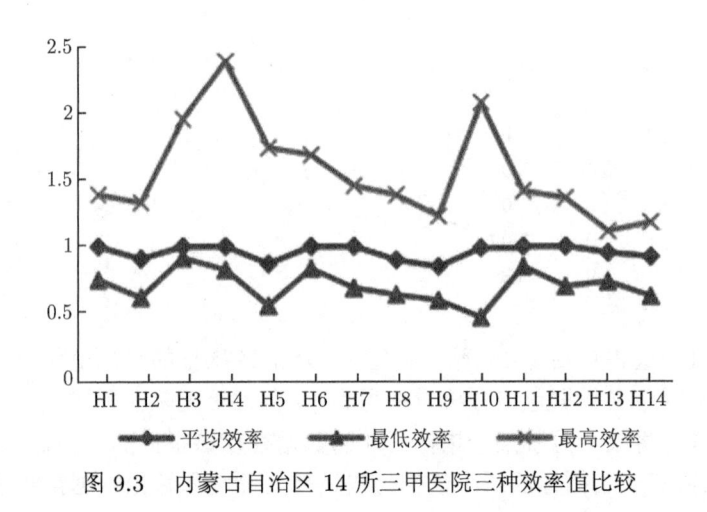

图 9.3   内蒙古自治区 14 所三甲医院三种效率值比较

第五, 医院的竞争与合作策略分析. 考虑到各个医院之间规模不同, 不同规模的医院之间的竞争与合作意愿并不对等的现实情况, 按照规模差异将 14 所三甲医

9.2 基于博弈理论的广义模糊数据包络分析方法及其 MATLAB 算法

院分为五类: 第 1 类的有 H3, H5, H6, H10; 第 2 类的有 H4, H12, H14; 第 3 类的有 H2; 第 4 类的有 H1, H11; 第 5 类的有 H7, H8, H9, H13. 聚类分析结果如图 9.4 所示.

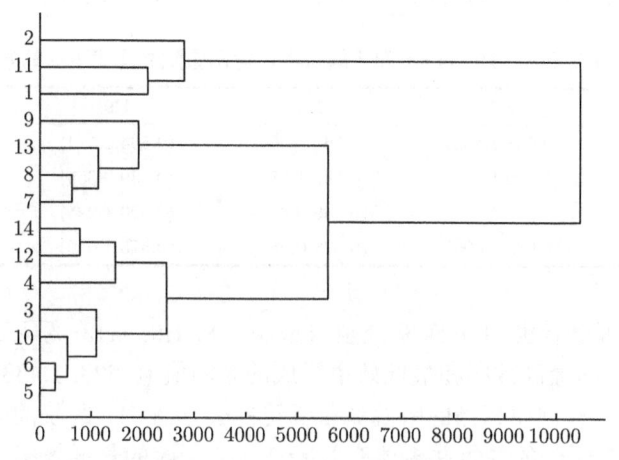

图 9.4　内蒙古自治区 14 所三甲医院聚类分析结果

同等规模医院之间的合作与竞争更加具有代表性, 因为大规模的医院从合作意愿上难以想到和规模较小的医院之间进行合作, 规模较小的医院也难以构成较大规模医院的竞争对手. 为此, 首先对第一类医院 H3, H5, H6, H10 利用本专著提出的基于博弈理论的广义模糊 DEA 模型计算得到它们之间合作后的效率变化区间如表 9.8 所示.

表 9.8　H3, H5, H6, H10 四所医院中任意两医院之间合作后的效率区间值

医院代码	H3	H5	H6	H10
H3	(0.916,1.949)	(1.179,2.481)	(1.388,2.408)	(1.157,2.963)
H5	(1.179,2.481)	(0.559,1.735)	(0.991, 2.314)	(0.568,2.073)
H6	(1.388,2.408)	(0.991,2.314)	(0.836,1.682)	(0.911,2.764)
H10	(1.157,2.963)	(0.568,2.073)	(0.911, 2.764)	(0.472,2.071)

在表 9.8 中的对角线上的数值即为原来医院的效率值的最大值与最小值. 下面以 H3 医院为例展开分析. H3 医院与 H5 医院合作后, 其效率值变化区间为 (1.179, 2.481), 而 H3 医院在非合作状态下最低效率为 0.916, 最高效率为 1.949, 这说明在合作状态下 H3 医院的效率可以得到较大幅度的提升, 因此, 对于 H3 医院而言与 H5 医院的合作是可取的. 如果从乐观准则角度考虑 H3 医院和 H10 医院合作后的最高效率能够达到 2.963, 因此, H10 医院是乐观准则下的 H3 医院最

优合作伙伴. 如果从悲观准则角度考虑 H3 医院和 H6 医院合作后的最高效率能够达到 1.388, 因此, H6 医院是悲观准则下 H3 医院的最优合作伙伴.

第六, 对第二类医院 H7, H8, H9, H13 利用本专著提出的基于博弈理论的广义模糊 DEA 模型计算得到它们之间竞争后的效率变化区间如表 9.9 所示.

表 9.9　H7, H8, H9, H13 四所医院中任意两医院之间竞争后的效率区间值

医院代码	H7	H8	H9	H13
H7	(0.693,1.453)	(0.566,1.062)	(0.564,1.114)	(0.688,1.096)
H8	(0.566,1.062)	(0.643,1.389)	(0.539,0.855)	(0.578,0.955)
H9	(0.564,1.114)	(0.539,0.855)	(0.600,1.228)	(0.573,1.040)
H13	(0.688,1.096)	(0.578,0.955)	(0.573,1.040)	(0.740,1.114)

从表 9.9 可以看出, H7 医院分别与医院 H8, H9, H13 竞争后, 其效率区间值均比 H7 医院的最高效率和最低效率组成的区间值 (0.693, 1.453) 要低, 这对于 H7 医院来说, 选择规模相当的医院竞争都可能会导致 H7 医院的效率降低. 但是 H7 医院与 H13 医院的竞争并未能有效降低 H7 医院的最低效率, 其最低效率降低幅度仅为 0.005, 却能够有效降低 H13 医院的最低效率, 降低幅度达到了 0.052. 另外, H13 医院与 H7 医院的竞争在并未显著性降低 H13 医院的最高效率的前提下有效降低了 H7 医院的最高效率. 从这两种角度分析发现 H7 医院很有可能和 H13 医院形成竞争局面.

参 考 文 献

[1] Cao L, Ma Z X, Mu R. Cooperation and competition strategy analysis of decision making units based on efficiency game[J]. Journal of Systems Science and Systems Engineering, 2020,29(2), 235-248.

[2] 木仁, 马占新, 崔巍. 基于偏序集理论的数据包络分析方法[J]. 系统工程与电子技术, 2013, 35(2): 350-356.

[3] Mu R, Ma Z X, Cui W. Fuzzy data envelopment analysis approach based on sample decision making units[J]. Journal of Systems Engineering and Electronics, 2012, 23(3): 399-407.

[4] 木仁, 唐格斯, 曹莉, 等. 基于博弈理论的广义模糊数据包络分析方法[J]. 内蒙古大学学报 (自然科学版), 2020, 51(3): 268-278.

[5] 马占新, 吕喜明. 带有偏好锥的样本数据包络分析方法研究[J]. 系统工程与电子技术,2007, 29(8): 1275-1281.

[6] Mu R, Ma Z X, Cui W. Generalized fuzzy data envelopment analysis methods [J]. Applied Soft Computing, 2014, 19(6): 215-225.

[7] 木仁, 马占新, 崔巍. 模糊数据包络分析方法有效性分析[J]. 模糊系统与数学, 2013, 27(4): 157-166.

[8] 马占新, 马生昀. 基于 C^2W 模型的广义数据包络分析方法研究 [J]. 系统工程与电子技术, 2009, 31(2): 366-372.

[9] 马占新, 马生昀. 基于 C^2WY 模型的广义数据包络分析方法 [J]. 系统工程学报, 2011, 26(2): 251-261.

第 10 章　决策单元投入产出指标的合并评价方法

在评价具有多个投入产出数据的决策问题时，随着投入产出指标数量的增加，有效的决策单元数量可能会变得越来越多，从而难以区分各个决策单元的优劣。虽然通过超效率及交叉效率等方法可以进一步区分这些有效决策单元，但利用这些方法难以进一步获取各类决策单元的改进信息. 对于这些特殊情况，学者们通过决策单元投入产出指标的合并不仅有效地区分了各个决策单元，同时也对决策单元的投影改进提出了新的理论与方法.

10.1　层次分析方法

层次分析法 (analytic hierarchy process, AHP) 是将与决策相关的因素分解成目标层、准则层、方案层等层次，在此基础之上进行定性和定量分析的决策方法. 该方法是美国运筹学家匹兹堡大学教授萨蒂于 20 世纪 70 年代初，在为美国国防部研究 "根据各个工业部门对国家福利的贡献大小而进行电力分配" 课题时，应用网络系统理论和多目标综合评价方法，提出的一种层次权重决策分析方法[1].

10.1.1　层次分析方法基本原理介绍

1. 将因素分层

应用 AHP 解决实际问题，首先明确影响问题的因素，并把它条理化、层次化，理出递阶层次结构.

AHP 要求的递阶层次结构一般由以下三个层次组成：
目标层 (最高层)——指决策的目的、要解决的问题；
准则层 (中间层)——指考虑的因素、目标决策的准则；
方案层 (最底层)——指决策的备选方案.
利用层次分析法进行决策时，通常有方案层，在进行综合评价时一般没有方案层，但确定权重的方法一样.

准则层可以允许有多层，对相邻的两层，称高层为目标层，底层为因素层.

找到影响目标决策的因素，作为目标层下的准则层因素. 在复杂问题中，影响目标决策的因素可能有很多，这时要详细分析各因素间的相互关系，即有些是主要的准则因素, 有些是隶属于主要准则的次准则因素. 根据这些关系将准则因素分成不同的层次和组, 不同层次元素间一般存在隶属关系, 即上一层元素由下一层元素构成并对下一层元素起支配作用, 同一层元素形成若干组, 同组元素性质相近, 一般隶属同一个上一层元素 (受上一层元素支配). 不同组元素性质不同, 一般隶属于不同的上一层元素. 根据具体问题, 准则层可以是一层或多层.

层次分析法所要解决的问题是关于因素层对目标层的相对权重问题.

2. 构造判别矩阵

根据梯阶层次结构构造判别矩阵. 确定判别矩阵的方法为: 反复咨询专家, 根据判别矩阵的准则面, 对元素两两比较哪个重要, 重要多少, 最终对重要性程度按 1—9 进行赋值 (重要性标度值见表 10.1).

表 10.1 重要性标度含义表

重要性标度	含义
1	表示两个元素相比, 具有同等重要性
3	表示两个元素相比, 前者比后者稍重要
5	表示两个元素相比, 前者比后者明显重要
7	表示两个元素相比, 前者比后者强烈重要
9	表示两个元素相比, 前者比后者极端重要
2, 4, 6, 8	表示上述判断的中间值
倒数	若元素 i 与 j 的重要性之比为 a_{ij}, 则元素 j 与 i 的重要性之比为 a_{ji}

设判别矩阵为 $\mathbf{A} = (a_{ij})_{n \times n}$, 判别矩阵具有如下性质:

$$a_{ij} > 0, \quad a_{ji} = \frac{1}{a_{ij}}, \quad a_{ii} = 1$$

显然, 判别矩阵具有反对称性.

在特殊情况下, 判别矩阵可以具有传递性, 即满足等式: $a_{ij}a_{jk} = a_{ik}$, 若判别矩阵的所有元素都满足传递性, 则称该判别矩阵为一致性矩阵.

一致性矩阵的性质:

(1) $a_{ji} = \dfrac{1}{a_{ij}}, a_{ii} = 1, i = 1, 2, \cdots, n$;

(2) $\mathbf{A}^{\mathrm{T}}$ 也是一致性矩阵;

(3) 若 $\mathbf{A}$ 的各行成比例, 则矩阵 $\mathbf{A}$ 的秩为 1;

(4) $\mathbf{A}$ 的最大特征值为 $\lambda = n$, 其他 $n-1$ 个特征值均为 0;

(5) $\mathbf{A}$ 的任一列 (行) 都是对应于特征根 n 的特征向量.

3. 计算权向量与判别矩阵的一致性检验

权向量是指每一个判别矩阵各因素针对其准则的相对权重 (权向量). 计算权向量的方法有特征根法、和法、根法等.

(1) 特征根法步骤.

求判别矩阵的最大特征根和相应的特征向量, 即计算满足 $\mathbf{Aw} = \boldsymbol{\lambda}\mathbf{w}$ 的最大特征根 λ 和对应的特征向量 $\mathbf{w}$ 的各分量为对应元素的相对重要性权重, 在 MATLAB 中利用命令 [V,D]=eig(x), 可以非常方便地求出最大特征根和相应的特征向量.

(2) 和法步骤.

首先将判别矩阵按列归一化: $b_{ij} = \dfrac{a_{ij}}{\sum\limits_{i=1}^{n} a_{ij}}$, 并按列求和 $v_i = \sum\limits_{j=1}^{n} b_{ij}$, 再对 v_i 进行归一化处理 $w_i = \dfrac{v_i}{\sum\limits_{i=1}^{n} v_i}$ 后的数据即可作为近似权向量. 为了进行后面的一致性检验, 需求最大特征根 $\lambda_{\max} = \dfrac{1}{n} \sum\limits_{i=1}^{n} \dfrac{(\mathbf{Aw})_i}{w_i}$.

(3) 根法步骤.

首先将判别矩阵按列求 $v_i = \left(\prod\limits_{j=1}^{n} a_{ij}\right)^{\frac{1}{n}}$, 其次进行归一化处理得到近似权向量 $w_i = \dfrac{v_i}{\sum\limits_{i=1}^{n} v_i}$. 为了进行后面的一致性检验, 求最大特征根 $\lambda_{\max} = \dfrac{1}{n} \sum\limits_{i=1}^{n} \dfrac{(\mathbf{Aw})_i}{w_i}$.

一致性检验的步骤如下.

第一步, 计算一致性指标 CI (consistency index).

$$\mathrm{CI} = \dfrac{\lambda_{\max} - n}{n - 2}$$

第二步, 查表确定相应的平均随机一致性指标 RI (random index), 平均随机一致性指标 RI 的数值见表 10.2.

根据判别矩阵不同阶数查表 10.2, 得到平均随机一致性指标 RI. 例如, 对于 5 阶的判别矩阵, 查表得到 RI = 1.12.

第三步, 计算一致性比例 CR (consistency ratio), 并进行判断

$$CR = \frac{CI}{RI}$$

当 CR = 0 时, 认为判别矩阵具有完全一致性; 当 CR ≤ 0.1 时, 认为判别矩阵的一致性是可以接受的; 当 CR > 0.1 时, 认为判别矩阵不符合一致性要求, 需要对该判别矩阵进行重新构造, 加以修正.

表 10.2 平均随机一致性指标 RI 的数值表

矩阵阶数	1	2	3	4	5	6	7	8
RI	0	0	0.52	0.89	1.12	1.26	1.36	1.41
矩阵阶数	9	10	11	12	13	14	15	
RI	1.46	1.49	1.52	1.54	1.56	1.58	1.59	

10.1.2 层次分析方法应用实例介绍

例 10.1 试利用层次分析方法确定双色球发行方案中影响彩民吸引力的主要因素指标权重.

通过对双色球发行方案的深入了解, 确定出影响彩票吸引力的层次结构模型, 如图 10.1 所示.

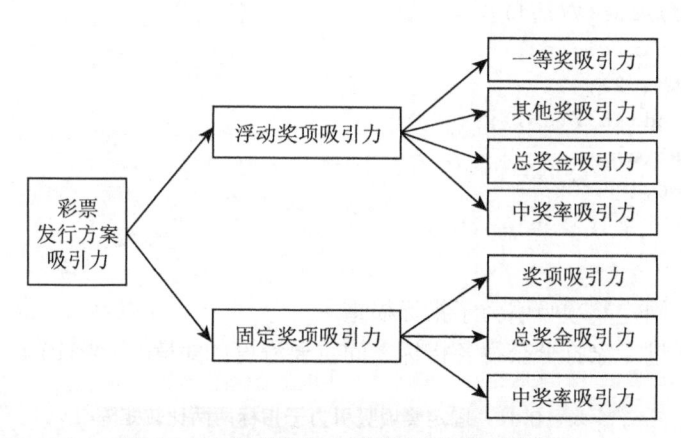

图 10.1 彩票发行方案吸引力层次结构图

(1) 确定浮动奖项吸引力和固定奖项吸引力权重.
其确定权重的 MATLAB 算法如下.

```
clear all
p1=[1 2;1/2 1];%专家认为浮动奖项的吸引力略高于固定奖项吸引力
```

```
[V,D]=eig(p1);
w=V(:,1)/sum(V(:,1))
```

因只有两个指标,一致性检验自动通过,故通过上述算法获得各指标的权重如下:浮动奖项吸引力为 2/3, 固定奖项吸引力为 1/3.

(2) 确定浮动奖项吸引力子指标权重.

首先,通过专家打分获得各指标之间重要程度的矩阵,如表 10.3 所示.

表 10.3　浮动奖项吸引力子指标两两比较矩阵

	一等奖吸引力	其他奖吸引力	总奖金吸引力	中奖率吸引力
一等奖吸引力	1	5	3	3
其他奖吸引力	1/5	1	1/2	2
总奖金吸引力	1/3	2	1	1
中奖率吸引力	1/3	1/2	1	1

其次,通过如下算法可以确定各子指标权重.

```
clear all
RI=[0 0 0.52 0.89 1.12 1.26 1.36 1.41 1.46 1.49 1.52 1.54...
    1.56 1.58 1.59];
p2=[1 5 3 3;1/5 1 1/2 2;1/3 2 1 1;1/3 1/2 1 1];%专家打分获得
[V,D]=eig(p2);
w=V(:,1)/sum(V(:,1))
lambda=max(eig(p2))
n=length(p2);
CI=(lambda-n)/(n-1);
CR=CI/RI(n)
if CR>=0.1
'不通过一致性检验'
end
```

(3) 确定固定奖项吸引力子指标权重.

首先,通过专家打分获得各指标之间重要程度的矩阵,如表 10.4 所示.

表 10.4　固定奖项吸引力子指标两两比较矩阵

	奖项吸引力	总奖金吸引力	中奖率吸引力
奖项吸引力	1	3	1/5
总奖金吸引力	1/3	1	1/6
中奖率吸引力	5	6	1

其次,通过如下算法可以确定各子指标权重.

10.2 熵权法

```
clear all
RI=[0 0 0.52 0.89 1.12 1.26 1.36 1.41 1.46 1.49 1.52 1.54 ...
    1.56 1.58 1.59];
p3=[1   3   1/5;1/3 1   1/6;5   6   1];%专家打分获得
[V,D]=eig(p3);
w=V(:,1)/sum(V(:,1))
lambda=max(eig(p3))
n=length(p3);
CI=(lambda-n)/(n-1);
CR=CI/RI(n)
if CR>=0.1
'不通过一致性检验'
end
```

(4) 确定各指标对总层次的影响权重.

通过前三步获得了每个子层的权重, 最后还需计算出最底层指标对总层次的影响权重大小. 其具体计算方式是当前指标乘以之前层次的每个指标, 并计算获得具体数据. 对于前面问题获得如表 10.5 所示的指标权重计算结果.

表 10.5 层次总排序矩阵

目标层	准则层及权重	方案层及权重	总排序权重
彩票发行方案吸引力	浮动奖项吸引力 (2/3)	一等奖吸引力 0.5294	0.3530
		其他奖项吸引力 0.1465	0.0977
		总奖金吸引力 0.1882	0.1254
		中奖率吸引力 0.1360	0.0906
	固定奖项吸引力 (1/3)	奖项吸引力 0.1947	0.0649
		总奖金吸引力 0.0881	0.0294
		中奖率吸引力 0.7172	0.2391

(5) 结论.

在彩票发行吸引力中一等奖吸引力权重最高, 达到 0.3530, 显著高于其他吸引力, 其次是固定奖中奖率吸引力权重, 达到 0.2391, 排在前两位的权重总和接近 60%, 因此可以认为彩票发行方案主要受到该两项指标的影响. 其他项也具有一定吸引力, 但权重不高, 其中固定奖项总奖金吸引力最低.

10.2 熵权法

熵本身是热力学概念, 最早由香农 (C. E. Shannon) 引入到信息论中加以应用. 目前该方法在工程技术、社会科学及经济学等领域中得到了广泛的应用.

熵权法是一种客观赋权方法. 该方法根据各指标权重的变异程度, 利用信息熵计算出各指标的熵权, 再通过熵权对各指标的权重进行修正, 从而得到较为合理的指标权重.

10.2.1 熵权法的基本原理

信息论基本原理中, 信息是系统有序程度的一种度量, 而熵则是系统无序程度的度量.

假定系统可能处于 n 种不同的状态, 其每种状态出现的概率为 p_i $(i = 1, 2, \cdots, n)$, $p_1 + p_2 + \cdots + p_n = 1$, 则该系统的熵定义为

$$e = -\sum_{i=1}^{n} p_i \ln p_i$$

不难证明, 当 $p_i = 1/n$ $(i = 1, 2, \cdots, n)$, 即各状态出现的概率相同时, 熵取得最大值

$$e_{\max} = \ln n$$

根据上面定义可知, 熵越大表明指标值的变异程度越小, 在综合评价中该指标的权重就应该越小; 反之熵值越小表明指标值的变异程度越大, 在综合评价中该指标的权重就应该越大.

10.2.2 利用熵权法确定指标权重

假设有 n 个待评价项目, m 种评价指标, x_{ij} 表示第 i 个项目在第 j 个指标上的评价值, 则形成如下原始数据矩阵:

$$\mathbf{X} = \begin{bmatrix} x_{11} & x_{12} & \cdots & x_{1m} \\ x_{21} & x_{22} & \cdots & x_{2m} \\ \vdots & \vdots & & \vdots \\ x_{n1} & x_{n2} & \cdots & x_{nm} \end{bmatrix}$$

第一步: 对指标数据进行标准化处理, 这里假定采用极差标准化处理方法, 对正指标和逆指标的处理方式如下

$$\text{正指标 } r_{ij} = \frac{x_{ij} - \min\{x_{1j}, x_{2j}, \cdots, x_{nj}\}}{\max\{x_{1j}, x_{2j}, \cdots, x_{nj}\} - \min\{x_{1j}, x_{2j}, \cdots, x_{nj}\}}$$

$$\text{逆指标 } r_{ij} = \frac{\max\{x_{1j}, x_{2j}, \cdots, x_{nj}\} - x_{ij}}{\max\{x_{1j}, x_{2j}, \cdots, x_{nj}\} - \min\{x_{1j}, x_{2j}, \cdots, x_{nj}\}}$$

得到如下标准化处理矩阵:

10.2 熵权法

$$\mathbf{R} = \begin{bmatrix} r_{11} & r_{12} & \cdots & r_{1m} \\ r_{21} & r_{22} & \cdots & r_{2m} \\ \vdots & \vdots & & \vdots \\ r_{n1} & r_{n2} & \cdots & r_{nm} \end{bmatrix}$$

利用上述方法求得的 r_{ij} 中存在等于 0 的数字，因等于 0 的数字无法取对数，故可对极差处理数据加以特殊处理，可采用 r_{ij} 的每个数值均加上一个较少的数的方式来保障所有数据都能取对数.

第二步: 计算第 i 个项目在第 j 个指标上的比重

$$p_{ij} = r_{ij} \bigg/ \sum_{i=1}^{n} r_{ij}$$

第三步: 计算第 j 个指标的熵

$$e_j = -\frac{1}{\ln n} \sum_{i=1}^{n} p_{ij} \ln p_{ij} \quad (j=1,2,\cdots,m)$$

第四步: 计算第 j 个指标的熵权

$$w_j = \frac{1-e_j}{\sum_{j=1}^{m}(1-e_j)} \quad (j=1,2,\cdots,m)$$

第五步: 确定指标的综合权重 β_j $(j=1,2,\cdots,m)$，假设评估者事先确定好了各指标重要性的权重 α_j $(j=1,2,\cdots,m)$，则可获得如下综合指标权重

$$\beta_j = \frac{\alpha_j w_j}{\sum_{j=1}^{m} \alpha_j w_j}$$

10.2.3 利用熵权法确定指标权重 MATLAB 算法

熵权法的 MATLAB 求解算法如算法 10.1 所示[2].

(算法 10.1——熵权法算法)

```
function beta=sqf(x,bzh,y,alpha)   %bzh,y及alpha可省略
%x为原始数据,bzh用来说明x是否为标准化数据,1为标准化数据,
%0为非标准化数据
```

```
%y为指标性质,1表示正指标,-1表示逆指标,alpha为确定好的重要性权重
wc=0.0001;%极差处理下限
n=length(x(:,1));   m=length(x(1,:));
%------获取默认值及有效化处理------
if nargin==1
    bzh=0; y=ones(1,m);%数据默认为非标准化数据,指标默认为正指标
    alpha=ones(1,m)./m;%alpha的默认取值为m分之一
end
if nargin==2
    y=ones(1,m);%指标默认为正指标
    alpha=ones(1,m)./m;%alpha的默认取值为m分之一
end
if nargin==3
    alpha=ones(1,m)./m;%alpha的默认取值为m分之一
end
if sum(alpha)~=1
    alpha=alpha./sum(alpha);
end
flag1=0;
if sum(abs(y)==1)~=m|min(alpha)<0|(bzh~=1&bzh~=0)  %判断数据有效性
    flag1=1;
    'Data error|'
end
%------求解权重------
if bzh==0
  for i=1:n
    for j=1:m
        if y(j)==1
          r(i,j)=(x(i,j)-min(x(:,j)))/(max(x(:,j))-min(x(:,j)))+wc;
        end
        if y(j)==-1
          r(i,j)=(max(x(:,j))-x(i,j))/(max(x(:,j))-min(x(:,j)))+wc;
        end
    end
  end
else
    r=x;
end
for i=1:n
    for j=1:m
```

```
        p(i,j)=r(i,j)/sum(r(:,j));
    end
end
for j=1:m
    e(j)=-1/log(n)*sum(p(:,j).*log(p(:,j)));
end
w=(1-e)./sum(1-e);beta=alpha.*w/sum(alpha.*w);
```

10.2.4 利用熵权法确定指标权重应用实例

例 10.2 试利用熵权法对某班期末考试成绩进行评价. 相关数据如表 10.6 所示.

表 10.6 某班期末考试成绩表 (I)

姓名	数学建模	认识实习	生产运作管理	网络数据库	网页开发技术	形势与政策	专业外语
A1	85	95	82	75	82	60	91
A2	95	95	82	77	84	60	92
A3	60	75	70	80	87	60	81
A4	95	95	76	77	86	60	89
A5	95	85	77	84	90	60	92
A6	85	85	73	83	90	40	92
A7	85	85	77	82	82	60	88
A8	85	95	82	83	87	60	97
A9	95	95	85	93	96	60	94
A10	60	85	64	74	74	60	87
A11	75	85	64	71	68	60	86
A12	75	85	64	68	73	60	76
A13	75	75	68	77	78	60	86
A14	75	75	78	82	90	60	82
A15	75	85	76	83	83	60	88
A16	75	75	72	67	63	60	90
A17	75	95	67	71	69	60	93
A18	60	95	73	69	65	60	79
A19	85	85	71	78	75	60	89
A20	85	95	85	89	92	50	84
课程学时	40	16	32	48	48	32	24

第一, 将上述 20 位学生的成绩赋值给 x, 并保存到当前工作目录下;

第二, 将熵权法的 MATLAB 算法保存到当前工作目录下, 取名为 sqf;

第三, 因学生们的学习成绩是标准化数据, 且都是正指标, 故在命令窗口中输入 beta = sqf(x,1), 则求得如下指标权重:

```
beta =
    0.2903    0.1115    0.1205    0.1120    0.2039    0.1091    0.0527
```

以下分别用三种方法求学生们的平均成绩和排名.

第一种: 求每位学生的各科平均成绩和排名;

第二种: 以课程学时为权重, 求每位学生加权平均成绩和排名;

第三种: 以课程学时为课程重要度权重, 用熵权法求每位学生的平均成绩与排名, 相关结果如表 10.7 所示.

表 10.7 某班期末考试成绩表 (II)

姓名	平均成绩	排名	加权平均成绩	排名	熵权法平均成绩	排名
A1	81.43	7	79.93	7	80.79	8
A2	83.57	3	82.5	5	84.76	3
A3	73.29	15	73.83	14	72.47	14
A4	82.57	6	81.8	6	84.57	5
A5	83.29	4	83.77	2	86.36	2
A6	78.29	10	78.7	9	80.79	7
A7	79.86	8	79.7	8	80.7	9
A8	84.14	2	83.13	3	83.47	6
A9	88.29	1	88.7	1	90.61	1
A10	72	17	70.5	17	68.24	19
A11	72.71	16	71.1	16	70.88	17
A12	71.57	19	70.5	17	71.43	16
A13	74.14	14	74.17	13	74.32	13
A14	77.43	12	78.5	10	79.1	10
A15	78.57	9	78.3	11	77.88	11
A16	71.71	18	70.1	19	69.47	18
A17	75.71	13	73.07	15	72.18	15
A18	71.57	19	68.77	20	66.29	20
A19	77.57	11	76.8	12	77.69	12
A20	82.86	5	83.1	4	84.58	4

通过表 10.7 可以看出, 利用不同方法对学生进行排名时, 各学生的名次具有一定的变化.

10.3 决策单元投入产出指标合并评价方法

利用层次分析方法或熵权法可以对不同指标的重要性进行量化评价. 当各个指标的权重及其对应的指标数值确定后每个决策单元 (或个体) 就有了具体的评价结果. 然而, 这两种方法更适合于数据并未划分为投入指标或产出指标的评价类问题. 为此我们进一步讨论如何利用层次分析方法和熵权法来对具有投入产出指标的决策问题展开相关的评价.

例 10.3 已知具有三个投入、三个产出的 8 个决策单元投入产出数据, 具体数据如表 10.8 所示. 试利用 BCC 模型对各个决策单元进行效率评价.

表 10.8　具有三个投入、三个产出的 8 个决策单元投入产出数据

	DMU1	DMU2	DMU3	DMU4	DMU5	DMU6	DMU7	DMU8
投入 1	3	4	3	1	3	5	2	1
投入 2	1	2	1	1	1	3	5	4
投入 3	5	3	2	2	5	3	2	2
产出 1	2	1	3	2	1	4	3	1
产出 2	3	5	1	5	1	4	2	4
产出 3	1	5	2	1	4	3	4	1
投入总量	9	9	6	4	9	11	9	7
产出总量	6	11	6	8	6	11	9	6
BCC 效率	1	1	1	1	1	1	1	1
BCC 合成效率	0.444	1	0.667	1	0.444	0.818	0.630	0.571

解　利用 BCC 模型相关算法计算获得各个决策单元的效率值均为 1, 因此难以区分各个决策单元. 为此我们利用投入总量数据和产出总量数据对各个决策单元进行评价, 其具体评价结果如表 10.8 中的最后两行所示.

利用投入总量和产出总量对决策单元的评价过程可以被称为指标的合成过程. 但如果投入产出指标是尚无进行标准化处理的数据, 则可能需要通过标准化处理后才能够进行合成评价.

参 考 文 献

[1] 木仁、吴建军、李娜, 等. MATLAB 与数学建模 [M]. 北京: 科学出版社, 2018.
[2] 木仁. MATLAB 数据处理与建模 [M]. 长春: 吉林大学出版社, 2021.

第 11 章 大规模数据包络分析模型求解算法

11.1 大规模 DEA 模型求解算法介绍

针对大规模 DEA 模型中决策单元的效率求解问题,学者们提出了不同方案 [1-6]. 在这些方案中,目前具有典型意义及较强求解效率的方法包括 HD 算法 [7]、BH 算法 [8,9] 以及 Framework 方法 [10]. 在本章中,我们对这几种方法分别展开了介绍.

11.1.1 HD 算法

Barr 和 Duurchholz[7] 提出的 HD (hierarchal decomposition) 算法对大规模 DMU 进行分组计算,将 n 个 DMU 随机分成 p 组,每组的组容量为 b,参数 β 与 γ 用来辅助找到计算速度最快的 b 值,HD 算法如下.

步骤 1: 将 n 个 DMU 随机分成 p 组.

步骤 2: 分别计算每组的有效 DMU, 并将每组的有效 DMU 放入集合 $E^i(i=1,2,\cdots,p)$.

步骤 3: 情况 1, $\bigcup_i E^i$ 规模在目前计算机可计算的范围内,计算 $\bigcup_i E^i$ 中的有效 DMU, 以这些有效 DMU 为参照系计算出所有 DMU 的效率,计算结束;情况 2, $\bigcup_i E^i$ 规模在目前计算机可计算的范围外,返回步骤 1.

HD 算法中 b 的取值是至关重要的,如果 b 数值偏大每次计算中会删除掉较多的无效决策单元,但也会导致计算速度变慢. 反之,如果 b 取值偏小,虽然计算速度会变快,但每次计算删除掉的无效决策单元数量就会变少. 因此,需要根据参数 β 与 γ 对 b 的取值进行合理的设定. 此外 HD 算法的一个较大缺点是计算过程中会产生重复计算,每次分组后都需要计算组内所有决策单元的效率,进而增加整个算法运行时间 [2].

11.1.2 BH 算法

Dulá[9] 为了改进这一缺点提出 BH (build hull) 算法,通过寻找最少的有效 DMU 构建有效前沿面,即 hull, 通过 hull 来评价其余 DMU 效率值. 算法具体步骤如下:

步骤 1: 找到一个初始的 DMU 构成初始 hull;

步骤 2: ① 找到 hull 外部且距离当前 hull 最远的 DMU 并将其加入 hull 中; ② 重复① 至所有的决策单元均在 hull 里为止;

步骤 3: 以 hull 为参照系计算出所有 DMU 的效率.

BH 算法的缺点是每次寻找新加入 hull 的 DMU 时都要对独立的线性规划模型进行求解, 这也会带来计算时间的增加.

11.1.3 Framework 方法

为了改进这一点 Khezrimotlagh 等[10] 提出一种 Framework 通过对 DMU 效率进行排序来减少整个过程中的重复计算, 可以快速找到 hull 并且评价出所有 DMU 效率. 算法具体步骤如下:

步骤 1: 令 $C=\{1,2,\cdots,n\}$, 它表示所有决策单元序号构成的集合;

步骤 2: 找到所有 DMU 中单项投入最小的 m 个 DMU 所对应的序号放入集合 E_I 和单项产出最大的 s 个 DMU 所对应的序号放入集合 E_O, 并令 $C_1 = C\backslash\{E_I \cup E_O\}$;

步骤 3: 计算与 C_1 中数字序号所对应的 DMU 预期分值, 选取排在前 $p-m-s$ 位的 DMU 序号构成的集合 Q, 并令 $Q_1 = Q \cup E_I \cup E_O$;

步骤 4: 从 Q_1 中数字序号所对应的 DMU 中找到相对有效 DMU 构成 hull, hull 内 DMU 的序号放入集合 Q_2 中, 更新 $C_1 = C\backslash Q_1$;

步骤 5: 令 $Q_3 = \varnothing$, 以 Q_2 为参照系, 逐一判断 C_1 中数字 k 所对应的 DMU_k 是否在 hull 外部, 如果是, 则 $Q_3 = Q_3 \cup \{k\}, C_1 = C_1\backslash\{k\}$;

步骤 6: 情况 1, 如果 $Q_3 = \varnothing$, 则运算结束, 通过步骤 4 和步骤 5 已计算获得所有决策单元效率;

情况 2, 如果 $Q_3 \neq \varnothing$, 则以 $Q_2 \cup Q_3$ 中数字序号所对应的 DMU 组成 hull, 并计算获得 $Q_2 \cup Q_3$ 中有效的决策单元集合 Q_4, 此时 $Q_2 \cup Q_3$ 中数字序号所对应的决策单元效率值已计算获得, 最后以 Q_4 为参照系计算获得剩余的决策单元 $C\backslash(Q_2 \cup Q_3)$ 的效率值;

步骤 7: 结束.

11.2 单台计算机计算大规模 DEA 模型算法

11.2.1 基于逐步引入法的大规模 DEA 模型 MATLAB 求解算法

基于逐步引入法的大规模 DEA 模型求解算法的主要步骤介绍如下:

步骤 1: 选取 m 个初始的决策单元, 并计算出其中的有效决策单元;

步骤 2: 以步骤 1 中计算获得的有效决策单元为参照系利用超效率 DEA 方法逐步引入剩余的 $n-m$ 个决策单元, 如果引入的决策单元效率值大于等于 1 或

效率值不存在, 则将当前决策单元增加到参照系中;

步骤 3: 当参照系中决策单元数量过多时可以考虑重新计算出当前参照系中的有效决策单元;

步骤 4: 在最终获得的参照系中计算出所有有效的决策单元;

步骤 5: 以步骤 4 中计算获得的有效决策单元的参照系计算出所有决策单元的效率值.

相关算法如算法 11.1 所示.

(算法 11.1——基于逐步引入法的大规模 DEA 模型求解算法)

```
function [dataxe,dataye,theta]=large_dd(d1,d2,d3,X,Y,m)
%m为初始选取决策单元个数
n=length(X(1,:));
wc=10^-6;
[dataxe,dataye]=zhdea_efficient(0,0,0,X(:,1:m),Y(:,1:m));
for i=m+1:n
    theta=gydea_dual(0,0,0,X(:,i),Y(:,i),dataxe,dataye);
    if theta>1-wc|length(theta)==0
        dataxe=[dataxe X(:,i)];
        dataye=[dataye Y(:,i)];
    end
    if length(dataxe(1,:))>3000
        [dataxe,dataye]=zhdea_efficient(0,0,0,dataxe,dataye);
    end
end
[dataxe,dataye]=zhdea_efficient(0,0,0,dataxe,dataye);
for i=1:n
    theta(i)=gydea_dual(0,0,0,X(:,i),Y(:,i),dataxe,dataye);
end
```

在算法 11.1 中套用了获取有效决策单元的子算法, 具体算法如算法 11.2 所示.

(算法 11.2——有效决策单元获取算法)

```
function [dataxe,dataye,bh,theta]=zhdea_efficient(d1,d2,d3,X,Y)
%d1=0-->CCR    d1=1,d2=0-->BCC    d1=1,d2=1,d3=0-->FG
%   d1=1,d2=1,d3=1-->ST
wc=10^-6;
for i=1:length(X(1,:))
 X0=X(:,i);
 Y0=Y(:,i);
```

11.2 单台计算机计算大规模 DEA 模型算法

```
n=size(X',1);
m=size(X,1);
s=size(Y,1);
epsilon=10^-5;
f=[zeros(1,n+1) -epsilon*ones(1,m+s) 1];
A=[];
b=[];
LB=zeros(n+m+s+1,1);
UB=[];
LB(n+m+s+2)=-inf;
Aeq=[X zeros(m,1) eye(m)   zeros(m,s)  -X0
    Y zeros(s,1) zeros(s,m) -eye(s) zeros(s,1)
    d1*ones(1,n) d1*d2*(-1)^d3 zeros(1,m+s+1)];
beq=[zeros(m,1)
    Y0
    d1];
[C,theta(i)]=linprog(f,A,b,Aeq,beq,LB,UB);
end
sum1=1;
wc=10^-6;
bh=[];
for j=1:length(theta)
    if theta(j)>1-wc
        dataxe(:,sum1)=X(:,j);
        dataye(:,sum1)=Y(:,j);
        bh=[bh j];
        sum1=sum1+1;
    end
end
```

11.2.2 Framework 方法 MATLAB 求解算法

在算法 11.3 中给出了 Framework 方法中第一阶段获得有效决策单元的相关算法.

(算法 11.3——Framework 有效决策单元获取算法)

```
function[datax_all,datay_all,theta_last,ypjxh,wpj]=s_eff(d1,d2,...
    d3,X,Y)
%d1=0-->CCR   d1=1,d2=0-->BCC   d1=1,d2=1,d3=0-->FG
%   d1=1,d2=1,d3=1-->ST
n=length(X);
```

```
wc=10^-6;
m=length(X(:,1));
s=length(Y(:,1));
dataxe=[];
dataye=[];
sum1=1;
for i=1:m
    for j=1:n
        if X(i,j)==min(X(i,:))
            dataxe=[dataxe X(:,j)];
            dataye=[dataye Y(:,j)];
            yxbh(sum1)=j;
            sum1=sum1+1;
        end
    end
end
for i=1:s
    for j=1:n
        if Y(i,j)==max(Y(i,:))
            dataxe=[dataxe X(:,j)];
            dataye=[dataye Y(:,j)];
            yxbh(sum1)=j;
            sum1=sum1+1;
        end
    end
end
p=min(fix(sqrt((m+s)*n)),fix(n/2));%fix(sqrt(n))
df=zeros(1,n);
for i=1:n
    for j=1:m
        df(i)=df(i)+fix((max(X(j,:))-X(j,i))/(max(X(j,:))-...
            min(X(j,:)))*100);
    end
    for k=1:s
        df(i)=df(i)+fix((Y(k,i)-min(Y(k,:)))/(max(Y(k,:))-...
            min(Y(k,:)))*100);
    end
end
Z1=[df;X;Y;[1:n]];
Z2=sortrows(Z1',-1)';
```

11.2 单台计算机计算大规模 DEA 模型算法

```
sum2=0;
while sum1<=p    %选取 p 个决策单元
    sum2=sum2+1;
    if sum(Z2(end,sum2)==yxbh)==0
        dataxe=[dataxe Z2(2:m+1,sum2)];
        dataye=[dataye Z2(m+2:m+s+1,sum2)];
        yxbh(sum1)=Z2(end,sum2);
        sum1=sum1+1;
    end
end
sum3=1;
datax_1=[];
datay_1=[];
for i=1:n
    if sum(i==yxbh)==0
        datax_1=[datax_1 X(:,i)];
        datay_1=[datay_1 Y(:,i)];
        xh(sum3)=i;
        sum3=sum3+1;
    end
end
[dataxe1,dataye1,theta1,yxpx]=zhdea_efficient(d1,d2,d3,dataxe,...
    dataye);
for i=1:length(yxpx)
    yxpx(i)=yxbh(yxpx(i));
end
dataxn=[];
datayn=[];
sum3=1;
for i=1:n-sum1+1
    theta2(i)=gydea_dual(d1,d2,d3,datax_1(:,i),datay_1(:,i),...
        dataxe1,dataye1);
end
yxpm=[];
for i=1:n-sum1+1
    if theta2(i)>1-wc
        dataxn=[dataxn datax_1(:,i)];
        datayn=[datayn datay_1(:,i)];
        yxpm(sum3)=xh(i);
        sum3=sum3+1;
```

```
        end
        yxbh(sum1+i-1)=xh(i);
end
flag1=0;
if length(dataxn)>1
  [datax_all,datay_all,theta3]=zhdea_efficient(d1,d2,d3,[dataxe1...
      dataxn],[dataye1 datayn]);
  flag1=1;
else
  datax_all=dataxe1;
  datay_all=dataye1;
end
flag2=0;
if flag1==1
    theta_last=theta3;
else
    theta_last=[theta1 theta2];
    flag2=1;
    ypjxh=yxbh;
end
if flag2==0
    ypjxh=[yxpx yxpm];
end
wpj=[];
if flag1==1
    sum4=1;
    for i=1:n
        if sum(i==ypjxh)==0
            wpj(sum4)=i;
            sum4=sum4+1;
        end
    end
end
```

例 11.1 假设具有三个投入、三个产出的 10000 个决策单元的数据服从 10 至 20 的均匀分布. 试利用 MATLAB 随机数命令产生相关随机数并利用算法 11.3 加以求解.

解 相关求解算法如下.

```
clear
n=10000;    %决策单元数量
```

```
X=10+10*rand(3,n);%此处录入投入数据
Y=10+10*rand(3,n);%此处录入产出数据
d1=0;
d2=0;
d3=0;
tic
[datax_all,datay_all,theta_last,ypjxh,wpj]=s_eff(d1,d2,d3,X,Y);
if length(wpj)>0
    for j=1:sum(wpj>0)
      theta1(j)=gydea_dual(d1,d2,d3,X(:,wpj(j)),Y(:,wpj(j)),...
          datax_all,datay_all);
    end
    theta_last=[theta_last theta1];
    th=[ypjxh wpj;theta_last];
    th=sortrows(th',1);
    theta_last=th(:,2)';%最终决策单元的效率值
else
    th=[ypjxh;theta_last];
    th=sortrows(th',1);
    theta_last=th(:,2)';
end
toc
```

11.3 单台计算机计算大规模 DEA 模型并行算法

在 MATLAB 软件中通过 parfor 函数可以实现并行计算的目的. 通过相关的分析论证, 我们发现无论是在第一阶段的有效决策单元的获取过程中还是在第二阶段决策单元效率值的计算过程中, 均能够采用并行计算方法. 其具体算法与非并行的较为类似, 只是在部分地方采用并行计算方法.

大规模 DEA 模型 Framework 方法的并行计算过程中主要用到的算法包括算法 11.4 和算法 11.5.

(算法 11.4——有效决策单元获取并行算法)

```
function [dataxe,dataye,theta]=zhdea_efficient_par(d1,d2,d3,X,Y)
%d1=0-->CCR    d1=1,d2=0-->BCC    d1=1,d2=1,d3=0-->FG
%   d1=1,d2=1,d3=1-->ST
wc=10^-6;
m=size(X,1);
s=size(Y,1);
```

```
epsilon=0;
n=size(X',1);
A=[];
b=[];
LB=zeros(n+m+s+1,1);
UB=[];
LB(n+m+s+2)=-inf;
f=[zeros(1,n+1) -epsilon*ones(1,m+s) 1];
x0=[];
options = optimoptions('linprog','Display','off');
    %'Algorithm','interior-point'
parfor i=1:n
 X0=X(:,i);%此处输入被评价决策单元投入数据
 Y0=Y(:,i);%此处输入被评价决策单元产出数据
 Aeq=[X zeros(m,1) eye(m)   zeros(m,s)   -X0
     Y zeros(s,1) zeros(s,m) -eye(s) zeros(s,1)
     d1*ones(1,n) d1*d2*(-1)^d3 zeros(1,m+s+1)];
 beq=[zeros(m,1)
     Y0
     d1];
 [C,theta(i)]=linprog(f,A,b,Aeq,beq,LB,UB,x0,options);
end
sum1=1;
for j=1:length(theta)
    if theta(j)>1-wc
        dataxe(:,sum1)=X(:,j);
        dataye(:,sum1)=Y(:,j);
        sum1=sum1+1;
    end
end
```

(算法 11.5——Framework 有效决策单元获取并行算法)

```
function [datax_all,datay_all,theta_last,ypjxh,wpj]=s_eff_par(d1,...
    d2,d3,X,Y)
%d1=0-->CCR    d1=1,d2=0-->BCC    d1=1,d2=1,d3=0-->FG
%   d1=1,d2=1,d3=1-->ST
n=length(X);
wc=10^-6;
m=length(X(:,1));
s=length(Y(:,1));
```

11.3 单台计算机计算大规模 DEA 模型并行算法

```
dataxe=[];
dataye=[];
sum1=1;
for i=1:m
    for j=1:n
        if X(i,j)==min(X(i,:))
            dataxe=[dataxe X(:,j)];
            dataye=[dataye Y(:,j)];
            yxbh(sum1)=j;
            sum1=sum1+1;
        end
    end
end
for i=1:s
    for j=1:n
        if Y(i,j)==max(Y(i,:))
            dataxe=[dataxe X(:,j)];
            dataye=[dataye Y(:,j)];
            yxbh(sum1)=j;
            sum1=sum1+1;
        end
    end
end
p=min(fix(sqrt((m+s)*n)),fix(n/2));%fix(sqrt(n))
df=zeros(1,n);
for i=1:n
    for j=1:m
        df(i)=df(i)+fix((max(X(j,:))-X(j,i))/(max(X(j,:))-...
            min(X(j,:)))*100);
    end
    for k=1:s
        df(i)=df(i)+fix((Y(k,i)-min(Y(k,:)))/(max(Y(k,:))-...
            min(Y(k,:)))*100);
    end
end
Z1=[df;X;Y;[1:n]];
Z2=sortrows(Z1',-1)';
sum2=0;
while sum1<=p    %选取 p 个决策单元
    sum2=sum2+1;
```

```
            if sum(Z2(end,sum2)==yxbh)==0
                dataxe=[dataxe Z2(2:m+1,sum2)];
                dataye=[dataye Z2(m+2:m+s+1,sum2)];
                yxbh(sum1)=Z2(end,sum2);
                sum1=sum1+1;
            end
    end
sum3=1;
datax_l=[];
datay_l=[];
for i=1:n
        if sum(i==yxbh)==0
                datax_l=[datax_l X(:,i)];
                datay_l=[datay_l Y(:,i)];
                xh(sum3)=i;
                sum3=sum3+1;
        end
end
[dataxe1,dataye1,theta1,yxpx]=zhdea_efficient_par(d1,d2,d3,...
        dataxe, dataye);
for i=1:length(yxpx)
        yxpx(i)=yxbh(yxpx(i));
end
dataxn=[];
datayn=[];
sum3=1;
parfor i=1:n-sum1+1
        theta2(i)=gydea_dual(d1,d2,d3,datax_l(:,i),datay_l(:,i),...
                dataxe1,dataye1);
end
yxpm=[];
for i=1:n-sum1+1
        if theta2(i)>1-wc
                dataxn=[dataxn datax_l(:,i)];
                datayn=[datayn datay_l(:,i)];
                yxpm(sum3)=xh(i);
                sum3=sum3+1;
        end
        yxbh(sum1+i-1)=xh(i);
end
```

```
flag1=0;
if length(dataxn)>1
 [datax_all,datay_all,theta3]=zhdea_efficient_par(d1,d2,d3,...
     [dataxe1 dataxn],[dataye1 datayn]);
 flag1=1;
else
 datax_all=dataxe1;
 datay_all=dataye1;
end
if flag1==1
    theta_last=theta3;
else
    theta_last=[theta1 theta2];
    ypjxh=yxbh;
end
ypjxh=[yxpx yxpm];
wpj=[];
if flag1==1
    sum4=1;
    for i=1:n
       if sum(i==ypjxh)==0
           wpj(sum4)=i;
           sum4=sum4+1;
       end
    end
end
```

例 11.2 假设具有三个投入、三个产出的 10000 个决策单元的数据服从 10 至 20 的均匀分布. 试利用 MATLAB 随机数命令产生相关随机数并利用算法 11.4 和算法 11.5 加以求解.

解 相关求解算法如下.

```
clear
n=10000;   %决策单元数量
X=10+10*rand(3,n);%此处输入投入数据
Y=10+10*rand(3,n);%此处输入产出数据
d1=0;
d2=0;
d3=0;
tic
[datax_all,datay_all,theta_last,ypjxh,wpj]=s_eff_par(d1,d2,d3,X,Y);
```

```
if length(wpj)>0
   parfor j=1:sum(wpj>0)
      theta1(j)=gydea_dual(d1,d2,d3,X(:,wpj(j)),Y(:,wpj(j)),...
         datax_all,datay_all);
   end
   theta_last=[theta_last theta1];
   th=[ypjxh wpj;theta_last];
   th=sortrows(th',1);
   theta_last=th(:,2)';%最终决策单元的效率值
else
   th=[ypjxh;theta_last];
   th=sortrows(th',1);
   theta_last=th(:,2)';
end
toc
```

参 考 文 献

[1] Joe Z. DEA under big data: Data enabled analytics and network data envelopment analysis[J]. Annals of Operations Research, 2020, 1: 1-23.

[2] Korhonen P J, Siitari P A. A dimensional decomposition approach to identifying efficient units in large-scale DEA models[J]. Computers & Operations Research, 2009, 36(1): 234-244.

[3] Chen W C, Cho W J. A procedure for large-scale DEA computations[J]. Computers & Operations Research, 2009, 36(6): 1813-1824.

[4] Chen, W C, Lai S Y. Determining radial efficiency with a large data set by solving small-size linear programs[J]. Annals of Operations Research, 2017, 250: 147-166.

[5] Aparicio J, Lopez-Espin J J, Martinez-MorenoR, et al. Benchmarking in data envelopment analysis: An approach based on genetic algorithms and parallel programming[J]. Advances in Operations Research, 2014, 1: 1-9.

[6] Afanasiev A P, Krivonozhko V E, Lychey A V, et al. Multidimensional frontier visualization based on optimization methods using parallel computations[J]. Journal of Global Optimization, 2020, 76(3): 563-574.

[7] Barr R S, Durchholz M L. Parallel and hierarchical decomposition approaches for solving large-scale Data Envelopment Analysis models[J]. Annals of Operations Research, 1997, 73(1): 339-372.

[8] Dulá J H. A computational study of DEA with massive data sets[J]. Computers & Operations Research, 2008, 35 (4): 1191-1203.

[9] Dulá J H. An algorithm for data envelopment analysis[J]. Informs Journal on Computing, 2011, 23(2): 284-296.

[10] Khezrimotlagh D, Zhu J, Cook W D, et al. Data envelopment analysis and big data[J]. European Journal of Operational Research, 2019, 274(3), 1047-1054.